『시사총보』
논설 자료집

편자
반재유(潘在裕, Ban Jae-Yu) 연세대 근대한국학연구소 HK연구교수
박창균(朴昌均, Park Chang-Kyun) 연세대 인문예술대학 국어국문학과 강사
정대혁(鄭大赫, Jeong Dae-Hyuk) 연세대 인문예술대학 국어국문학과 강사
홍석호(洪碩浩, Hong Seok-Ho) 연세대 인문예술대학 역사문화학과 박사과정

감수자
왕현종(王賢鍾, Wang Hyeon-Jong) 연세대 인문예술대학 역사문화학과 교수

『시사총보』 논설 자료집

초판인쇄 2019년 10월 15일 **초판발행** 2019년 10월 25일
엮은이 반재유·박창균·정대혁·홍석호
펴낸이 박성모 **펴낸곳** 소명출판 **출판등록** 제13-522호
주소 서울시 서초구 서초중앙로6길 15, 1층
전화 02-585-7840 **팩스** 02-585-7848 **전자우편** somyungbooks@daum.net **홈페이지** www.somyong.co.kr

값 23,000원
ISBN 979-11-5905-449-5 93900

이 책은 2017년 정부(교육부)의 재원으로 한국연구재단의 지원을 받아 수행된 연구임(NRF-2017S1A6A3A01079581)

연세
근대한국학HK+
자료총서
003

A COLLECTION OF
NONSEOL IN THE SISACHONGBO

『시사총보』 논설 자료집

반재유 · 박창균 · 정대혁 · 홍석호 엮음
왕현종 감수

소명출판

일러두기

1. 이 책은 1899년 1월 22일(제1호)부터 1899년 8월 17일(제100호)까지 『時事叢報』에 게재된 「論說」(총 99편) 전문(全文)을 교열·편찬한 것으로서, 입력 작업은 고려대 소장본(1·58~63·65~100호)과 영남대 소장본(1~98호)의 사진촬영 자료를 대본으로 하였다.
2. 원문의 형태를 유지하기 위해 가능한 한 속자(俗字)·고자(古字)를 살렸으며, 명백한 오자(誤字)·탈자(脫字)라 판단될 경우에는 교정한 뒤 각주에 밝혀두었다.
3. 원문은 띄어쓰기가 되어 있지 않으나, 가독성을 고려하여 입력 본문은 현대 표준어 규정에 맞춰 띄어쓰기하였다. 원문에서 존엄어(大皇帝陛下·皇太子殿下 등)와 내용 분절 등의 사유로 개행(改行)·간자(間字)한 부분도 표준어 규정에 따라 교정하였다.
4. 판독(判讀)이 어려운 어휘나 문장은 ■로 표시하였고, 원문에서 앞말과 반복됨을 표시하기 위해 사용된 'ㄷ'은 모두 삭제하는 대신 앞말과 동일하게 변환하여 표기하였다.
5. 각 논설마다 본문의 양 옆에 색인어(인명/지명/국명/책·매체명/기관·단체명)를 표기하였고, 아울러 요약을 병기하여 내용 이해에 대한 편의를 도왔다.
6. 본문에서 정리한 색인어의 원칙은 다음과 같다.
   - 인명, 국명, 지명, 책·매체명, 기관·단체명 등을 대상으로 간략한 정보를 표시했다.
   - 한 편의 논설에서 중복되어 나오는 단어의 경우, 맨 처음 나온 단어에만 색인어를 표시하였다.
   - 인명의 경우, 관직명(官職名), 시호(謚號), 연호(年號) 등을 포함시켰으며, 한자문화권에 해당하지 않는 경우에는 영문으로 표기하였다.
   - 국명의 경우, 당시 여러 형태로 표기되었던 서구권 국명을 찾아 오늘날 통용되는 명칭으로 바꾸었다.
   - 책·매체명의 경우, 각종 경서(經書)·사서(史書)류는 물론 단행본과 신문·잡지 등을 모두 포함시켰다. 단, 단순 법안 시행령이나 조칙 등은 제외하였다.
   - 기관·단체명의 경우, 근대 시기에 사용된 명칭에 한정하였으며, 그 이전 시기는 제외하였다.
7. 요약문과 색인어 중 책명(册名)은 『 』로, 편명(篇名)은 「 」로, 작품명은 〈 〉로, 인용된 내용은 " "로 나누어 표기하였다.

차례

해제

반재유

1.

『시사총보(時事叢報)』는 1973년 12월 영남대 도서관에서 희귀도서총서로 영인본[1]을 발간하면서, 학계에 소개되기 시작했다. 신석호(申奭鎬)의 「해제」를 참조하면, 영남대본은 위암 장지연의 유족으로부터 양도받은 자료로서, 발간당시 제1호(1899.1.22)부터 제98호(1899.8.13)까지만 소장하고 있었으므로 이를 완질본으로 추정하였다. 그러나 나머지 제99호(1899.8.15)와 제100호(1899.8.17)는 고려대 도서관에 소장되어 있었다.

1 『時事叢報－영남대학교 중앙도서관 소장 희귀도서총간』, 영남대 출판부, 1973.

隔日發刊

時事叢報

內部認可

農商工部認可

光武三年八月十五日　第九十九號　火曜日　陰曆七月十日　(一)

本社特別廣告

本社에셔本年一月로爲始ᄒᆞ야本報를發刊ᄒᆞ온바現今에至ᄒᆞ야荏苒光陰이二百餘日에經ᄒᆞᆫ지라幸히國內外愛讀ᄒᆞ시ᄂᆞᆫ　僉君子의盛意를被ᄒᆞ야今에一日刊本이二千餘張에至ᄒᆞ야漸次興旺ᄒᆞᆫ境遇에臻케ᄒᆞᆷ은實로感謝ᄒᆞᆫ情을不勝ᄒᆞ와아모조록　僉惠를酬荅ᄒᆞᆷ을希圖ᄒᆞ더니近頃에偶然器械가生病ᄒᆞ야그ᄃᆡ로因循刊行ᄒᆞ면不能ᄒᆞᆯ뿐ᄂᆞᆫ아니나萬若病이漸漸堪用치못ᄒᆞᆯ地境이면反爲損害가不少ᄒᆞᆯ뿐又此器械ᄂᆞᆫ本國에셔ᄂᆞᆫ容易히修理치못ᄒᆞᆯ깃기現方外國에付託ᄒᆞ야器械修理諸件을購取ᄒᆞ야工役에完全코져ᄒᆞ고第一百號에至ᄒᆞ야ᄂᆞᆫ權且停報ᄒᆞ얏다가그동안本社諸般未備ᄒᆞᆫ事務도整理ᄒᆞ고且器械修完ᄒᆞᆷ을俟ᄒᆞ야更히發刊ᄒᆞᆯ터이나海程萬里에期日을作定ᄒᆞᆯ슈無ᄒᆞ야녀ᄃᆞᆫ히四十日爲限ᄒᆞ고此限日後에直時續刊發行ᄒᆞᆯ次로玆廣佈ᄒᆞ오니伏願愛讀ᄒᆞ시ᄂᆞᆫ　僉君子ᄂᆞᆫ照亮ᄒᆞ옵소셔

時事叢報社

官報抄錄

◎八月十二日號外　○宮廷錄事
太醫院口傳　奏曰
景孝殿別茶禮　親行
太子宮親行已有成　命而見今晩炎尙熾此時觸冒　勞動有非　節宣之方伏乞　亟寢　成旨　命以攝行廂副臣等區區之忱焉惶恐敢
奏
荅曰知道遣完平君進去幷爲擧行勅任官入參
○議政府贊政　宮內府大臣李載純
謹　奏明日出宮門路以何門爲之乎敢
奏奉　旨當自內爲之矣
○議政府贊政農商工部大臣閔泳綺辭職辨明疏
批旨省疏具悉卿懇卿之斷斷無他朕所深信向日之事亦昭晰無餘今此更請裁判不其過乎卿之病實既係難强農部之任特允所請卿其諒之事遣部宣諭
◎八月十四日
依願免兼任京畿裁判所判事　正二品閔泳柱△依願免兼任釜山港裁判所判事　寧海郡守李明翔△依願免兼任慶興港裁判所判事　中樞院議官朴義秉
以上八月十日
中樞院主事白南奎　右ᄂᆞᆫ該員이公文繳送時에踈忽ᄒᆞᆷ이有ᄒᆞᆫ기是以譴責事
○雜事　今月十一日卯時至申時灑雨下雨測雨器水深五分

雜報

○議政再疏　議政尹容善氏가閔泳柱氏事件으로辭退劄子를上ᄒᆞ엿다가優批를蒙ᄒᆞ야更히出仕登　筵ᄒᆞᆫ다더니又將再疏ᄒᆞᆯ次로杜門謝客ᄒᆞᆫ다ᄂᆞᆫ風說이有ᄒᆞ더라
○學大移內　學部大臣閔丙奭氏가內部大臣으로轉任ᄒᆞ얏다더라
○流配處分　閔泳柱氏ᄂᆞᆫ恣意傳　勅等句語로期於尹議政과裁判을請ᄒᆞᆫ다더니日昨에流配ᄒᆞᆫ란　處分이ㅣᄒᆞ셧다더라
○太學重地　學部에셔成均館으로指令ᄒᆞᆫ기를太學基地가與他自別ᄒᆞ니該洞居泮人이或家舍基地를外國人許에潛賣ᄒᆞ거나毀撤ᄒᆞ거던一切嚴禁ᄒᆞ라ᄒᆞ얏더라
○民擾兵砲　利川郡兵站所兵丁二十名이下去路에龍仁郡을過去ᄒᆞ다가該郡民이適以乞卜加卜事로惹鬧ᄒᆞᆯ次에其郡首書記가來言曰以武器로脅散此鬧則以萬金償功ᄒᆞ리라ᄒᆞᆫ故로兵丁이勇前放砲ᄒᆞ야死傷者十餘人이라民情이愈沸ᄒᆞ야擱入官庭故로郡守와首書記以下가皆奔竄이라ᄒᆞ더라

〈사진 1〉『時事叢報』(1899.8.15), 1면. 98호까지는 상단에 '官報抄錄'을 게재하였지만, 99호에는 정보(停報)의 사유를 밝힌 '本社特別廣告'가 게재됨.

(二) 光武三年八月十五日　時事叢報　陰曆七月十日

○國朝故事

英祖大王께오셔兩 聖子를誕生ᄒᆞ시니第一日 章懷世子니延祐宮靖嬪李氏의誕生ᄒᆞ션ᄂᆞᆫ딕 英廟潛邸時己亥에生ᄒᆞ오셔英廟卽位二年乙巳에王世子冊封之禮를行ᄒᆞ시고丁未에行冠禮ᄒᆞ시고戊申에 昇遐ᄒᆞ시니春秋十歲신이라 正廟卽位ᄒᆞ샤 追尊世子ᄒᆞ샤廟號를眞宗이라ᄒᆞ시니眞宗大王은春秋僅十歲신故로義期之慶에不及ᄒᆞ시고第二日莊獻世子니 宣禧宮暎嬪李氏의誕生ᄒᆞ션ᄂᆞᆫ딕 英廟在位十二年乙卯正月에 生ᄒᆞ오셔翌年丙辰에王世子冊封之禮를行ᄒᆞ시고壬戌에入學冠禮를行ᄒᆞ시니 世子께오셔 睿姿英明ᄒᆞ시고仁孝天成ᄒᆞ샤莊重高明ᄒᆞ시니英廟께오셔以至仁至慈之性으로兼鍾愛之ᄒᆞ샤二十五年己巳에 特命世子ᄒᆞ샤庶政을代理케ᄒᆞ오시니時에英廟聖壽ᄂᆞᆫ已五十六歲시오 世子春秋ᄂᆞᆫ已十五歲시라 英廟께셔嘉 宗祊之有託ᄒᆞ고慶邦運之無疆ᄒᆞ오셔大小萬幾을一聽於 東宮ᄒᆞ시니噫라一種陰邪兇頑之賊이如尙魯知啓禧者가世子께셔睿智燭物에疾惡嚴厲ᄒᆞ야辭色을不假ᄒᆞ므로ᄉᆞᄉᆞ로畏懼ᄒᆞ야陰相和應에搆煽內外ᄒᆞ야謀欲動搖國本ᄒᆞ야以售其奸計ᄒᆞ야指無謂有에兇圖를是肆ᄒᆞ고變白爲黑에眞境이盡幻ᄒᆞ니嗚乎라太淸이雖高ᄒᆞ나氛祲이有時乎爲障ᄒᆞ고大陽이雖赫이나雲陳이有時乎蔽于ᄒᆞ니此ᄂᆞᆫ上天之所不免也라於是江充之謀가甚急에巫蠱之禍가乃迫이라以壬午閏五月二十一日로竟遭不忍言之禍ᄒᆞ시니嗚乎慟矣라其後英廟晩年에嘗追悔 世子之冤ᄒᆞ시고乃親製二句詞ᄒᆞ시니卽金縢銘肝篇이是也라其詞에曰

血衫血衫 桐兮桐兮 孰是金藏千秋 予懷望思之臺兮

血衫은卽 世子慘禍之謂也오金藏千秋ᄂᆞᆫ卽唐臣安金藏과漢臣田千秋也니皆爲東宮辨冤者也오望思之臺ᄂᆞᆫ引漢武帝思悔衛太子故事耳라是時에 英祖御 徽寧殿ᄒᆞ야盡屏諸承史ᄒᆞ시고命故領相文肅公臣蔡濟恭ᄒᆞ샤奉藏 御製于 永祐園(後改養嬪宮) 神位下床褥裡ᄒᆞ시니夫聖祖惻悔惻怛之旨를於是可見矣라世子實 誕生我正宗大王ᄒᆞ시니丙申에 卽位ᄒᆞ샤追上諡號曰莊獻ᄒᆞ시고移 奉于水原ᄒᆞ샤園曰顯隆이라ᄒᆞ시고 宮曰景慕라ᄒᆞ시니라

先是에 世子代理之十年戊寅八月十五日夜漏下五鼓에 純祖上이下簡忘記于政院ᄒᆞ시니皆不忍聞之敎也라於是에諸承旨가皆惶懼失措ᄒᆞ야罔知所措ᄒᆞ거ᄂᆞᆯ翌日曉에都承旨蔡濟恭이備忘記를袖ᄒᆞ고入對ᄒᆞ야奏曰此傳敎ᄂᆞᆫ非臣子의所忍承聞이니臣은有萬死而已언정決不敢頒布此傳敎矣로소이다ᄒᆞᆫ딕英祖震怒而起ᄒᆞ야辭色이愈厲ᄒᆞ신딕濟恭이遽前ᄒᆞ야牽英祖之衣裾ᄒᆞ고泣請曰臣이冒萬死還納矣로소이다ᄒᆞ고於是聲淚俱作ᄒᆞᆫ딕英祖ㅣ見其至誠ᄒᆞ시고乃稍霽威曰然則命還納ᄒᆞ라ᄒᆞ시니라及壬午五月之際에蔡公은以母憂로持喪이라가聞其事ᄒᆞ고馳詣 闕下ᄒᆞ야以墨衰로伏門外ᄒᆞ야提智泣諫者ㅣ凡十七日이라以故로英廟獨使濟恭으로奉藏 御製詞而嘗於燕居에 親執 正廟之手ᄒᆞ시고語曰汝之尊ᄂᆞᆫ尙爲是也오惟能周全予與爾父子間者ᄂᆞᆫ蔡濟恭이是己라濟恭은誠予之純臣이오爾之忠臣也라ᄒᆞ시니由是로蔡文肅이卒에正廟親製文以祭之ᄒᆞ시니라又於故判書趙重晦入對之際에英廟下敎曰卿은得見이로딕李壽章은何由而復見이리오ᄒᆞ시고玉色이愀然에良久不言ᄒᆞ시니盖趙李兩公이亦保護東宮之最有力者也러라

於戲我莊獻世子篤生五男ᄒᆞ샤正廟ᄂᆞᆫ誕承 嫡統ᄒᆞ샤傳至翼宗憲宗ᄒᆞ시고哲廟ᄂᆞᆫ以我莊獻曾孫으로入承大統ᄒᆞ시고欽維我皇帝陛下以莊獻玄孫으로入承翼考宗統ᄒᆞ샤篤生我皇太子殿下ᄒᆞ시고又 義和君邸下及今 皇子ㅣ本支繁衍ᄒᆞ사如譽之堯與稷契과周之文武畜備ᄒᆞ시니猗歟盛哉라噫彼當日之兇逆은今皆殲滅無遺나惟我莊獻世子洋ㄷ陟降之靈이昭在我英祖左右ᄒᆞ사痛冤得伸ᄒᆞ시고永錫祚胤ᄒᆞ사彌億萬年에傳之勿替ᄒᆞ시니於不休哉아天道之循環往復이有如是哉로다

今此 追崇之典이寔正廟二十五載精義之攸在而抑亦擧國含生血氣之倫의莫不大同之情也라是故로日前詔勅之下에全國臣民이罔不感激出涕曰古人이謂百年之後에公議乃定이라ᄒᆞ니今此百餘年未遑之典을我皇上陛下能紹述祖宗之志ᄒᆞ사體而行之ᄒᆞ시니夫斯義也ᄂᆞᆫ建諸天地而不悖ᄒᆞ며質諸鬼神而無疑ᄒᆞ며百世以俟聖人而不惑者也라謹按 惠慶宮撰下冊子에有曰予則親承 英廟下敎ᄒᆞ니不能不遵이라雖極痛冤이라도亦一義理也오 世子ᄂᆞᆫ受予附託ᄒᆞ니予所至恨之事를體而行之면此亦一義理也라ᄒᆞ시니夫此一部義理ᄂᆞᆫ卽 先王之所確定也라復何有可疑者歟아今此 追崇一節은不可不亟行者而 追崇之後에封王之典은亦不容已者라凡爲我景慕宮天潢一派ᄂᆞᆫ無非金枝而玉葉也則其於親睦之義에宜急封冊之則典이온而況我聖躬之親皇子乎아禮典에云皇帝之子ᄂᆞᆫ例封親王이라ᄒᆞ니然則親王之封이亦何所疑乎아

〈사진 2〉『時事叢報』(1899.8.15), 2면. 99호에는 '論說'란 대신 '國朝故事'를 게재함.

光武三年八月十五日 時事叢報 陰曆七月十日(三)

雜報

輪船出口廣告

〈사진 3〉『時事叢報』(1899.8.15), 3면. 99호에는 '雜報'와 '廣告'가 게재되었는데, 대체로 3면에는 '外報'·'寄書'·'詞苑'·'評林'·'古事奇譚' 등 다양한 기사가 실려 있음.

(四) 光武三年八月十五日 萬九十九號 陰曆七月十日

上等紙卷煙草

셔히이로 賞品광고

셔히이로

대한국、여러분께셔、더욱、티평ᄒᆞ시와、소일ᄒᆞ오시니、반가오믈、엇지、축냥ᄒᆞ리요、우리、가ᄃᆞ에셔、졔조ᄒᆞ야、파ᄂᆞᆫ、권년초、히이로ᄂᆞᆫ、여러분의、놉흐신、은덕으로、말미아마、날과、달에、졈졈、번셩ᄒᆞ오니、감사ᄒᆞ온、마음과、깁분뜻즐、엇지、다만、지필노、다ᄒᆞᆯ슈、잇ᄉᆞ오릿가、그런고로、이번、우리가ᄃᆞ에셔、여러분의、거룩ᄒᆞ신、은혜、만분에、일을、갑고져ᄒᆞ와、히이로、오십ᄀᆡ를、노흔、큰、함속에、필연、우ᄀᆡ한、샹품、ᄒᆞ나흘、노올거시니、원컨ᄃᆡ、ᄃᆡ한、여러분께셔、일젼보다、갑졀이나、사가시믈、쳔만이나、바라옵나이다

HERO CIGARETTES MANUFACTURED BY MURAI BROS. & CO. KYOTO JAPAN Push this end MURAI'S HERO.

금제샹품

大日本京都 合名會社 村井兄弟商會

大韓國都賣所 合名會社 村井兄弟商會仁川代店

特約販賣所 小西和 京城支店

◎朝日酒場告白

本酒場이開業多年에專崇名譽ᄒᆞ고薄收微利러니近日米價翔貴에爵本不少故로陰曆四月一日로起ᄒᆞ야酒一升에葉一兩四錢으로商定ᄒᆞ엿스며大抵酒品은前已告白ᄒᆞ얏거니와盛暑炎節에도變味치아니ᄒᆞ니各處賣酒爲業家의셔밧아가시면每一升에二錢을減ᄒᆞ야厚利를取케ᄒᆞᆯ터이오니僉君子ᄂᆞᆫ俯諒賜顧ᄒᆞ시오

▲新荷物品廣告

▲氷水籬(뉴리발)
▲氷水匙(어름、ᄉᆞ시)
▲琉璃甫兒(뉴리곱보)
▲琉璃盞(뉴리잔)
▲氷水大牌(어름、ᄃᆡ픽)
▲氷字簱(어름빙ᄍᆞ、ᄉᆞᆫ긔)

右物品이今次新到ᄒᆞ엿ᄉᆞ오니사가시옵

泥峴 釘本商店(구기모도)

告白

△時計及附屬品
△銃及附屬品
△馬具及附屬品

右記ᄒᆞᆫ物品이近日에新到ᄒᆞ야品도極키精利ᄒᆞ거니와價文도廉ᄒᆞ게ᄒᆞᆯ터이오니購買ᄒᆞ시믈告白ᄒᆞ옵ᄂᆞ이다

泥峴 和泉商會

◎本社告白

本社新聞紙를購覽ᄒᆞ시ᄂᆞᆫ니ᄂᆞᆫ漢城內外와外方을勿論ᄒᆞ고一片郵遞로居住와姓名을詳錄ᄒᆞ여보니시면卽時信傳ᄒᆞᆯ터이요

報價

每張에葉錢五分式이요三朔條ᄂᆞᆫ一兩五錢式이요六朔條ᄂᆞᆫ二兩八錢式이요

告白價例ᄂᆞᆫ

五號活字每行에葉錢二錢式이요四號活字每行에葉錢二錢五分式이요二號活字每行에葉錢三錢五分式이요定ᄒᆞ오나行數多少와回數長短으로自然加減이有ᄒᆞ오니告白ᄒᆞ실리ᄂᆞᆫ本社에枉臨ᄒᆞ시와面商ᄒᆞ시옵

本報分賣所

東部梨峴紙廛在家 片鴻基
西部毛橋官報賣却所 朴鎭喆
中部鍾路大東書市 李景濂
南部銅峴鞋廛在家 尹相悳
北部安洞鞋廛在家 李濟永
鍾路高等裁判所越邊藥局 徐善長

社主兼編輯人 洪中燮
編輯人 張志淵

大韓國皇城中部貞善坊下漢洞 五十八統第三戶
發行所 時事

〈사진 4〉『時事叢報』(1899.8.15), 4면. '廣告'와 '本社告白' 등 주로 사내·사외(社內·社外) 광고를 싣고 있음.

隔日發刊

內部認可

時事叢報

農商工部認可

光武三年八月十七日 第一百號 木曜日 陰曆七月十二日 (一)

本社特別廣告

本社에서本年一月로爲始하야本報를發刊하온바現今에至하야荏苒光陰이二百餘日에經하지라幸히國內外愛讀하시는僉君子의盛意를被하야今에一日刊本이二千餘張에至하야漸次興旺한境遇에臻케함은實로感謝한情을不勝하와아모조록 僉惠를酬荅함을希圖하더니近頃에偶然器械가生病하야그뒤로因循刊行하면不能할비는아니나萬若病이漸漸堪用치못할地境이면反爲損害가不少할뿐더러此器械는本國에셔는容易히修理치못할것기現方外國에付託하야器械修理諸件을購取하야工役에完全코저하고第一百號에至하야는權且停報하얏다가그동안本社諸般未備한事務도整理하고且器械修完함을俟하야更히發刊할터이나海程萬里에期日을作定할슈無하야니다히四十日爲限하고此限日後에直時續刊發行할次로玆廣佈하오니伏願愛讀하시는 僉君子는照亮하옵소셔

時事叢報社

官報抄錄

◎八月十四日號外 ○宮廷錄事
詔曰命學部大臣閔丙奭爲內部大臣
光武三年八月十三日 議政尹容善
○叙任 任內部大臣叙勅任官一等
學部大臣閔丙奭
◎八月十五日 ○宮廷錄事
詔曰向日閔泳柱之擧措駭悖反不足深
究卽令法部流配
○叙任及辭令 給一級俸 法部會計
局長趙巑錫△任內部技師叙奏任官六
等 德源港警務官金明旭△任德源港
警務官叙奏任官六等 東萊港警務官
劉漢源△任東萊港警務官叙奏任官六
等 六品李處明△任太僕司長叙奏任
官四等 正三品李海昌△依願免本官
昌原港總巡崔昌植△任昌原港總巡
叙判任官八等 九品鄭鎭五△警務官
池昌翰 右는警務使李褡寅의報告書
를據한則該員이職務上에不遵規則한
事가有하기是로以하야五十個日罰俸
에處한事

號外 ○辭令
解署理大臣事務 內部協辦李載克△
命署理大臣事務 學部協辦閔泳瓚
◎十七日 ○宮廷錄事
掌禮院卿臣李𤣰熙謹 奏陰曆七月二
十五日
萬壽聖節陳 賀權停事
命下矣同日
皇太子自內所
進表裏及宗親文武百官所
進表裏幷令該司色官員躬親進排事知
悉擧行何如謹上 奏光武三年八月九
日奉
旨依奏
○布達 宮內府官制中改正하는件을
左갓치定奪하미라
光武三年八月十四日奉
勅 議政府贊政 宮內府大臣李載
純
布達第四十九號
第二十六條 宮內府職員中參理官五
人을以六人으로改定하미라
○叙任及辭令 依願免本官 宮內府
參理官申錫麟 秘書院丞李寅昌△任
宮內府參理官叙奏任官三等 侍從
院侍從李根澧 軍部正尉李重元△任
侍從院侍從叙奏任官三等 九品申
錫麟△任秘書院丞叙奏任官四等 正
三品安鍾悳△命
濬慶墓
永慶墓營建廳別監董 尙衣司主事吳
聖根 以上八月十四日
○雜事 今月十四日自卯時至酉時瀧
雨下雨測雨器水深二寸七分

〈사진 5〉『時事叢報』(1899.8.17), 1면. 99호에 이어 100호에도 동일한 내용의 '本社特別廣告'가 게재되어 있음.

(二) 光武三年八月十七日　時事叢報　陰曆七月十二日

論說

時令

數日來로甘花雨가乍霽ᄒᆞ민忽然一陣金飇가林末에叟留響을曳起ᄒᆞ야熇熇赫赫的炎霄火雲을一幕了捲擊驅去ᄒᆞ니祝融이威焰을頓滅ᄒᆞ야積鬱ᄒᆞᆫ溽暑를廛除ᄒᆞ니前日之蚊也蠅也蝎也를漸將第次掃祛了也ᄒᆞ고高樹斜暉에蟬聲이益淸ᄒᆞ니耳根이頓覺爽然이로다從今來로秋風意思가令人心骨淸爽也라試汲石泉ᄒᆞ야煎一椀新茗ᄒᆞ야滌除了臟肚子ᄒᆞ고拓窓閒坐ᄒᆞ야朗誦潘安仁秋興賦一篇ᄒᆞ니豈不快哉아

政局兆候

近日政局兆候를試觀ᄒᆞᆫᄃᆡ又一風浪이激起ᄒᆞ야蕩漾無際ᄒᆞ니未知此坐在漏船中一般局勢가又遭頹頹風浪ᄒᆞ야橋傾楫摧ᄒᆞ니何處副手楫工이汲汲試廻瀾轉波之術而使傾摧者로復得鞏固而維縶之ᄒᆞ며滲漏者로更爲補葺而完全之ᄒᆞ야局勢로一正也오

巷議者ㅣ謂今日之政局은卽協辦之政府也라如內部ᄂᆞᆫ雖云大臣이已有之나如軍部機務之重이며如學部敎育之任을皆以協辦으로署理而已乎며如法部之任이며如農商工部之任을只以署理而兼掌之ᄒᆞ니是曷故也오甚矣라我政府之無人也여政府에若有人焉則豈可使一人而兼兩人之職乎리오

夫府部大臣之署理事務ᄂᆞᆫ由於不獲已事也어늘今此 國家多事艱虞之際ᄒᆞ야寧可一日而不備其官哉아大抵人之才智有限ᄒᆞ고聰明이有拘ᄒᆞ야不可以一人而兼治庶務故로朝廷之所以設官分職은爲其協治而共濟也然後에無曠曠之弊故也라

今有物於是ᄒᆞ니計其分數ᄒᆞ며稱其輕重則合用十馬ᄒᆞ야共馱而運輸者를乃以五馬而運輸之則非但物之不能於運輸라馬亦斃矣리니何殊於此哉아

然而官不必備라惟其人이라ᄒᆞ니有欲備其官而不擇其人則是ᄂᆞᆫ反誤其官也니豈以此之故로今日議政之所派默而排側者歟

近於閭巷之說에謂某也ᄂᆞᆫ必爲某部大臣ᄒᆞ고某也ᄂᆞᆫ必任某部大臣이라ᄒᆞ야紛紛然喧藉塗聽이나是ᄂᆞᆫ未知的也로ᄃᆡ輿情之所願望於政府者ᄂᆞᆫ勿論何人ᄒᆞ고苟能善於其職이면豈有愛憎偏私於其間哉아

假使前日之所負望而愛好者라도今日行某部之政에絲毫라도有不美違衆之事면必羣謗이共怨之ᄒᆞᆯ거시오前日之所排擊而不悅者라도今日行某部之政이果能公平而善美之則必欣仰而感頌之리니其何之人이던지速即組織ᄒᆞ야奮勵振起ᄒᆞ야使政府之局面으로刷新ᄒᆞ고天下之耳目으로觀感則豈非國家之幸也哉아

雜報

○政府收議　今日下午二時에二品以上人員이雖無實職이라도曾經實職人及現帶奏任官이一體會于議政府ᄒᆞ야 官 園 儀節 追崇大禮를會議ᄒᆞᆫ後에取議入 奏ᄒᆞᆫ다더라

○流配十年　法部에셔閔泳柱氏의流配年限을 奏禀ᄒᆞ얏ᄂᆞᆫᄃᆡ十年으로定ᄒᆞ라ᄒᆞ셧더라

○農部署理　農商工部署理閔種默氏가再昨日부터仕進ᄒᆞ야積滯ᄒᆞᆫ文簿를一一處辦ᄒᆞᆫ다더라

○德王奉眞　德國公使葛林德氏가十五日下午五時에 皇上陛下께 陛見ᄒᆞ고亨利親王의所送ᄒᆞᆫ寫眞二本을 皇上陛下께와 東宮殿下께奉呈ᄒᆞ얏다더라

○日館來照　日本公使林權助氏가外部로照會ᄒᆞ얏ᄂᆞᆫᄃᆡ據我京仁鐵道合資稟稱則鐵道敷設ᄒᆞᆫ工事一節을由千八百九十六年三月卄九日에大韓政府에셔特許契約書第九項에自其起工日로起算ᄒᆞ야至明年三月二十七日에悉皆竣工ᄒᆞᆯ意로作爲規約而惟架橋工事種種有預想外之事情ᄒᆞ야實難竣工於預定期限內ᄒᆞ니更延六月間ᄒᆞ야以明年九月二十八日로爲全線完成期之意로顧得貴政府許可等情이라此를査ᄒᆞ니該會社의要請延期事實을本官이業已面陳閣下ᄒᆞ니該社所願을採用이可也라ᄒᆞᆫ故로外部에셔農部로轉照ᄒᆞ야依願認許ᄒᆞᆫ다ᄒᆞ더라

○領館來照　日本領事가漢城府로照會ᄒᆞ얏ᄂᆞᆫᄃᆡ本邦商民에地所와家屋을買收ᄒᆞ면貴府에셔當館公文을據ᄒᆞ야家契을交付ᄒᆞᆷ은定規라今貴政府ᄂᆞᆫ地契發行이無ᄒᆞ야明治三十年四月에木川友吉이가龍山地所買收ᄒᆞᆫ事에對ᄒᆞ야地契發給을求ᄒᆞ얏더니左右言託에發契를吝ᄒᆞᄂᆞᆫ故로當時判尹李采淵氏와幾多往復에末乃政府에셔新地契를不日發行ᄒᆞᆯ터이라ᄒᆞ더니于今二週年에何等取辦이無ᄒᆞ니本館에遺憾이有ᄒᆞᆯ뿐아니라大爲貴府不取라玆以本邦人買收地所文券十三件을送付ᄒᆞ니至急히地契를發給ᄒᆞ라ᄒᆞ엿더라

○依照禁護　農商工部에셔外部轉照ᄒᆞ야森林에他國人斫伐을防禁ᄒᆞ라ᄒᆞ를因ᄒᆞ야西北沿海各地方에嚴訓을發ᄒᆞ얏ᄂᆞᆫᄃᆡ其事實인즉俄公使가外部로ᄒᆞᆫ照會에ᄒᆞᆫ기를豆滿江上流右邊茂山과鬱陵島鴨綠江邊界에伐木養木之權利를自政府로業已准許於俄國人而挽近以來로日本人과淸國人이無時入山ᄒᆞ야森林을伐採ᄒᆞ니自大韓政府로셔該森林保護ᄒᆞᄂᆞᆫ方法을特設ᄒᆞ야禁養ᄒᆞ라ᄒᆞᆫ緣故이라ᄒᆞ더라

○派兵護巡　開城府에셔盜賊事로江華海州黃州三處地方隊兵을派送ᄒᆞ야防護ᄒᆞᆫ다ᄂᆞᆫᄃᆡ旅費ᄂᆞᆫ開城長湍豐德金川四郡公錢中으로支撥ᄒᆞᆫ다더라

○殿陵官俸　平安道內에崇仁殿、崇靈殿、箕子陵、東明王陵、齋官各二員俸給을每員每朔十元式인ᄃᆡ 宮內府에셔撥給치못ᄒᆞᆫ故로本年一月로至八月條ᄂᆞᆫ附近公錢中支撥ᄒᆞ고其餘ᄂᆞᆫ按月支撥次로度支部에셔訓令을繕送ᄒᆞ고官內府費中으로叩除ᄒᆞᆫ다더라

○疏辭有刪　向日農協閔景植氏上疏中에且以其孫尹德榮言之以下一款은原疏中에刪去ᄒᆞ고上 徹ᄒᆞᆫ거슬傳寫者가誤載ᄒᆞ얏기辨正ᄒᆞᆫ거라

〈사진 6〉『時事叢報』(1899.8.17), 2면. 100호에는 논설 두 편(「時令」·「政局兆候」)이 동시에 발표됨.

光武三年八月十七日　時事叢報　陰曆七月十二日（三）

詞苑

永濟橋　嵩陽居士

永濟橋邊老楊柳春風秋雨幾番愁金城。歲月忙如許不獨桓郎泣白頭

雜報

〈사진 7〉『時事叢報』(1899.8.17), 3면. '詞苑'과 '雜報'가 게재됨. '詞苑'에는 嵩陽居士의 작품(「天濟橋」) 등을 소개하고 있음.

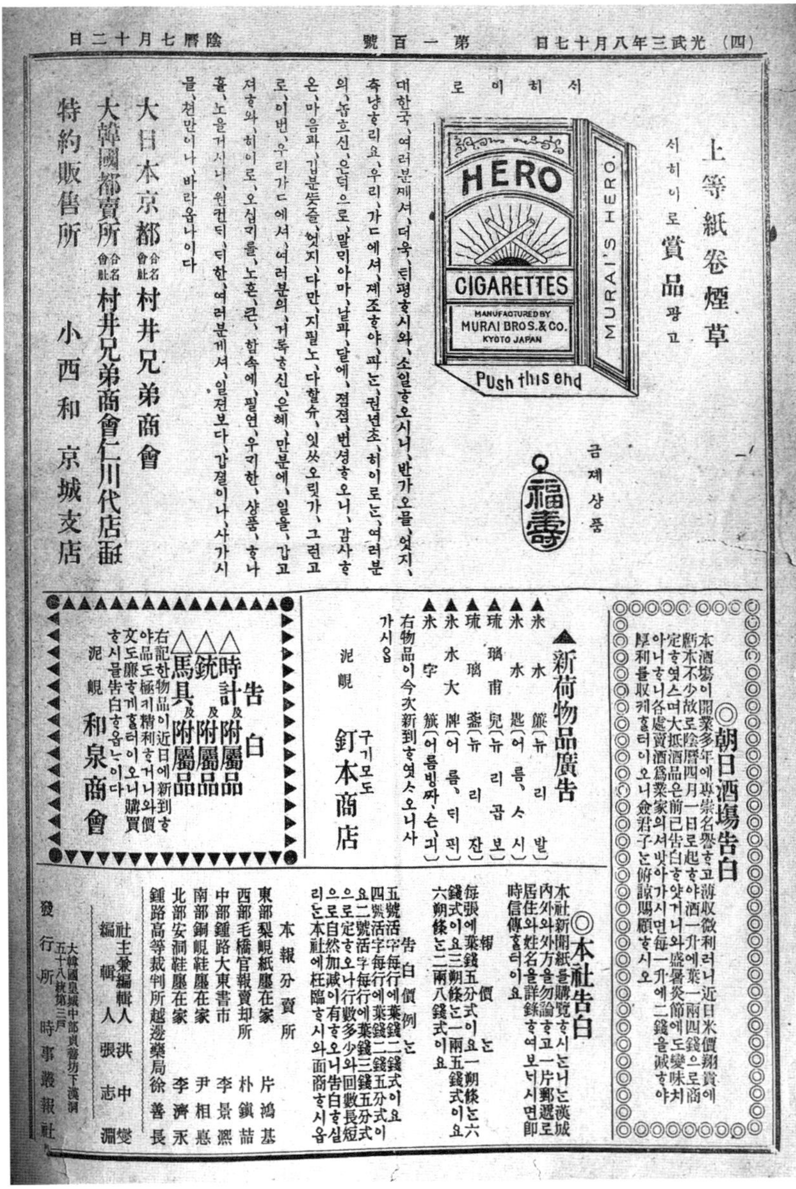

(四) 光武三年八月十七日 第一百號 陰曆七月十二日

上等紙卷煙草

셔히이로 賞品광고

셔히이로

대한국、여러분께셔、더욱、티평ᄒᆞ시와、소일ᄒᆞ오시니、반가오믈、엇지、축냥ᄒᆞ리요、우리、가ᄃᆞ에셔、졔조ᄒᆞ야、파ᄂᆞᆫ、권년초、히이로ᄂᆞᆫ、여러분의、놉흐신、은덕으로、말미아마、날과、달에、졈졈、번셩ᄒᆞ오니、감사ᄒᆞᆫ온、마음과、깁분뜻즐、엇지、다만、지필노、다할슈、잇ᄉᆞ오릿가、그런고로、이번、우리가ᄃᆞ에셔、여러분의、거룩ᄒᆞ신、은혜、만분에、일을、갑고져ᄒᆞ와、히이로、오십개를、노흔、큰、함속에、필연、우ᄀᆞ한、샹품、ᄒᆞ나흘、노을거시니、원컨ᄃᆡ、ᄃᆡ한、여러분께셔、일젼보다、갑졀이나、사가시믈、쳔만이나、바라옵나이다

금제상품 福壽

大日本京都 合名會社 村井兄弟商會

大韓國都賣所 合名會社 村井兄弟商會仁川代店舖

特約販賣所 小西和 京城支店

◎朝日酒場告白

本酒場이開業多年에專崇名譽ᄒᆞ고薄取微利러니近日米價翔貴에斷木不少故로陰曆四月一日로起ᄒᆞ야酒一升에葉一兩四錢으로商定ᄒᆞ엿스며大抵酒品은前已告白ᄒᆞ얏거니와盛暑炎節에도變味치아니ᄒᆞ니各處賣酒爲業家의셔밧아가시면每一升에二錢을減ᄒᆞ야厚利를取케ᄒᆞᆯ터이오니僉君子ᄂᆞᆫ俯諒賜顧ᄒᆞ시오

新荷物品廣告

▲氷水旋(뉴리발)
▲氷水匙(어름ᄉᆞ시)
▲琉璃甫兒(뉴리곱보)
▲琉璃盞(뉴리잔)
▲氷水大牌(어름、ᄃᆡ픽)
▲氷字旗(어름빙짜、손、긔)

右物品이今次新到ᄒᆞ엿ᄉᆞ오니사가시옵

泥峴 구기모도 釘本商店

告白

△時計及附屬品
△銃及附屬品
△馬具及附屬品

右記ᄒᆞᆫ物品이近日에新到ᄒᆞ야品도極키精利ᄒᆞ거니와價文도廉ᄒᆞ게ᄒᆞᆯ터이오니購買ᄒᆞ시믈告白ᄒᆞ옵ᄂᆞ이다

泥峴 和泉商會

◎本社告白

本社新聞紙를購覽ᄒᆞ시ᄂᆞᆫ니ᄂᆞᆫ漢城內外와外方을勿論ᄒᆞ고一片郵遞로居住와姓名을詳錄ᄒᆞ여보내시면卽時信傳ᄒᆞᆯ터이요

報價ᄂᆞᆫ

每張에葉錢五分式이요一朔條ᄂᆞᆫ六錢式이요三朔條ᄂᆞᆫ一兩五錢式이요六朔條ᄂᆞᆫ二兩八錢式이요

告白價例ᄂᆞᆫ

五號活字每行에葉錢二錢式이요四號活字每行에葉錢二錢五分式이요二號活字每行에葉錢三錢五分式으로定ᄒᆞ오나行數多少와回數長短으로自然加減이有ᄒᆞ오니告白ᄒᆞ실리ᄂᆞᆫ本社에枉臨ᄒᆞ시와面商ᄒᆞ시옵

本報分賣所

東部梨峴紙廛在家 片鴻基
西部毛橋官報賣却所 朴鎭喆
中部鍾路大東書市 李景濂
南部銅峴鞋廛在家 尹相悳
北部安洞鞋廛在家 李濟永
鍾路高等裁判所越邊藥局 徐善長

社主兼編輯人 洪中燮
編輯人 張志淵

發行所 大韓國皇城中部貞善坊下漢洞五十八統第三戶 時事叢報社

〈사진 8〉『時事叢報』(1899.8.17), 4면. 99호에 이어 100호에도 동일한 내용의 '廣告'와 '本社告白' 등이 실려 있음.

『시사총보(時事叢報)』는 1899년 1월 22일부터 8월 17일까지 격일간(隔日間)으로 발행된 근대초기 대표적 국한문신문이다. 타블로이드판 4면 4단제로 발행되었으며, 각 글마다 표제를 붙이고 있다. 주요 표제로는 '논설(論說)', '관보초록(官報抄錄)', '잡보(雜報)', '외보(外報)', '기서(寄書)', '사원(詞苑)', '국조고사(國朝故事, 고사기담(古事奇譚))', '평림(評林)', '고백(告白, 특별고백(特別告白))', '광고(廣告, 특별광고(特別廣告))' 등 다양하게 등장한다. '논설' 작품은 제9호까지 신문 1면에 실렸지만 그 이후부터는 줄곧 2면에 발표되었으며, 기존 '논설'이 있었던 1면은 '관보초록'으로 대체되었다.

집필진에 대해 상세히 언급된 기록은 찾기 어렵고, 다만 신문 4면에 '사주(社主) 겸 편집인(編輯人)은 홍중섭(洪中燮), 편집인은 장지연(張志淵)'으로 기록되어 있다.[2] 선행연구를 살펴보면, 신석호[3]와 신용하[4]는 『위암문고(韋庵文稿)』(卷之十一)에 실린 '연보(年譜)'의 기록을 근거로 장지연을 『시사총보』의 주필로 보고 있다. 노관범[5] 또한 『시사총보』에 발표된 「논설-본보발간지취지(本報發刊之趣旨)」(1899.1.22)와 「사원-고금일몽록서(古今一夢錄序)」(1899.3.26)가 『장지연전서(張志淵全書)』에서 소개될 뿐만 아니라, '사원'의 여러 작품에서도 '위암(韋庵)',[6] '위암자(韋庵子)',[7] '남숭산인(南嵩山人)'[8] 등의 필명이 명기되어 있는 것으로 보아, 실질적인 신문 편집과 논설 작성은 장지연이 전담하였을 것으로 추정하고 있다. 그 외에도 「논설-방례

---

2 "社主兼編輯人 洪中燮 編輯人 張志淵". 『時事叢報』, 1899.1.22, 4면.

3 신석호, 「解題」, 『時事叢報-영남대학교 중앙도서관 소장 희귀도서총간』, 영남대 출판부, 1973.

4 신용하, 「19세기 말 장지연의 다산 정약용의 발굴」, 『한국학보』 29-1, 일지사, 2003, 5쪽.

5 노관범, 「대한제국기 박은식과 장지연의 자강사상 연구」, 서울대 박사논문, 2007, 85~90쪽 참조.

6 「雜報-萬言疏」, 1899.3.16.

7 「雜報-笑談傳奇」, 1899.3.24.

8 「詞苑-十蟲詩」, 1899.3.30・4.1; 「詞苑-又四蟲詩」, 1899.4.1; 「詞苑-三絶體」, 1899.5.31.

(邦禮)」(『시사총보』, 1899.5.3～15) 가운데, 49～51호의 많은 내용이 「황례편 제일(皇禮編 第一)」·「황례편 제이(皇禮編 第二)」(『위암문고』 卷之三)에 발견되는 것으로 미루어보았을 때, 장지연이 '논설'을 집필했다는 사실에 있어서는 이견의 여지가 없다.

단, 장지연이 『시사총보』의 주필로 활동하는 기간 『황성신문(皇城新聞)』의 주필로도 동시에 관여했다는 선행연구의 주장[9]은 재고할 여지가 있다. 기존 논의는 『묵암비망록(默菴備忘錄)』 1899년 2월 25일 자 기록에서 이종일(李鍾一)이 장지연을 『황성신문』의 주필로 호칭한 것을 근거한 것이다. 그러나 당시 장지연이 『시사총보』의 주필로 활동한 시기가 1개월 남짓한 짧은 기간이었음을 감안한다면, 『대한황셩신문』(1898.4.2)[10] 때부터 주필로 참여했던 장지연이 『황성신문』의 주필로 호칭되었다는 것은 어떻게 보면 자연스러운 현상이라 할 수 있다. 비록 『시사총보』가 격일 신문이었다 할지라도 '논설'을 비롯한 다양한 신문지면의 원고작성과 편집을 담당하면서, 동시에 일간지인 『황성신문』의 주필까지 겸임했다는 사실은 납득하기 어렵다. 그리고 무엇보다도 '연보'[11]에 1899년 '7월 시사총보사를 그만두고, 9월 황성신문사에 들어가 수개월을 주필로 활동했다는 기록("七月罷叢報社九月入皇城新聞爲主筆居數月因辞事退")'에 근거한다면, 『시사총보』가 발행되었던 1899년 1월부터 7월까지는 온전히 해당 신문사의 주필로만 활동했다고 보아야 할 것이다.

---

9 정진석, 「장지연의 언론활동과 언론사상」, 『위암 장지연의 사상과 활동』, 민음사, 1993. 526～528쪽; 신용하, 앞의 글, 6쪽.

10 『皇城新聞』의 전신(前身). 1989년 3월 2일 윤치호(尹致昊)가 발행한 『京城新聞』은 제11호부터 『대한황셩신문』으로 개제했다가 동년 9월 5일에는 『皇城新聞』으로 개제, 1910년 8월 30일에는 『漢城新聞』으로 개제했다가 곧 폐간되었다. 韓元永, 『韓國新聞 한世紀』, 푸른사상, 2007, 21쪽 참조.

11 『韋庵文稿』 卷之十一.

이전까지 『시사총보』에 대한 정보는 『국사대사전(國史大事典)』[12]을 비롯한 기존 언론학 개론서에서 간략하게 소개하는 수준이었다. 1973년 영남대 영인본에 실린 신석호의 「해제」[13]를 시작으로 이훈옥, 홍석호 등의 논문[14]을 통해 『시사총보』의 성격이 드러나기 시작했다. 그러나 동시대 신문들에 비해 자료 상태가 좋지 못한 점과 짧은 발행기간 등을 이유로 많은 연구의 진척을 보이지 못했다.

『국사대사전』에서는 『시사총보』를, 독립협회와 대항하기 위해 신문의 필요성을 느꼈던 황국협회(皇國協會)가 현영운(玄映運)[15]·홍중섭(洪中燮) 등으로 하여금 그들의 기관지로서 발행하도록 한 것이라 설명하고 있다.[16] 반면, 신석호의 「해제」에서는 황국협회가 해산(12월)된 지 이듬해 1월에 『시사총보』가 간행되었으므로 황국협회의 기관지로 단정할 수는 없다고 하였다. 그럼에도 불구하고 현채·양재한·장지연 등이 고종황제에게 상주하여 전 시사총보사를 광문사로 삼고 다산의 『목민심서(牧民心書)』·『흠흠신서(欽欽新書)』 등을 간행했다는 기사(경자 38세 10월)의 내용들은 시사총보사의 건물과 인쇄 시설이 황제 또는 정부 소유였다는 것을 말하는 것이

12 이홍식, 『國史大事典』, 지문각, 1963.

13 신석호, 「解題」, 『時事叢報－영남대학교 중앙도서관 소장 희귀도서총간』, 영남대 출판부, 1973.

14 이훈옥, 「장지연의 변혁사상 연구」, 인하대 박사논문, 1989; 홍석호, 「대한제국기 『時事叢報』의 논설에 나타난 현실인식과 개혁론 연구」, 연세대 석사논문, 2003.

15 이훈옥은 「장지연의 변혁사상의 형성배경과 전개」(『위암 장지연의 사상과 활동』, 민음사, 1993, 205~206쪽 참조)에서 『時事叢報』의 창간에 현영운(玄映運)이 참여했다는 기록을 찾기는 어렵지만, 「玄眞子曰」이라는 논설이 실리고 있다는 점과, 장지연의 『年譜』에 황성신문사가 경영난으로 폐간의 위기에 이르렀을 때 玄映運이 황제에게 주선하여 내탕금을 지급토록 한 사실을 기술하면서 현영운과 장지연이 구면(時事叢報사에서의 관련을 기술한 것)이었음을 밝히고 있는 점을 근거로 현영운이 『時事叢報』에 가담하였을 것으로 보고 있다.

16 『한국신문사』(최준, 일조각, 1965)와 『한국신문사연구』(이해창, 성문각, 1971)에서는 『時事叢報』를 당시 보수계 내지 수구파의 성격을 지닌 신문으로 규정하고 있다.

며, 정부를 찬양한 기사가 많이 수록되어 있는 것을 근거했을 때, 당시 『시사총보』가 정부기관지의 역할을 담당했을 것이라 추정하기도 하였다.

2.

『시사총보』는 전체 100호를 발행하면서, 제68호(1899.6.12) · 제91호(1899.7.30) · 제96호(1899.8.9) · 제99호(1899.8.15)를 제외하고 매호 '논설'란을 게재하였다. 제66호 · 제76호 · 제100호의 경우, 각 두 편씩의 논설을 동시에 실었으므로 전체 99편의 논설이 발표된 셈이다. 『시사총보』의 논설 작품들을 주제별로 분류하면 다음과 같다.

〈표 1〉『時事叢報』 논설 주제별 분류

주제	제호
정치 · 법/외교	4 · 5 · 6 · 7 · 10 · 11 · 13 · 14 · 24 · 25 · 27 · 28 · 29 · 33 · 37 · 39 · 46 · 47 · 48 · 49 · 50 · 51 · 52 · 53 · 54 · 55 · 56 · 57 · 58 · 59 · 61 · 65 · 66(2) · 67 · 69 · 70 · 71 · 73 · 74 · 75 · 76(1) · 76(2) · 78 · 79 · 81 · 83 · 89 · 90 · 92 · 93 · 94 · 95 · 97 · 98 · 100(2)
농 · 상업/경제	12 · 18 · 19 · 20 · 21 · 22 · 23 · 34 · 35 · 36 · 38 · 40 · 41 · 42 · 43 · 45 · 62 · 72 · 77 · 80 · 82 · 84 · 85 · 86 · 87 · 88
종교 · 관습/윤리	3 · 26 · 30 · 31 · 32 · 44 · 63 · 66(1) · 100(1)
출판 · 문화/교육	1 · 2 · 8 · 9 · 15 · 16 · 17 · 60 · 64

〈표 1〉에서 볼 수 있듯이, 『시사총보』의 '논설' 작품은 다양한 주제를 다루고 있는데, 그 가운데 '정치 · 법/외교'와 '농 · 상업/경제'를 주제로 다룬 작품들이 많은 비중을 차지한다. 그 내용에는 부국한 나라를 이루기 위해 필요하다고 생각했던 인재의 확보("그政府에셔賢材를求ᄒᆞ지안니홈을患홀

거시오", 13호)와 인재를 활용할 수 있는 방법("用人之法을行ᄒᆞ려ᄒᆞᆯ진ᄃᆡᄯᅩ任을久케ᄒᆞ야成을責홈에在ᄒᆞᄂᆞ니", 14호), 그리고 나라의 흥폐가 달려있는 재화의 필요성과("財의盈絀로國의興弊가以ᄒᆞ니", 18호), 자국 농상업의 생산 활동 증진의 필요성("我의土地物産으로足히富强之業을資ᄒᆞᆯ거시니", 21호) 등을 피력하고 있다. 『황성신문』 초기논설(1898~1901)의 작품들이 '정치(26.5%) · 사회(26.2%)'에 많은 비중을 두고 있는 것과도 연관성을 가진다.[17] 『시사총보』의 두 주제('정치 · 법/외교', '농 · 상업/경제')에 대한 입장은, 결국 유교적인 전통을 가지고 있는 개명관료의 시각에서 점진적인 개혁론을 주장하는 것이었다고 할 수 있다.

그 가운데 주목할 만한 것은 '양전사업'을 포함한 '농 · 상업/경제'에 대한 논설이다. 해당 논설들은 토지제도의 혼란 및 관료들의 부패상과 연결되기에, 실상 '정치 · 법/외교'나 '농 · 상업/경제' 가운데 특정 주제로 구획하기는 어렵다.

당시 『시사총보』에서는 '논설'란을 통해 사회 제분야에 걸친 대한제국의 근대화 개혁 추진과 밀접한 관련을 갖는 양전(量田) 사업에 대해 큰 관심을 드러내었다. 이는 지세(地稅)가 국가재정의 큰 비중을 차지했기 때문인데, 1894년 이후 농민전쟁의 참화를 극복하고 경제의 안정화를 꾀하기 위하여 토지개혁론을 중요하게 인식했던 당대 사회적 분위기가 반영된 것이라 할 수 있다.[18]

---

17 주혜영의 「황성신문논설기사의 계량적 분석」(세종대 석사논문, 2002, 5~25쪽 참조)에서는 '정치' 다음으로 '사회' 분야가 큰 비중을 차지하고 있다. 이는 '사회' 분야에 많은 주제어를 포함시켰기 때문인데, 해당 연구에서 '사회' 분야로 포함시킨 '사회정책(15.2%)'을 본고에서는 '정치 · 법'의 범주로 분류시켰다. 이 같은 연구간 주제어 범주의 차이점이 존재하지만 내용을 종합했을 때, 당시 '논설'이 '정치' · '정책' · '제도' 등에 많은 부분 초점을 맞추고 있다는 사실을 확인할 수 있다.

18 양전 사업의 조례 제정 및 시행 과정과 관련하여 『時事叢報』에서는 「量地實施」(1899.2.16),

조선후기에는 토지와 관련하여 '부세제도(賦稅制度)의 혼란과 특정계층의 토지 독점에 따른 농민층의 몰락',[19] '진황자(陳荒者)나 은루자(隱漏者)를 다스릴 법례(法例)의 부재'[20] 등과 같은 사회 문제가 심각한 수준에 이르렀다. 전근대 사회의 경제적 기반이 토지에서 비롯되었던 만큼 위와 같은 모순적인 토지 문제는 곧 국가경제의 붕괴를 초래하기 때문에, 이를 해결하기 위한 토지제도의 재정비가 반드시 필요하였다.

1894년 지세(地稅)의 개혁과 관련하여 객관적인 지세 부과의 기준을 마련하기 위해 전국적인 토지조사, 즉 양전의 시행에 대한 논의가 나타났지만 구체적인 방침이나 추진 능력을 갖추지 못한 채 무산되고 말았다. 이후 전정(田政)의 정비와 농민경제의 안정을 위해, 유교지식인들을 중심으로 양전에 대한 논의가 제기되었다.[21]

1898년 7월 2일 고종은 직접 양전을 재가하고 양전을 담당할 아문과 그 처무규정을 마련하라는 조칙을 내렸다(『日省錄』, 광무2년 5월 14일). 이에 1898년 7월 6일 '양지아문직원급처무규정'을 마련하여 칙령 제25호로서 반포하였다(『日省錄』, 광무2년 5월 18일). 이로써 양전을 전담할 독립관청으로서 '양지아문(量地衙門)'이 정식으로 출범하게 되었다. 1899년 3월 10일 한성우체사(漢城郵遞司) 주사(主事)인 오병일(吳炳日)이 새로운 '양전조례(量田條例)'를 제기하였고, 1899년 5월 11일 양지아문은 「양지아문 시행조례」를

「量衙服裝」(1899.2.20), 「量地簡告」(1899.3.8), 「請罷量地」(1899.3.12), 「量地實施」(1899.4.17), 「量地議定」(1899.4.17), 「依請許施」(1899.4.25), 「量地方便」(1899.5.7), 「量地發訓」(1899.5.11), 「量地發訓(前號續)」(1899.5.13) 등 총 10건의 기사가 '雜報'란에 게재되었으며, 그 외 「量地衙門見習生規則」(1899.4.25), 「各道量務監理를 該道內郡守中에 擇任ᄒᆞ야 爲先試可ᄒᆞᄂᆞᆫ 件」 등이 '官報抄錄'에 실리기도 했다. 홍석호, 앞의 글, 2003, 52~56쪽 참조.

19 「論說－田稅戶斂之弊」, 『時事叢報』, 1899.3.6.

20 「雜報－量地發訓」, 『時事叢報』, 1899.5.11.

21 '유교지식인의 양전론 제기와 토지조사 대책'에 대해서는 왕현종의 『대한제국의 토지조사와 토지법제』(혜안, 2017, 156~166쪽)을 참조할 것.

공포하였다. 「양지아문 시행조례」는 전국적인 양전을 앞두고 양전의 원칙과 시행방식을 각항목별로 상세하게 규정하고 있다.[22] 『시사총보』에서는 해당 조례가 시행하게 된 경위와 함께 각 조례의 내용을 두 편의 연속 기사[23]로 소개하고 있다.

한편, 비슷한 시기 『시사총보』 '논설'란에는 「방례」(『시사총보』, 1899.5~5.15)가 발표되었다. 해당 작품은 『방례초본』의 내용을 부분 인용하고 있는데, 49~51호의 내용은 「황례편 제일」·「황례편 제이」(『위암문고』 卷之三)에도 찾을 수 있다. '연보'에 기해(己亥)년 "三月擬上皇禮五篇有疏"(1,118쪽)이라 하여 고종(高宗)을 위해 「황례(皇禮)」 다섯 편을 바쳤다는 기록이 있다.

『방례초본』은 다산이 1817년에 저술한 『경세유표(經世遺表)』의 다른 이름이다. 『경세유표』는 조선왕조의 이상적인 국가개혁 방안을 제시한 일종의 제도개혁안으로, 가장 역점을 두어 서술한 분야는 정전제(井田制)와 부공제(賦貢制)라 할 수 있다.[24] 특히 제5책과 제6책은 정전제의 토지개혁, 제9책에는 양전의 방법과 어린도 작성의 필요성 등을 주장하였다. 고종은 당시 『경세유표』에 주목하여 양지아문 관련 관리들에게 필사작업을 통해 향후 토지제도 개혁에 참고해 두도록 하였는데,[25] 『시사총보』를 비롯한 당시 신문들은 이 같은 정황을 기사화하여 세간의 관심을 집중시켰다.[26]

---

22 '대한제국의 양전기구 설립과정'과 '양전사업 시행방침'에 대해서는 왕현종, 앞의 책, 174~179·186~196쪽을 참조할 것.

23 「雜報-量地發訓」(『時事叢報』, 1899.5.11), 「雜報-量地發訓(前號續)」(『時事叢報』, 1899.5.13).

24 김태영, 「『경세유표』에 드러난 다산 경세론의 역사적 성격」, 『퇴계학보』 129, 퇴계학연구원, 2011, 62쪽 참조.

25 왕현종, 앞의 책, 183~186쪽 참조.

26 당시 『邦禮草本』에 대한 관심은 『皇城新聞』 기사를 통해서도 살펴볼 수 있다. 1899년 4월 17일과 18일 2회에 걸쳐 『황성신문』 '논설'란에는 "아국(我國)의 경제학대선생(經濟學大先生) 정다산약용씨(丁茶山若鏞氏)의 소술(所述)한 바를 적요(摘要)ᄒᆞ노라"는 제목 아래, 정약용의 『邦禮草本』 서문이 게재되었다. 같은 해 8월 3일과 4일에는 「대한경제선생(大韓經濟先生) 다산정약용씨(茶山丁若鏞氏)의 소찬(所撰)한 수령고적법(守令考績法)을 좌(左)에 약기

3.

『시사총보』 '논설'에서 박지원(朴趾源)의 저술들이 많은 부분 인용되고 있다는 사실도 특기할 만한 점이다.

먼저, 「논설－전제구전지리(田制區田之利)」(『시사총보』, 1899.4.17～21)에서는 원나라 왕정(王禎)의 농지 구획 방법과 조선 이상진(李尙眞)의 농법 등을 소개하고 있는데, 이는 박지원 「전제(田制)」(「과농소초(課農小抄)」, 『연암집(燕巖集)』 卷17)의 내용을 요약한 것이다. 박지원(朴趾源)의 농지 개혁안을 통하여 균등한 토지 분배와 경영의 중요성 등을 강조했다고 볼 수 있다.

「논설－서광계조전용수설(徐光啓早田用水說)」(『시사총보』, 1899.7.16～20)과 이어지는 두 편의 논설 「논설－개수리(開水利)」(『시사총보』, 1899.7.22～24)에서는 「수리(水利)」(「과농소초」, 『연암집』 卷17)의 내용을 간추려 소개했다. 서광계(徐光啓)의 「한전용수소(旱田用水疏)」를 비롯한 옛 학자들의 주장을 열거하면서 수리(水利)의 중요성과 용수(用水) 방법론에 대해 설명하고 있다.

주지하듯, 「과농소초(課農小抄)」는 「농정전서(農政全書)」와 더불어 전대(前代)의 「농가집성(農家集成)」, 「색경(穡經)」, 「산림경제(山林經濟)」 등의 농서를 참고한 것인데,[27] '논설'에서는 「과농소초」 가운데 토지개혁과 관련이 깊은 「전제」, 「수리」 등의 내용을 선별하여 소개한 것이라 할 수 있다. 이뿐만 아니라, 「한민명전의(限民名田議)」의 내용을 부분 요약한 「논설－한민명전(限民名田)」(『시사총보』, 1899.4.27)도 주목할 만하다.

(略記)ᄒᆞ노라」는 제목으로 『경세유표』 「천관수제(天官修制)」 "고적지법(考績之法)"이 일부 발췌 게재되어 있다. 김진균, 「근대계몽기(1894～1910)의 다산 호출」, 『다산과현대』 4・5(합본호), 연세대 강진다산실학연구원, 2012, 55～56쪽 인용.

27 朴趾源 著・崔洪奎 譯註, 「解題」, 『國譯 課農小抄』, 亞細亞文化社, 1987, 14쪽 참조.

「한민명전의」는 「과농소초」와 함께 연암이 면천군수(沔川郡守)로 있을 때, 정조의 농서를 지어 바치라는 구언교(求言敎)와, 「열하일기(熱河日記)」의 문체반정에 대하여 순정(醇正)한 문장을 지어 속죄하라는 요구에 대하여 찬진(撰進)된 저술이다. 토지겸병이 널리 성행되고 영세농이 증가하고 있는 당시 농촌현실 아래에서는 겸병자의 토지 소유를 제한하는 길이 남는 토지를 농민들에게 분배할 수 있는 것이며, 이러한 한전론(限田論)의 시행으로써 농민경제의 안정을 도모하자는 주장[28]을 담고 있다.

토지(경제)개혁론과는 거리가 있지만, 박지원의 저술로 널리 알려진 「양반전(兩班傳)」·「명론(名論)」(『연암집』)의 전문(全文)이 「논설－양반전」(『시사총보』, 1899.4.29~5.1), 「논설－명(名)」(『시사총보』, 1899.5.17~19)의 제목으로 발표되어 당대 신분·정치제도에 대한 날선 비판을 전개하기도 하였다.

본래 순한문작품을 『시사총보』에서는 국한문으로 번역하여 소개하였는데, 비록 순한문 문장에 단순히 한글현토를 붙이는 방식이긴 하지만 그 과정에서 어조사의 생략과 어순 변화의 면모들이 보인다. 예시로 「양반전」(『연암집』 卷8)·「논설－양반전」(『시사총보』, 1899.4.29)과 「명론」(『연암집』 卷3)·「논설－명」(『시사총보』, 1899.5.17)의 도입부를 비교해 보면 〈표 2~3〉과 같다.

(가)와 (나) 모두, 순한문에서 국한문으로 옮기는 과정에서 어조사('之', '也', '而', '以', '乎')의 생략이 보이며, 기존 순한문에서 현 국문어순에 가까운 형태로 변화했음을 확인할 수 있다. 예컨대, 부정어의 경우 '막(莫)'("莫可以遍賞乎爲善")이 '업슨'("可以爲善者를 遍賞홀슈업슨")으로 대체되면서 문장 내 어순의 변화를 보이게 된다.

---

28 위의 책, 7~13쪽 참조.

29 양반이란 사족을 높여 부르는 말이다. 정선 고을에 한 양반이 있었는데 어질고 글 읽기를 좋

〈표 2〉「兩班傳」(『燕巖集』 卷8)과 「論說ㅡ兩班傳」(『時事叢報』, 1899.4.29)의 도입부

가-1)	兩班者 士族之尊稱也 旌善之郡 有一兩班 賢而好讀書 每郡守新至 必親造其廬而禮之 然家貧 歲食郡糴 積歲至千石 觀察使巡行郡邑 閱糴糴大怒曰 何物兩班 乃乏軍興 命囚其兩班 郡守意哀其兩班 貧無以爲償 不忍囚之 亦無可奈何[29]
가-2)	兩班이란 者는 士族의 尊稱이라 旌善郡에 一兩班이 有ᄒᆞ니 賢ᄒᆞ고 讀書를 好ᄒᆞ야 每양 郡守가 新至ᄒᆞ면 必其廬에 親造ᄒᆞ야 禮之ᄒᆞᄂᆞ 然家貧ᄒᆞ야 歲로 郡糴를 食ᄒᆞ더니 歲로 積ᄒᆞ야 千石에 至ᄒᆞᆫ지라 觀察使가 郡邑에 巡行ᄒᆞ야 糴糴을 閱ᄒᆞ다가 大怒ᄒᆞ여 日 何物兩班이 軍儲를 乃乏케 ᄒᆞᄂᆞ요 ᄒᆞ고 其兩班을 命囚ᄒᆞᆫᄃᆡ 郡守의 意에 其兩班이 貧ᄒᆞ여 無以爲償ᄒᆞᆷ을 哀히 녁니여 囚之ᄒᆞᆷ을 不忍ᄒᆞᄂᆞ 亦無可奈何라

〈표 3〉「名論」(『燕巖集』 卷3)과 「論說ㅡ名」(『時事叢報』, 1899.5.17)의 도입부

나-1)	天下者, 枵然大器也, 何以持之, 曰名, 然則何以導名, 曰欲, 何以養欲, 曰恥, 萬物之易散而莫可以相屬也, 名以留之, 五倫之易悖而莫可以相親也, 名以係之, 夫然後彼大器者, 其能充實完好, 而無攲覆壞缺之患也, 天下之爵祿, 莫可以遍賞乎爲善, 則君子可以名勸, 天下之刑罰, 莫可以遍懲乎爲惡, 則小人可以名愧,[30]
나-2)	夫天下란 者ᄂᆞᆫ 洞然ᄒᆞᆫ 大器라 何以持之오 曰名이니 然則何以導名고 曰欲이요 何以養欲고 曰耻니 萬物의 易散ᄒᆞ여 可히써 相屬ᄒᆞ지못ᄒᆞᄂᆞᆫ거슬 名으로써 留之케ᄒᆞ고 五倫에 易悖ᄒᆞ여 可히써 相親ᄒᆞ지못ᄒᆞᄂᆞᆫ것도 名으로써 係之케ᄒᆞ나니 夫然後에야 彼大器者를 其能充實完好케ᄒᆞ야 攲覆破缺之患이 無ᄒᆞᄂᆞ니 天下에 爵祿으로 可以爲善者를 遍賞ᄒᆞᆯ슈업ᄉᆞᆫ 則君子ᄂᆞᆫ 可히 名으로 以ᄒᆞ야 勸케ᄒᆞᆯ지며 天下의 刑罰로 可以爲惡ᄒᆞᆫ 者를 遍懲ᄒᆞᆯ슈업ᄉᆞᆫ 則小人은 可히 名으로 以ᄒᆞ야 愧케ᄒᆞᆯ지니

아하였으므로, 군수가 새로 도임하게 되면 반드시 몸소 그의 오두막집에 가서 인사를 차렸다. 그러나 집이 가난하여 해마다 관청의 환곡을 빌려 먹다 보니, 해마다 쌓여서 그 빚이 1천 섬에 이르렀다. 관찰사가 고을을 순행하면서 환곡 출납을 조사해 보고 크게 노하여, 어떤 놈의 양반이 군량미를 축냈단 말인가 하고서 그 양반을 잡아 가두라고 명했다. 군수는 그 양반이 가난하여 보상을 할 길이 없음을 내심 안타깝게 여겨 차마 가두지는 못하였으나, 그 역시도 어찌할 수 없는 일이었다. 신호열・김명호 역, 『연암집』, 돌베개, 2007.

30 천하라는 것은 텅 비어 있는 거대한 그릇이다. 그 그릇을 무엇으로써 유지하는가. '명'이다. 그렇다면 무엇으로써 '명'을 유도할 것인가. 그것은 '욕'이다. 무엇으로서 '욕'을 양성할 것인가. 그것은 '치'이다. 만물은 흩어지기 십상이어서 아무것도 연속할 수 없는데 이름으로써 붙잡아 둔 것이요, 오륜은 어그러지기 쉬워서 아무도 서로 친할 수 없는데 '명'으로써 묶어 놓은 것이다. 무릇 이렇게 한 뒤라야 저 큰 그릇이 아마도 충실하고 완전할 수 있어, 기울어지거나 엎어지거나 무너지거나 이지러질 걱정이 없게 될 것이다. 온 세상의 작록으로도 선을 행하는 자에게 두루 다 상을 줄 수는 없으니, 군자는 '명'으로써 선을 행하도록 권장할 수가 있다. 온 세상의 형벌로도 악을 행하는 자를 두루 다 징계할 수는 없으니 소인은 '명'으로써 부끄럽게 할 수가 있다. 위의 책.

〈사진 9〉『時事叢報』(1899.4.27), 2면. 박지원의 「限民名田議」의 내용을 부분 요약한 「論說—限民名田」이 발표됨.

「논설－양반전」(『시사총보』, 1899.4.29~5.1)과 「논설－명」(『시사총보』, 1899.5.17~19)에서처럼 순한문에서 국한문으로 문체 변화를 준 것은, 당시 신문을 구독했던 다양한 독자층의 가독성을 배려한 것이라 할 수 있다. 다만, 두 논설간의 차이뿐만 아니라 동일 작품 내에서도 문체(어순, 어조사 등)의 차이가 존재하는데, 이는 당시 국한문 문장의 다양한 시도들이 있었음을 방증하는 것이다.

박지원의 「양반전」이나 「명론」은 모두 '양반'과 '명'에 대해 새로운 관점에서 논하는 글이다. 병적인 시대를 풍자한 작품[31]이었고 현실정치에서 중시해야할 점을 논한 작품[32]이었기에, 근대 신문의 '논설'란에 재발표되어 집필진의 주장에 대한 근거로서 활용되었다고 볼 수 있다.

그밖에도 『시사총보』에는 「양반전」과 같이 오늘날 '논설'이라 명칭하기 어려운 다수의 작품들이 '논설'란에 발표되었다. 큰 범주에서 단형서사로 분류할 수 있는데, 유형별 특징을 확인할 필요가 있다.[33]

31 "朴公은 當世華閥貴族而猶作此傳ᄒᆞ니 盖病世刺時之論歟." 「論說－兩班傳」, 『時事叢報』, 1899.5.1.

32 "苟使天下之人으로 是皆君子也면 亦於名에 奚事ᄒᆞ리요." 「論說－名」, 『時事叢報』, 1899.5.19.

33 단형서사를 비롯하여 '논설'로 정의하기 어려운 작품들이 『時事叢報』 「論說」란에 편입된 근거는 拙稿, 「『時事叢報』의 '논설'연구」(『우리문학연구』 63, 우리문학회, 2019)를 참조할 것. 이하 3장의 '논설(단형서사) 유형 및 특징'에 대한 설명은 해당 논문의 III장(「논설과 비논설의 경계」)을 옮긴 것임을 밝힌다.

4.

『시사총보』의 논설 작품을 보면 오늘날 '논설'이라 정의하기 힘든 다양한 서사들, 예컨대 '서사적논설'을 비롯하여 '서사적기사', '송・찬・조칙' 등 논설과 비논설의 경계에 있는 작품들이 다수 존재한다. 해당 작품들은 다음 표와 같이 세 부류의 작품군으로 분류된다.

〈표 4〉『時事叢報』 논설(단형서사) 유형별 분류

유형	제호	비고(주제)
서사적논설	5・6・7・10・46・47・61・66(2)・89・90・94	정치・법/외교
	2・8	출판・문화/교육
서사적기사	70・74・76(2)・97	정치・법/외교
송・찬/조칙	67・93	정치・법/외교
	26・63・66(1)・100(1)	종교・관습/윤리

먼저 '서사적논설'은 1890년대 이후 근대계몽기 신문 「논설」란에 발표된 단형의 이야기 문학을 지칭하는 용어로서, 근대소설의 초석이 되는 과도기적 문학양식을 지칭한다.[34] 『시사총보』에서도 '서사적논설'의 특징을 가진 작품들이 종종 발표되었다. 이들 작품은 제목에서부터 '○○전(傳)' 내지는, '우언(寓言)'을 상징하는 다양한 명칭들을 사용하고 있다.[35]

---

34 김영민, 「한말의 '서사적논설' 연구」, 『작가연구』 2, 새미, 1996; 김영민, 『한국근대소설사』, 솔, 1997; 김영민, 「한국 근대 소설 발생 과정 연구」, 『국어국문학』 127, 국어국문학회, 2000.

35 이 같은 특징은 『時事叢報』뿐만 아니라 비슷한 시기 발표되었던 『皇城新聞』 「論說」에서도 발견된다. 대표적 작품으로는 「論說－寓言」(『皇城新聞』, 1899.3.8), 「論說－驕忌琴諫」(『皇城新聞』, 1901.1.17), 「論說－西隣富翁傳」(『皇城新聞』, 1908.2.7) 등이 있다.

金翁이란者는淸州郡人이니其先은關北獵戶也라自其先世로富貲財愛游俠ᄒᆞ고好弓馬武勇之技ᄒᆞ야[36] (…중략…) 太史氏曰噫라翁이生於豪富ᄒᆞ야亢傲其天性而能折節善聽ᄒᆞ야卒復大業ᄒᆞ며韓氏는以華貴로抑己下人ᄒᆞ며袪舊圖新ᄒᆞ야能反危爲安ᄒᆞ며轉弱成强ᄒᆞ야確立萬世之基礎ᄒᆞ며魏氏는首先覺悟ᄒᆞ야竟能聯合三家ᄒᆞ야以保鼎峙之勢ᄒᆞ야使歐陽氏로不敢正眼東南ᄒᆞ니嗚呼라皆間世之雄也夫로다[37]

老鷲의本態ᄂᆞᆫ飢來攫鳥雀飽則盤大嬉라韓昌黎之詩에已盡之矣로다古槐踈林之間에彼查查之翠鵲이卵育諸雛ᄒᆞ더니悶諸雛之飢ᄒᆞ야欲求食而哺之나 又恐老鷲之乘機暗算ᄒᆞ야暴加不義ᄅᆞᆯ가ᄒᆞ야咨且未行러니 (…중략…) 近日列强之强倡平和之說者ㅣ恐未知不作鷲道學手段否아强做工夫ᄒᆞ야爲掩護粧撰之態나實非平和之好胚胎오畢竟露出來眞面目則盤天之勢를其孰能禦之哉리요[38]

兩班이란者는士族의尊稱이라旌善郡에一兩班이有ᄒᆞ니賢ᄒᆞ고讀書를好ᄒᆞ야每양郡守가新至ᄒᆞ면必其廬에親造ᄒᆞ야禮之ᄒᆞᄂᆞ然家貧ᄒᆞ야[39] (…중략…) 評曰諺云我國之兩班과淸國之女子와日本之僧釋은天下之最貴者라ᄒᆞ니此傳을觀ᄒᆞᆯ진ᄃᆡ中古兩班之名이實貴莫貴焉이ᄂᆞ至近日ᄒᆞ야는又無價矣라雖一錢이라도買者가恐無ᄒᆞᆯ쓰朴公은當世華閥貴族而猶作此傳ᄒᆞ니盖病世刺時之論歟[40]

「논설－김옹전(金翁傳)」은 ‘김옹(金翁)’, ‘구양씨(歐陽氏)’, ‘한씨(韓氏)’, ‘위씨(魏氏)’의 이야기를 통해, 동아시아 삼국이 힘을 합쳐 서구의 침입에 대비

36 「論說－金翁傳」, 『時事叢報』, 1899.2.1.
37 「論說－金翁傳」, 『時事叢報』, 1899.2.5.
38 「論說－老鷲變態」, 『時事叢報』, 1899.6.8.
39 「論說－兩班傳」, 『時事叢報』, 1899.4.29.
40 「論說－兩班傳」, 『時事叢報』, 1899.5.1.

隔日發刊

內部認可 時事叢報 農商工部認可

第五號

光武三年二月一日 水曜日 陰曆十二月廿一日 (一)

論說

金翁傳

官報抄錄 (一月三十日)

〈사진 10〉『時事叢報』(1899.2.1), 1면. 「論說-金翁傳」은 '韓氏'·'金翁'·'魏氏'·'歐陽氏'를 각각 한중일과 서구열강에 비유함으로써, 당시 혼란했던 국제정세 속에서 자국의 처세 방향을 주장한 작품.

해야하는 메시지를 우회적으로 서술한 작품이다. 인물들의 작명에서부터 어느 나라를 상징하는 지를 유추할 수 있도록 하였다. 당시 혼란했던 국제정세 속에서 집필진이 자국에 바랐던 처세의 방향을 해당 논설을 통해 파악할 수 있다. 이 같은 주제의식은 두 번째 논설인 「논설－노취변태(老鷲變態)」에서도 확인할 수 있다. 늙은 독수리(老鷲)가 거짓으로 군자인 척하면서 까치(翠鵲)를 속이고 그의 새끼들을 모두 잡아먹었다는 내용을 서술하고 있다. 해당 이야기를 통해 서구 열강이 말하는 평화는 늙은 독수리의 위선과 같기 때문에 그대로 믿지 말고 이를 경계해야 함을 피력한 것이다.

세 번째 작품은 박지원의 「논설－양반전」이다. 1894년(甲午年)에는 중세사회의 제도적 골간의 핵심인 사회신분제도가 마침내 법제적으로 폐지되기에 이른다. 표면상으로는 군국기무처(軍國機務處)에서 개화파들의 주도로 의안(議案)을 제정・공포(1894.7.30・1894.8.2)한 전형적인 위로부터의 개혁이지만, 그 심층에는 아래로부터의 농민운동・농민전쟁이 복합적으로 작용했기 때문에 전근대의 종식을 알리는 혁신적 개혁이 효과적으로 진행될 수 있었다.[41] 그러나 사회적 염원 속의 개혁에도 불구하고 수백 년간 민인들을 억눌렀던 사회신분제는 쉽게 없어지지 않았으며, 심지어 갑오개혁이 끝난 1896년(丙申年)이후에는 사회 곳곳에서 신분제도가 다시 부활하는 현상까지 보이기도 했다.[42] 「논설－양반전」은 이 같은 사회를 비판하고자, '논설'로 재소환된 작품이라 할 수 있다.[43]

41 신용하, 『갑오개혁과 독립협회운동의 사회사』, 서울대 출판부, 2001, 105～117쪽 참조.

42 "晉州等十六郡屠漢等이 該觀察使曹始永氏에게 鳴寃ᄒᆞ기를 (…중략…) 丙申以後로 賤待如前ᄒᆞ옵고 寇亦未着ᄒᆞ야 天地間寃抑을 莫伸ᄒᆞ오니 勅命을 遵ᄒᆞ와 着冠홈을 請ᄒᆞᆫᄃᆡ"(「雜報－生牛皮冠纓」, 『皇城新聞』, 1900.2.5).

43 「양반전」은 '구전(九傳)' 가운데 하나이다. '구전'은 기존 '전(傳)'의 서술방식과 차별성을 보

위 세 편의 논설은 허구의 인물이나 의인화된 동물의 행동・대화내용 등을 통해 집필진이 전하고자했던 주제의식을 우회적으로 전달했다. 장자(莊子)는 우언(寓言)을 '다른 것에 빌려 논하는 것("藉外論之")'[44]이라 정의하였는데, 위에서 인용한 작품들 모두 가상의 인물 내지 동물을 가탁하여 우회적 수법으로 주장을 서술하고 있다. 『문심조룡(文心雕龍)』(유협(劉勰)) 에서 "논(論)'의 정치적 진술은 '의(議)'・'설(說)'과 부절을 같이 한다"[45]는 주장에 근거한다면, 해당 '논설'은 '우언(寓言)의 설(說)'[46]과 부절을 같이하는 '논(論)', 즉 '논설・논변류'라 할 수 있다.

따라서 각 작품들은 말미에 논평부를 부기하고 있다. 기존 출전이 있는 문학작품을 재인용하여 정리한 「양반전」의 경우에도, 원작의 내용을 종결지은 뒤에, 별도로 집필진의 의견을 담은 논평부를 첨부하여 '논설・논변류'의 형식을 갖추게 하였다. 이는 당대 '서사적논설'의 특징[47]이기도 하는데, '논설・논변류' 양식이 다양한 서사적 논설의 한축을 담당하였음을 짐작할 수 있다.[48]

인다. 특히, 「양반전」을 비롯한 「예덕선생전」・「마장전」 등의 경우, 입전대상과는 상관없거나 역설적인 제명을 붙어있다. 이들 작품은 조선 후기 신분계층의 변모상뿐만 아니라 지도층인 사대부와 관련된 현실사회의 문제점을 주제의식으로 돌출시켜 낸 작품이다(신상필, 「전의 특성과 전개양상」, 『한국한문학의 이론』, 보고사, 2007, 313~319쪽 참조).

44 『莊子』「雜篇－寓言」.

45 "祥觀論體 條流多品 陳政 則與議說合契 釋經則與傳注參體 辨史則與贊評齊行 銓文則與敘引共紀"(劉勰, 『文心雕龍』 論說 第十八).

46 '寓言의 說'(論辨類의 하위개념)은 문장의 전반부에서는 허구적인 상황을 설정하고 후반부에서 전반부에 설정된 상황으로부터 유추된 결론을 바탕으로 새로운 자신의 뜻을 말한다. (…중략…) 일반 논변류가 정치한 논리를 위주로 하여 주장이 직설적으로 개진됨에 반하여 우언을 곁들인 설은 세태와 풍속을 우회적으로 풍자하여 문학성이 높은 것이 많다(민병수, 『한국한문학개론』, 태학사, 1996, 349~351면 참조).

47 김영민은 '서사적논설'의 특색 가운데 하나로 "서사가 시작되기 전이나 후에 편집자 주 혹은 편집자적 해설이 붙거나 서술자의 교훈적 견해가 직접 노출되는 경우"를 지적하고 있다(김영민, 『한국근대소설사』, 솔, 1997, 23~48쪽 참조).

48 기존연구에서는 일찍이 '서사적논설'과 야담과의 연관성을 고찰했는데(김영민, 「한국 근대

다음으로 살펴볼 것은 ‘서사적 기사’[49]이다. 「잡보」란의 여타 기사문에 비해 ‘서사성’이 강하거나 ‘논설의 의도’를 담고 있는 기사들이다. 그 가운데 ‘서사성’에 초점을 맞춘 기사로는 「기변상보(奇變詳報)」(『시사총보』, 1899.6.16)와 「정국관란(政局觀瀾)」(『시사총보』, 1899.8.11)이 있다. 두 작품 모두 ‘논설’ 등 특정 표제어를 달지 않았지만, 기존‘논설’이 실렸던 동일지면에 발표된 점과 특별한 사건에 대한 기획보도 형태로 게재되었다는 점에서 기존 ‘논설’과의 연관성을 찾을 수 있다.[50]

「기변상보」는 6월 8일에 소안동(小安洞) 박영효(朴泳孝) 집안에서 발생한 화약 폭발사건에 대한 사건을 소개한 기사이다. 사건의 경위와 수색의 과정을 매우 상세히 묘사하고 있다. 그 과정에서 비속(婢屬)의 집문(執問)에 대한 답변 내용[51]과 사건현장의 자세한 묘사[52] 등을 통해 현장감을 극대

소설 발생 과정 연구」, 『국어국문학』 127, 국어국문학회, 2000; 김영민, 『한국 근대소설의 형성 과정』, 소명출판, 2005), 야담의 경우 다양한 산문장르들이 교접해 있는 양식이기 때문에 이미 ‘논변류’와의 연계성에 대해 그 가능성을 열어둔 논의였다고 볼 수 있다. 그뿐만 아니라 조선후기 한문단편이나 ‘우언’과 단형서사 사이의 연계 가능성에 주목한 연구(이강엽, 『토의문학의 전통과 우리소설』, 태학사, 1997; 양승민, 『우언의 서사문법과 담론양상』, 학고방, 2008; 조상우, 「애국계몽기의 우언에 표출된 계몽의식」, 『동양학』 34, 단국대 동양학연구소, 2003)와 함께 ‘설’ 양식과 ‘서사적논설’의 연관성을 설명한 논의(문한별, 「『독립신문』 수록 단형서사와 ‘설’문학의 연계성 고찰」, 『한국문학이론과 비평』 38, 한국문학이론과 비평학회, 2008)까지 등장하여, ‘논설・논변류’ 양식이 다양한 ‘서사적논설’의 한 축을 담당했을 것임은 의심의 여지가 없다.

49 ‘서사적기사’는 논설의 의도를 담고 있는 창작 기사를 지칭한다. 이는 사건 취재 기사 등 실제로 있었던 일을 기록하는 형식을 위하고 있지만, 내용으로 미루어볼 때 ‘서사적논설’처럼 편집진의 창작으로 추정되는 기사들이다. 형식 역시 사건을 직접 기술하여 전달하기 보다는, 소설적 형식을 취하는 경우가 많다. 김영민, 『한국근대소설사』, 솔, 1997, 35~36면; 김영민, 「한국 근대소설 발생 과정 연구」, 『국어국문학』 127, 국어국문학회, 2000, 328쪽.

50 「本報發刊之趣旨」(『時事叢報』, 1898.1.22)의 경우에도, 단순히 『時事叢報』의 발간목적만을 언급한 것이 아닌, 신문의 국가와 인민에 대한 공효(功效)를 나열하며 신문이 추구해야할 방향에 대한 논하고 있다. 이 같은 유사한 성격의 발간취지서는 『皇城新聞』(「論說」, 1898.9.6)에서도 발견할 수 있다. 해당 세 편의 작품에는 ‘논설’이라는 표제어를 달지 않았는데, 이들 작품들이 실린 지면은 여타 논설작품들이 실린 위치와 동일하며, 글의 성격 또한 여타의 ‘논설’들과 매우 유사하다.

화 시키고 있다. 또한 기사 말미에 유사한 미결사건(「賑所失火」)[53]이나 해당 사건 이후 지속적으로 기찰(譏察)하는 동정(「輪回巡更」)[54] 등을 소개함으로써, 사안의 중요성을 강조하고 세간의 관심을 유도하고 있다.

「기변상보」가 당대 '괴이한 변고(奇變)'를 다뤘다면, 「정국관란」은 '특별한 정국(政局)'을 소개한 기사라 할 수 있다. 농상공부 협판 민경식(閔景植)이 투옥된 아버지 민영주(閔泳柱)를 변호하기 위해 올린 상소문을 시작으로, 본 사건에 대한 의정(議政) 윤용선(尹容善)의 상주(上奏), 그리고 농상공부 대신(農商工部 大臣) 민영기(閔泳綺)의 자열소(自列疏)를 올린 과정과 상소의 내용 등을 상세히 묘사하고 있다. 해당 기사의 말미에도 앞서 70호처럼 관련 내용의 전후 사건들을 연이어 게재함으로써, 관련 사건의 전말을 상세히 알 수 있도록 기획하고 있다. 심지어 민경식이 부친을 핵주(劾奏)한 윤의정을 찾아가 억울함을 호소하는 장면까지 네 단에 걸쳐 상술하고 있어,[55] 여타 '잡보' 기사와의 차별화된 지점을 찾을 수 있다.

그 외에도 앞서 두 기사에 비해 '서사성'은 다소 부족하지만, '논설의 의도'를 함의하고 있는 '논설' 작품들도 발견할 수 있다.

---

51 "婢屬을 執問ᄒᆞᆫ 則曰朝前에 在外ᄒᆞᆫ 木臼를 中門內에 運置ᄒᆞ야 中門을 堅閉ᄒᆞ고 藥物을 杵▣ᄒᆞ더니 不意에 此火聲이 發ᄒᆞ나 其詳은 未知라 ᄒᆞᄂᆞᆫ지라."

52 "於是巡檢이 中門內에 直入ᄒᆞ야 木臼을 臨檢ᄒᆞᆫ 則木臼이 倒覆ᄒᆞᆫ지라 該臼을 起立ᄒᆞ고 臼內를 詳察ᄒᆞᆫ 則硫黃藥臭가 觸鼻ᄒᆞᄂᆞᆫ지라 該家婦人閨女를 一倂捕縛ᄒᆞ고 其爆發ᄒᆞᆫ 處를 周察한 則數三間量房屋이 傾頹ᄒᆞᆫ바 瓦片이 粉碎ᄒᆞ고 柱椽이 折覆ᄒᆞ고 器皿什物이 細末破裂ᄒᆞᆫ 中에 二個燒黑狗樣子燻漢이 倒伏ᄒᆞ얏ᄂᆞᆫᄃᆡ."

53 "再昨夜西小門內賑民所의셔 失火ᄒᆞ야 數十間이 沒入燒燼ᄒᆞ얏ᄂᆞᆫᄃᆡ 失火根因은 詳探更記ᄒᆞᆯ깃노라."

54 "日前의 勅令이 下ᄒᆞ샤 城內各洞居民이 作統例를 依ᄒᆞ야 每夜各其所居坊里의셔 輪回巡更ᄒᆞ야 殊常을 譏察케ᄒᆞ라 ᄒᆞ셧더라."

55 "閔景植氏가 其父親의 被劾免官을 憤恨히녁여 七日에 尹議政家에 往ᄒᆞ야 言ᄒᆞ여 曰小人은 現今에 被拿抱囚된 閔泳柱의 子息이오 大監은 臥病ᄒᆞ야 在家한 則入闕도아니ᄒᆞ얏ᄂᆞᆫᄃᆡ 虛傳勅令이라ᄂᆞᆫ 句語가 大監上奏中에 有ᄒᆞ야 小人의 父가 免官되고 被拿ᄒᆞ얏시니 此說을 何人의계 得聞ᄒᆞ엿소ᄒᆞ엿다더라."

(二) 光武三年六月十六日 時事叢報 陰曆五月九日

奇變詳報

〈사진 11〉『時事叢報』(1899.6.16), 2면. 「奇變詳報」에는 朴泳孝 집안에서 발생한 화약 폭발사건에 대해 소개하고 있으며, 기사 말미에 관련 내용의 전후사건을 연이어 기사화함.

> 林公使의出發期을引促야火急히不日出發케ᄒᆞ얏다ᄒᆞ니其用意의周到ᄒᆞᆷ과友情에敦摯ᄒᆞᆷ이如是ᄒᆞ니진실노兄弟同盟의好誼요急難의高義라우리ᄂᆞᆫ日本을向ᄒᆞ야感謝無已ᄒᆞ려니와 今此林公使ᄂᆞᆫ本是外交家에注望ᄒᆞᆫ名譽도飽欽ᄒᆞ얏거니와又自國政府의如此懇厚ᄒᆞᆫ旨意를宣佈ᄒᆞ야兩國의交誼를比前보담百倍나親密히ᄒᆞ야平和秩序에一層이나進步케ᄒᆞ야誠信을加彰ᄒᆞᆯ줄노極히期望ᄒᆞ노라[56]

「논설－일본신공사도관(日本新公使到館)」은 전 일본공사(加藤增雄)가 떠난 뒤에 혼란했던 국내정황을 전하며, 이에 대한 일본정부의 신속한 대응과 임권조(林權助)라는 뛰어난 인물이 공사(公使)로 왔음을 소개한 '논설'이다. 그러나 약 6주 전 「전가등공사(餞加藤公使)」의 큰 제목 아래, 조선주재공사였던 가토 마스오(加藤增雄)를 전별하는 내용을 담은 기사가 '논설'란이 아닌, '특별기고' 형태로 실려 있다.[57] 두 기사 모두 일본 공사의 공로에 대한 감사와 양국 간의 지속적 우호에 대한 바람을 나타낸 글이기 때문에, 당대 논설과 비논설에 대한 경계를 확인할 수 있는 근거가 될 수 있다.

「논설－일본신공사도관」에서는 "그 용의주도함과 우정의 돈격함이 이와 같으니(其用意의周到ᄒᆞᆷ과友情에敦摯ᄒᆞᆷ이如是ᄒᆞ니)", "우리는 일본을 향하여 감사함을 그치지 않으려니와(우리ᄂᆞᆫ日本을向ᄒᆞ야感謝無已ᄒᆞ려니와)" 등 집필진의 견해가 여타 '잡보'란의 기사에 비해 많은 부분 추가된 면모를 확인할 수 있다. 또한 글의 말미에 '임공사(林公使)'가 '자국정부의 이 같은 간절하고 두터운 뜻을 선포하여 양국의 교의를 전보다 친밀히 해야 함'을 주장

---

56 「論說－本新公使到館」, 『時事叢報』, 1899.6.26.

57 "今此加藤增雄氏가 本國에 駐在ᄒᆞᆫ 後로ᄂᆞᆫ 兩國의 時勢와 物情을 詳察ᄒᆞ고 漸히 交際上에 親密함을 注意ᄒᆞ야 彼此相好ᄒᆞᄂᆞᆫ 局面을 完合케ᄒᆞᄂᆞᆫ 故로 我大皇帝陛下계셔도 其解歸함을 愛惜ᄒᆞ샤 親電을 發ᄒᆞ샤 申請ᄒᆞᆫ 事도 有ᄒᆞ거니와 今日에 皇城을 出發한다니 我等도 ▣히 悵然한 情과 缺然한 望이 有한줄노 想ᄒᆞ고 一詩를 寄▣하노니". 「餞加藤公使」, 『時事叢報』, 1899.5.17.

(二) 光武三年六月二十六日 時事叢報 陰曆五月十九日

論說

日本新公使到館

日本新公使林權助氏가昨日下午九時量에入京ᄒᆞ야萬里風帆에無恙利稅ᄒᆞᆷ이喜幸ᄒᆞ거니와我大韓紳士가翹足企想ᄒᆞ기는一自加藤公使歸朝以來로一月之間에或浮說之說이流播ᄒᆞ야友國間에方針이變ᄒᆞᆫ다란塗聽이有ᄒᆞᆷ으로疑惑이擾定ᄒᆞ는中加之近者에無賴輩의爆裂彈投下ᄒᆞ는事件으로人ᄃᆞ마다鬼胎를懷ᄒᆞ야驚訝ᄒᆞᆷ이往ᄃᆞ國結ᄒᆞ더니頃日來日本諸新聞을見ᄒᆞᆫ則此事件으로以ᄒᆞ야日本政府에셔는急히訓電을發ᄒᆞ야我地留在ᄒᆞᆫ日本人中嫌疑者를一併還國케ᄒᆞ라ᄒᆞ고又我國에在ᄒᆞᆫ我邦人의渡海往來를禁ᄒᆞᆫ다ᄒᆞ고且我人이該國居留民即宅內에隱匿ᄒᆞᆫ者를悉行放逐ᄒᆞ야勿爲止宿케ᄒᆞ며林公使의出發期을明促ᄒᆞ야火急히不日出發케ᄒᆞ얏다ᄒᆞ니其用意의周到ᄒᆞᆷ과友情에敦篤ᄒᆞᆷ이如是ᄒᆞ니진실노兄弟同盟의好誼요急難의高義라우리는日本을向ᄒᆞ야感謝無已ᄒᆞ려니와今此林公使는本是外交家에注望ᄒᆞᆫ名譽도俱欽ᄒᆞ얏거니와又日政府의如此懇厚ᄒᆞᆫ旨意를宣佈ᄒᆞ야兩國의交誼를比前보담百倍나親密히ᄒᆞ야平和秩序에一層이나進步케ᄒᆞ야誠信을加彰ᄒᆞᆯ줄

〈사진 12〉『時事叢報』(1899.6.26), 2면. 「論說－日本新公使到館」은 일본공사의 교체 과정에서 일본정부의 신속한 대응과, 새로운 임공사의 뛰어난 인물됨을 소개한 작품.

함으로써, 일정부분 '논설의 의도'도 피력하고 있다.[58] 반면, 「전가등공사」의 경우, 가토마스오(加藤增雄) 공사가 금일 조선을 떠난다는 사실 위주의 기사를 서술하고 있으며 해당 기사 뒤에는 그에 대한 공로에 대한 감사와 안타까움 등의 감정을 담은 한시를 부치고 있어, 기존 '논설' 내지 '서사적 기사'와는 일정부분 차이점을 가진다고 할 수 있다.

'서사적기사'는 단순 정보전달의 수준을 넘어 한 편의 서사로서 '사회의 사진(寫眞)'[59] 역할을 담당하며, 다양한 '논설' 작품들과 함께 여론을 이끌었다. 이 같은 기사의 형태는 『황성신문』뿐만 아니라 1910년 이후 『매일신보』 등을 통해서도 지속되는 면모를 보인다.[60]

마지막으로 살펴볼 것은 '송·찬/조칙'의 내용을 담은 논설이다. 『문심조룡』에서는 '송(찬)'에 대해 '부(賦)'의 묘사와 서술방식, 그리고 '명(銘)'의 문학 창작 양식과 유사하다고 설명하였다.[61] 이를 근거한다면 '송찬류(頌贊類)'는 '논설류'로 보기 어렵지만, 『시사총보』에 발표된 다음 두 작품의 경우 명확히 '논설'이란 표제어를 달고 있다.

(…전략…) 此慶節을 當ᄒᆞ오ᄆᆡ 城中男女老幼와 以及陬沿人士로 舞頌慶祝ᄒᆞ옴

58 이 같은 작품의 특징은 「論說－議政府議政再入」(『時事叢報』, 1899.6.30)에서도 발견된다. 본 논설은 궁내부에 특진으로 승급한 윤용선이 문장과 재주가 특출한 인물로서 대광보국숭록대부로 삼아 의정부의 정사를 맡도록 하였음을 언급한 뒤 황제의 조칙을 상세하게 소개한 작품이다. 의정부의 정사를 올바르게 수행하여 나라의 시급한 공사를 처리하고 민생을 구제함으로써 국은에 보답해야 함을 강조하는 내용 등을 싣고 있다.

59 「新聞은 社會의 寫眞」, 『每日申報』, 1912.4.29.

60 선행연구에서는 『매일신보』(국문판 3면)에 '가정'과 관련된 추문, 소문, 고발사건이 많이 실리는데, 기사의 내용이 단순히 정보 전달의 수준을 넘어, 서사화되어 있다는 점을 지적하고 있다(이혜진, 「1910년대 초 『매일신보』의 '가정'담론 생산과 글쓰기 특징」, 『현대문학의 연구』 41, 한국문학연구학회, 2010, 16~24쪽 참조).

61 "原夫頌惟典雅, 辭必淸鑠, 敷寫似賦, 而不入華侈之區, 敬愼如銘, 而異乎規戒之域 (…중략…) 大抵所歸, 其頌家之細條乎"(『文心雕龍』 頌贊 第九).

을 더옥 前日보담 百倍나ᄒᆞ니 盖於此의 天心의 攸在ᄒᆞᆷ을 益驗ᄒᆞᆯ지라 顧ᄒᆞ건ᄃᆡ 本社諸員은 尤히 慶祝之誠에 有感ᄒᆞ기로 玆에 謹히 拜手稽首ᄒᆞ와 頌을 獻ᄒᆞ여 曰 (…후략…)[62]

(…전략…) 宜今日執政者之汲汲然沛下之不容少緩然後에야 國可保矣요 民乃濟矣리니 彼感戴而歡舞者 亦豈止喜雨之爲喜歟아 於是 謹拜稽首 而獻頌曰 (…후략…)[63]

첫 번째 작품은 황태자의 탄신일인 천추경절(千秋慶節)을 맞이하여 지은 '송(頌)'이다. 황태자의 덕성이 도타워서 여러 신하와 백성들이 편안해졌으므로, 송축의 의미를 담아 지었다는 설명을 확인할 수 있다. 두 번째 작품에서는 비가 내리지 않아 농사가 제대로 되지 못하는 것을 염려한 대한제국 천자가 직접 종묘사직에 기도를 하였는데, 비가 내리자 온 나라 백성들이 기뻐하며 천자의 은덕을 칭송한다는 내용을 담고 있다.

두 작품 모두 '송찬'만 소개한 것이 아닌, 그 의미에 대한 설명을 담고 있는 서문(敍言 · 引言) 등을 함께 싣고 있다는 점이 특기할 만하다. 이는 오직 한시(漢詩) 등의 시가작품들만 소개하고 있는 '사원'란(『시사총보』)과 차별화되는 지점이다. 『문심조룡』에서는 '논(論)'이 역사를 비평할 때에는 '찬(贊)' · '평(評)'과 동등하게 쓰이고, 문장을 설명함에는, '서(敘)' · '인(引)'과 함께 쓴다[64]고 정의했다. 이를 근거했을 때, '논설'란(『시사총보』)은 옛 산문양식으로서의 '논설 · 논변류' 성격을 일정부분 반영하고 있었던 셈이다. 실제, 위의 두 작품 외에도 임금과 세자가 묘사전궁(廟社殿宮)에 전알례(展謁禮)

62 「論說－千秋慶節頌 幷序」, 『時事叢報』, 1899.3.20.

63 「論說－喜雨 幷序說」, 『時事叢報』, 1899.6.2.

64 "祥觀論體 條流多品 陳政 則與議說合契 釋經則與傳注參體 辨史則與贊評齊行 銓文則與敘引共紀"(劉勰, 『文心雕龍』 論說 第十八).

〈사진 13〉『時事叢報』(1899.6.2), 2면. 「論說-喜雨 幷序說」은 제목에서 명시하고 있듯, 頌讚이 시작되기 전 도입부에 序說을 倂記하고 있음.

를 행한 일을 찬(讚)한 「논설－만세만세(萬歲萬歲)」(『시사총보』, 1899.6.8)를 비롯하여 「논설－덕국친왕환영(德國親王歡迎)」(『시사총보』, 1899.6.10),[65] 「논설－조칙법부(詔勅法部)」(『시사총보』, 1899.8.3)[66] 등의 작품들을 '논설'란에서 확인할 수 있다.

그밖에도 '논설'란에서 배제된 작품의 면모를 살펴보면, 일정부분 특징을 찾을 수 있다. 예컨대, 당시 신이한 일화나 미담을 기사화한 내용은 '논설'란에서 철저히 배제되었는데, 대표적인 예로는 제57호~제60호(『시사총보』, 1899.5.21~27, 총 4회) 3면에 실린 「양의신험(良醫神驗)」이다. 상한동(上漢洞) 약국 의원(李秘宇氏)의 신이한 의술을 미담식으로 기사화한 것이다. 그 내용을 살펴보면, '설증(泄症)에 걸린 첫돌 된 아이를 일 첩약으로 소생시킨 일화("小廣橋玄氏家에 纔過期年된 孩兒가 泄症으로 十餘日만에 亡陽된거슬 一貼藥에 蘇生하고")'와 함께 '범방상한(犯房傷寒)으로 사경에 이른 여인이 육 첩약으로 치료한 내용("上漢洞金氏家婦人이 犯房傷寒으로 死境의 至한거슬 六貼藥을 一日連服케하야 直時差效ᄒᆞ고")', '간질(癎疾)에 걸린 백일 된 아이를 네 첩약으로 회복시킨 일화("校洞尹氏家에 未滿百日前小兒가 癎氣로 亡陽된거슬 以四貼藥으로 蘇完케하얏쓰니")' 등을 전하고 있다.

---

65 독일 황제의 친동생인 헨리(Henry, 亨利親王)가 중국의 자오저우(膠州)・뤼순커우(旅順口) 등을 유람한 뒤 우리나라 인천(仁川)을 경유하여 황성에 도착하니, 임금이 세자와 함께 회례(回禮)를 베풀어 양국의 우호를 돈독히 하였다는 글이다.

66 황제가 법부에 내린 조서(조칙)에 대한 글이다. 법관들이 직무에 게을러 감옥이 가득 차도록 방관했는데, 황제가 감옥의 사정을 살펴 처벌하거나 방면하니 아무리 무식한 사람이라도 이를 들으면 기뻐하고 감읍할 것이라는 내용이다.

5.

본 자료집은 1899년 1월 22일(제1호)부터 8월 17일(제100호)까지 발행된 『시사총보』 논설(총99편) 전문을 교열 · 편찬한 것이다. 제68호(1899.6.12)와 제91호(1899.7.30), 제96호(1899.8.9), 제99호(1899.8.15)에는 논설 작품이 게재되지 않았지만, 제66호(「만세만세」, 「노취변태(老鷲變態)」, 1899.6.8)와 제76호(「치난치이치위기(治難治而治爲奇)」, 「의정부의정재입(議政府議政再入)」, 1899.6.30), 제100호(「시령(時令)」, 「정국조후(政局兆候)」, 1899.8.17)에는 각 두 편씩의 논설이 동시에 발표되기도 하였다. 「본보발간지취지」(『시사총보』, 1899.1.22)와 「기변상보」(『시사총보』, 1899.6.16), 「정국관란」(『시사총보』, 1899.8.11)은 '논설'이라는 표제어가 없다. 그러나 내용의 정황상 '논설'로 파악되므로, 본 자료집의 논설 목록에 포함시켰다. 해당 정보들은 목록 비고란에 표시하였다.

창간호인 1899년 1월 22일 자 신문의 경우, 1면의 「본보발간지취지」(『시사총보』, 1899.1.22) 외에도 2면에 사우(社友)들이 시사총보사(時事叢報社)의 설립한 취지를 찬탄(讚歎)하며 지은 글을 아울러 기재(記載)하고 있으며, 3면에는 1면의 「본보발간지취지」의 내용을 순한글로 옮겨 발표하고 있다. 2 · 3면에 보이는 이 같은 특징들은 창간호에서만 나타난다. 그러나 본 자료집의 성격과는 부합하지 않으므로 논설 목록에서 제외하였다

전체 논설의 원문에서는 여전히 대황제폐하(大皇帝陛下) · 황태자전하(皇太子殿下) 등의 존엄어에 대한 개행(改行) · 간자(間字)의 방식이 시행되며, 같은 자가 반복될 때에 쓰이는 'ㄷ'의 기호도 자주 발견된다. 그러나 본 자료집에서는 가독성을 높이기 위해 현대 표준어 규정에 의거하여 띄어쓰기를 하였으며, 개행 · 간자의 부분들도 표준어 규정에 따라 모두 붙여 썼

다. 다만, 당대의 국한문 표기 원칙이 제대로 마련되지 않았을 뿐만 아니라 오늘날 어법과 차이가 있어 통일성이 온전하게 구현되지 못한 부분이 있다. 기타 자세한 사항은 본 자료집의 일러두기를 참조하길 바란다.

그동안 소개되지 않았던 고려대 소장본을 포함하여 『시사총보』 논설 전문과 요약, 색인 정보 등을 소개했다는 점에서 본 자료집의 의의를 찾을 수 있다. 이 책을 통해 『시사총보』에 대한 학계의 관심과 다방면의 연구들이 활발하게 일어나기를 기대해본다.

본 자료집이 나오기까지 편자 · 감수자 외에도 많은 사업단 구성원들의 노고가 있었다. 단장님 이하 HK+ 사업단 선생님들과 연구보조원 선생님들께 감사의 인사를 드린다. 흔쾌히 『시사총보』의 사진촬영과 자료집 출간을 허락해준 고려대 도서관과 소명출판 관계자분들께도 머리 숙여 인사를 드린다.

차례

『시사총보』
논설 본문

001

1899년 1월 22일 제1호 1면 2단 論說

요약 『시사총보』 창간의 의의를 밝힌 글이다. 과거 패관과 야사가 역사 기술하는 것이 지금의 신문이 되었다고 하였다. 아울러, 세계 여러 나라에서 신문을 발행하는 상황을 서술하였다. 기사와 잡보를 구분하며, 국가가 누릴 수 있는 효용을 다섯 가지(규풍(規諷), 면경(勉警), 보습(補拾), 성찰(省察), 감계(鑑戒))로 밝혔다. 일반 대중에게도 효용이 다섯 가지(돈려(敦勵), 권징(勸懲), 발달(發達), 자제(資濟), 유람(遊覽))가 있다는 등, 신문으로 인해 유익한 것이 많음을 주장하는 글이다.

本報[1]發刊之趣旨

古者에 稗官野史가 有ᄒᆞ야 作史ᄒᆞᄂᆞᆫ 者或取之러니 今에 變爲新聞ᄒᆞ니 其法이 盖肇自英[2] 伊[3]ᄒᆞ야 近世에 盛行各邦ᄒᆞ니 是亦史之流也라 其體有二ᄒᆞ니 一曰 論說이오 二曰 雜報니 論說이란 者는 史家의 評論ᄒᆞᄂᆞᆫ 體요 雜報란 者는 史家의 記事ᄒᆞᄂᆞᆫ 體라 大抵天地間에 萬事와 萬物이 其類不齊ᄒᆞᆫ 故로 其理 ᄯᅩᄒᆞᆫ 無窮ᄒᆞᆫ지라 大小長短과 高下深淺과 厚薄輕重과 夷險安危와 正直邪曲과 尊卑貴賤과 利害順逆과 巨細精粗를 不能一一枚擧어니와 一切히 包括覃鍊ᄒᆞ며 採綴搜聚ᄒᆞ야 羣彙衆品이 奇奇恠恠形形色色을 文章의 筆端으로 籠絡

국 2 영국(United Kingdom)
3 이탈리아(Italy)

매 1 『시사총보(時事叢報)』

ᄒᆞ며 粧撰ᄒᆞ되 或 理致도 講究ᄒᆞ며 或 實狀도 編錄ᄒᆞ야 天地間에 人生의 日用事物을 譬喩ᄒᆞ건ᄃᆡ 畵工의 摸繪ᄒᆞ난 巧思와 造化의 成物ᄒᆞ난 神工과 갓치 靡不記載ᄒᆞᆫ즉 ᄯᅩ한 世界에 全史라 稱ᄒᆞ여도 엇지 妄侖된 言이라 謂ᄒᆞ리요 其功效는 國家政治에 補益ᄒᆞ미 有五ᄒᆞ니 一曰 規諷이니 其國에 政敎命令과 賞罰黜陟의 善否得失을 論確援証ᄒᆞ야 隱然히 規諷ᄒᆞ난 道를 行ᄒᆞ난 故로 亦曰 新聞은 諫官의 職責이 有ᄒᆞ다 ᄒᆞ며 二曰 勉警이니 國家正史는 名山喬嶽과 金匱石室에 秘藏深鎖ᄒᆞ여 得見키 不能ᄒᆞ되 新聞은 비록 諱密ᄒᆞᆫ 事는 泄播치 못ᄒᆞ나 當時之事를 大綱實錄ᄒᆞ여 天下公眼에 共覽을 不禁ᄒᆞ난 故로 或 德政에 玷累되난 事을 勉警ᄒᆞ난 ᄇᆡ요 三曰 補拾이니 時勢形便과 利害方略을 意見으로 各陳ᄒᆞ야 論說에 提記ᄒᆞᆫ즉 當局者의 或 未及思量ᄒᆞᆫ 事를 補拾ᄒᆞ야 採用케 ᄒᆞ기도 ᄒᆞ며 四曰 省察이니 盖 古者에 天子邦國에 巡行ᄒᆞ야 閭巷에 謳謠를 採陳ᄒᆞ야 人民疾苦와 風俗敦薄을 察知하던니 詩道一廢ᄒᆞ미 二月의 賣新絲ᄒᆞ고 五月에 糶新穀之句를 九重深嚴에서 엇지 細察ᄒᆞ리요 至今 新聞에 雜報記載ᄒᆞᆫ 街談巷說과 俚閭瑣詞을 葉葉히 玩閱ᄒᆞᆫ즉 民間謠俗을 可以省察ᄒᆞᄂᆞᆫ ᄇᆡ요 五曰 鑑戒니 他邦에 形勢와 政治利害를 此紙로 洞照ᄒᆞᆫ즉 ᄯᅩᄒᆞᆫ 自國의 鑑戒를 作ᄒᆞ난 ᄇᆡ니 奚特前史往牒만 通鑑이 되리요 國家有補ᄒᆞ미 如是ᄒᆞᆫ 故로 天下萬國에 新聞版行으로 大關繫라 謂ᄒᆞ며 國家ᄲᅮᆫ 아니라 人民의 補益홈도 有五ᄒᆞ니 一曰 敦勵니 人民도 各各其不善ᄒᆞᆫ 行實과 罔測ᄒᆞᆫ 心術를 新聞上에 傳播홀가 願忌ᄒᆞ야 其躬을 修

飭ᄒᆞ며 其心을 戒勉ᄒᆞ야 敢히 恣行치 못ᄒᆞ난 故로 風俗이 自然히 敦勵하ᄂᆞᆫ ᄇᆡ요 二曰 勸懲이니 忠孝를 褒揚ᄒᆞ며 兇逆을 貶誅ᄒᆞ고 材能ᄒᆞᆫ 者에 名譽를 獎成ᄒᆞ며 庸劣ᄒᆞᆫ 者의 智識을 開諭ᄒᆞ야 勸懲ᄒᆞᄂᆞᆫ 道를 行ᄒᆞᄂᆞᆫ ᄇᆡ요 三曰 發達이니 夫 世人에 賢愚가 不齊ᄒᆞᆷ은 氣稟의 淸濁도 拘ᄒᆞ려니와 學習과 聞見에도 尤爲關繫ᄒᆞᆫᄇᆡ라 然ᄒᆞᆫ 故로 新聞의 가장 有助ᄒᆞᆷ은 物情을 洞達ᄒᆞ고 世故를 諳鍊ᄒᆞ야 各其靈竅의 知識을 發達케 ᄒᆞᄂᆞᆫ ᄇᆡ요 四曰 資濟니 學士術業과 農作方便과 商賈利害와 百工技藝와 物價高低와 道路險坦과 其他 日用諸具를 此로 由ᄒᆞ야 纖悉이 備知ᄒᆞᆫ즉 吾人의 養生ᄒᆞ난 事業에 資濟ᄒᆞᆷ도 不少하며 五曰 游覽이니 吾人이 此世界의 生ᄒᆞ야 此世界의 形便事狀을 茫然히 全昧ᄒᆞᆫ즉 長夜의 夢中이라 엇지 鬱鬱ᄒᆞᆫ 心이 無ᄒᆞ오리요 今 此新聞의 外報는 千萬里世界萬國에 如何ᄒᆞᆫ 形便과 如何ᄒᆞᆫ 事蹟을 一枕明證에셔 目中에 昭在ᄒᆞ니 火車輪船의 迅駛ᄒᆞᆫ 力을 不借ᄒᆞ여도 各國의 游覽ᄒᆞ난 一例니 엇지 痛快치 아니ᄒᆞ리요 人民의계 補益이 ᄯᅩᄒᆞᆫ 如此ᄒᆞᆫ 故로 現今 五洲間 世界列邦이 開明에 實務ᄒᆞᄂᆞᆫ 國은 新聞版行ᄒᆞᄂᆞᆫ 事業이 日로 加ᄒᆞ고 月로 富ᄒᆞ야 充棟汗牛에 至ᄒᆞ여도 人人마다 閱覽ᄒᆞ기를 爲ᄒᆞ야 繁劇을 不厭ᄒᆞ고 一紙라도 脫眼이 有ᄒᆞᆯ가 猶恐ᄒᆞᄂᆞ니 엇지 欽歎치 아니ᄒᆞ리요 我 **大韓**[4]도 近年以來로 文明ᄒᆞᆫ 境에 用力ᄒᆞ야 日新進步ᄒᆞᄂᆞᆫ 實效가 靡有餘地ᄒᆞᄂᆞᆫ 故로 新聞事業도 ᄯᅩᄒᆞᆫ 開明에 一助라 各社를 設立ᄒᆞ여 時日로 滋旺ᄒᆞ깃스나 다ᄆᆞᆫ 創設이 未久ᄒᆞ기로오히려 全國에 周遍치 못ᄒᆞ여 國家와 生民의 補益ᄒᆞᆫ

국 **4** 대한제국(大韓帝國)

道를 擴張ᄒᆞᆫ 地境에 未及ᄒᆞ오니 엇지 有志ᄒᆞᆫ 者의 恨歎이 無ᄒᆞ리요 我輩가 每양 明窓斐凡의 新聞을 玩讀ᄒᆞ다가 喟然이 起感ᄒᆞ여 日 聖經賢傳과 古史遺文과 至於稗乘小說이 篇帙이 浩汗ᄒᆞ여 足히 人倫을 明케 ᄒᆞ며 心志를 悅케 ᄒᆞ며 閑寂을 消케 ᄒᆞᆯ만ᄒᆞ되 오직 新聞은 當世에 現行ᄒᆞ여 補益이 不少ᄒᆞᆫ 則 맛당히 廣布케 ᄒᆞ야 人民의 步趣를 進導ᄒᆞᆯ지라 ᄒᆞ여 寤寐로 感歎ᄒᆞ다가 이제야 비로소 本社[5]를 謀設ᄒᆞ고 時事를 略記ᄒᆞ오나 엇지 國家와 生民의계 前陳갓치 補益ᄒᆞ기를 敢望ᄒᆞ오릿가마는 다만 期ᄒᆞᆯ 바ᄂᆞᆫ 無偏無黨之心으로 平常所感의 萬一이나 解慰코저 ᄒᆞᄂᆞᆫ 主意로 僉眼의 公佈ᄒᆞ옵ᄂᆞ이다

002

1899년 1월 26일 제2호 1면 2단 論說

요약 나그네(客)와 현진자(玄眞子)의 대담으로 구성되었다. 태극의 변화와 사계의 변화를 예를 들었다. 이를 통해, 이치의 본질은 변하지 않으며, 외부적 조건의 변화가 이치의 본질이라 지적하고 있다. 교육을 통해 민을 개명시켜 부강하도록 하는 것은 국가가 선하게 변하는 것이다. 하지만, 사람의 마음은 변하기 어려운 것이므로 개명할 수 있도록 민을 계몽할 것을 촉구한 글이다.

客이 有問於玄眞子曰 子嘗讀天下之書ᄒᆞ고 能談天下之理ᄒᆞᄂᆞ니 果能知天下之理有變易無常者乎아 玄眞子 曰 唉라 子言之迂也여 子ㅣ 惡知天下之理乎리요 夫理也者ᄂᆞᆫ 常而不變者也오 其變而無常者는 刑器而非理也어ᄂᆞᆯ 今子以刑器之變者로 謂之호ᄃᆡ 理도 有變易리라 ᄒᆞ니 不亦遠乎아 客이 曰 子ㅣ 不見夫理之變乎아 試嘗言之호리니 盖自太極이 肇判ᄒᆞ므로 輕淸한 者는 上而爲天ᄒᆞ고 重濁한 者는 下而爲地ᄒᆞ니 動而成陽ᄒᆞ고 靜而成陰ᄒᆞ야 一動一靜은 陰陽之變이라 陰陽이 變而爲四象ᄒᆞ고 四象이 變而爲八卦ᄒᆞ고 八卦變而爲六十四卦ᄒᆞ고 六十四卦變而爲三百八十四爻ᄒᆞ야 一奇一耦와 一動一靜에 其變이 無窮ᄒᆞ니 此는 陰陽之變也오 以天地而言

之則天地蒼蒼然覆乎上者ᄂᆞᆫ 無端倪無形體之可指어ᄂᆞᆯ 而春生夏長과 秋收冬藏과 晝明夜晦가 迭相變遷ᄒᆞ니 此도 亦有刑器之可執歟며 且以人生而言之則上古之世에ᄂᆞᆫ 混混沌沌ᄒᆞ며 鴻鴻濛濛ᄒᆞ야 鶉居鷇飮ᄒᆞ며 衣皮食實ᄒᆞ야 淳厖之代라 無營無爲ᄒᆞ더니 一變而爲 **三皇**[1]之世則鑽火搆木ᄒᆞ며 佃漁耕鑿하야 號稱至治나 而禍亂之萌이 其兆斯矣라 又變而爲**二帝**[2]**三王**[3]之世ᄒᆞ야ᄂᆞᆫ 籩豆簠簋之飾과 莖英韶濩之音이 郁郁乎禮樂文明之化矣러니 又變而爲列國**秦**[4]**漢**[5]之代則邪僞日滋하며 俗尙日訛하야 計功謀利에 爭奪이 不息하야 遂成戰伐之局矣라 歷**三國**[6]**六朝**[7]와 **隋**[8]**唐**[9]**五季**[10]와 **宋**[11]**元**[12]**金**[13]**明**[14]히 數三千年之間에 治亂興亡과 盛衰汚隆이 其變이 無窮ᄒᆞ다가 至今之代ᄒᆞ야ᄂᆞᆫ 又大一變矣라 夫東西球五洲間에 世界各國이 鐵路火船과 瀛機電線이 交絡乎四海ᄒᆞ며 聯線乎萬方ᄒᆞ야 無遠不通ᄒᆞ며 無邦不涉ᄒᆞ야 革舊圖新則政敎法令之酌商劃一이요 窮巧極奇則器械物貨之製造精捷ᄒᆞ야 遂結萬國一通之局ᄒᆞ니 此ᄂᆞᆫ 世變之皎著者也요 亦理之不得不變者也어ᄂᆞᆯ 今子不察乎此而反以我로 爲遠이라 ᄒᆞ니 抑亦有說乎아 於是에 玄眞子輾然一粲曰 固哉라 子之言也여 如以子之言인ᄃᆡᆫ 則又奚獨於是也리요 以言乎天則日月星辰과 風雲霜雪과 電霆雹霜ㅣ 無非變也요 以言乎地則山嶽海瀆과 草木金石과 禽虫魚鱉이 無非變也요 以言乎人則呼吸動息과 窮通禍福과 生死存亡이 無非變也니 凡天地世界에 林葱한 萬物이 何莫非變也리요마는 然이ᄂᆞ 而其所變者ᄂᆞᆫ 皆物之刑器者也요 其所而變之者ᄂᆞᆫ 理也라 是故로 子所謂陰陽之變者ᄂᆞᆫ 不過其卦象奇耦之數而已

인 1 복희씨(伏犧氏)·신농씨(神農氏)·여와씨(女媧氏)
2 당 제요(唐 帝堯)·우 제순(虞 帝舜)
3 하 우왕(夏 禹王)·은 탕왕(殷 湯王)·주 문왕(周 文王)·주 무왕(周 武王)

국 4 진(秦)
5 한(漢)
6 위(魏)·촉(蜀)·오(吳)
7 오(吳)·동진(東晋)·송(宋)·제(齊)·양(梁)·진(陳)
8 수(隋)
9 당(唐)
10 후량(後梁)·후당(後唐)·후진(後晉)·후한(後漢)·후주(後周)
11 송(宋)
12 원(元)
13 금(金)
14 명(明)

오 若夫動靜消長之理則未嘗變也오 至於四時晝夜之變ᄒᆞ야는 亦不過形氣之發現者也라 其所以爲春爲夏ᄒᆞ며 爲秋爲冬ᄒᆞ며 爲晝爲夜之理는 曷嘗有變乎리요 若有變則必乖舛無常矣리며 所謂人世之變云者는 嗚乎라 其變이 果無窮ᄒᆞ니 此는 氣數之使然也라 盖世代升降이 譬如四時之遷謝ᄒᆞ야 由乎氣數之自然故로 **邵子**[15]曰 三皇은 如春ᄒᆞ고 **五帝**[16]는 如夏ᄒᆞ고 三王은 如秋ᄒᆞ고 **五伯**[17]은 如冬이라 ᄒᆞ니 天道循環이 豈有窮已哉아마는 然而其所變者는 亦在乎政刑治具와 制度損益之跡而已오 若乃三綱과 五常과 忠信孝悌와 仁義愛惡之性ᄒᆞ야는 곳 亘百代通萬國ᄒᆞ여도 不可變者也니 氣數란 者도 亦刑器也라 今子ㅣ 以刑器之變한 者로 混認於常經不易之理ᄒᆞ니 不其遠乎哉아 雖然니나 吾子旣以變易之說로 爲問ᄒᆞ니 請論其方호리라 夫天下의 變化之理가 無窮한지라 揀杞樟之材ᄒᆞ야 斫成支厦之棟樑者는 木之善乎變者也오 採山嶽之鐵ᄒᆞ야 鑄出禦國之干莫者는 鐵之善乎變者也어니와 而人도 亦然ᄒᆞ니 盖陰陽五行之氣도 有淸濁厚薄之殊故로 人生稟受之初에 得其淸且厚者는 爲賢爲壽ᄒᆞ고 得其濁且薄者는 爲愚爲夭ᄒᆞ난니 毋論 賢愚ᄒᆞ고 學習으로 以導其材智ᄒᆞ며 修養으로 以保其身心則賢者도 益進ᄒᆞ고 愚者도 化賢ᄒᆞᄂᆞᆫ지라 故로 **易**[18]曰 君子난 豹變이라 하며 또한 學校를 設立하며 典章을 昭垂하야 斯民으로 하여곰 開明之域에 進步케 하며 忠信之德을 日新케 하난 거슨 政府의 功效며 且授賢任能하며 勵精圖治하야 艱虞를 變하야 泰平之世를 做하고 節用民財ᄒᆞ며 操鍊士卒ᄒᆞ야 貧弱을 變ᄒᆞ야 富强之業을 成홈은 國

인 15 소옹(邵雍)
16 황제헌원(黃帝軒轅) · 전욱고양(顓頊高陽) · 제곡고신(帝嚳高辛) · 당 제요(唐 帝堯) · 우 제순(虞 帝舜)
17 제 환공(齊 桓公) · 진 문공(晉 文公) · 초 장왕(楚 莊王) · 진 목공(秦 穆公) · 송 양공(宋 襄公)

책 18 『주역(周易)』

家의 善變이니 猗不休哉며 猗不盛哉아 客이 曰 唯唯라 謹聞命矣어니와 請컨딘 一言을 聞코져 ᄒᆞ노니 天下之難變者는 人心也라 藐然方寸이 毫忽閃爍ᄒᆞ야 其變이 叵測한지라 如欲人心之變홈을 不變케 하야 하야금 中正에 歸케 할진딘 맛당이 何法을 用하오리요 玄眞子笑而不答ᄒᆞ더라

003

1899년 1월 28일 제3호 1면 2단 論說

요약 천지만물이 각자 맡은 바 소임이 있듯이 사람들도 각기 맡은 일이 있음을 강조하는 글이다. 떳떳한 윤리와 천지간의 항상됨이 사람의 도리를 하는 길이라 이야기하였다. 범여와 홍양, 그리고 유안의 예를 들어 각자 자신의 역할을 하는 것이 중요하다고 이야기하고 있다. 즉, 임금에게 충성하고 부모에게 효도하며, 아래로 처자를 기르며, 벗을 믿음으로써 사귀는 것이 중요하다는 것이다.

夫天地萬物이 莫不各有當然之職이라 그 風雨를 調順ᄒᆞ야써 四時를 成ᄒᆞᆷ은 天之職也오 그 山海를 載振ᄒᆞ야써 萬品을 育ᄒᆞᆷ은 地之職也오 彛倫을 明ᄒᆞ며 事業을 營ᄒᆞᆷ은 吾人의 職이나 或 天이 盲風怪雨로 時序를 乖舛ᄒᆞ면 是는 天失其職也요 地가 或 그 山崩海溢노 物類를 壞傷ᄒᆞ면 是는 地失其職也요 人이 或 彛倫을 斁敗ᄒᆞ며 事業을 暴棄ᄒᆞ면 是는 人失其職也로ᄃᆡ 大抵 天地의 失職ᄒᆞ야 災變을 做ᄒᆞᆷ은 不遇幾頃ᄒᆞ야셔 天反其常ᄒᆞ며 地反其常ᄒᆞ야 各行其職ᄒᆞᆫ즉 依舊是天地之常也언마는 人은 不然ᄒᆞ야 其或 悖常之事를 做ᄒᆞ거나 頹惰之心이 懷ᄒᆞᆫ 者는 終身自誑ᄒᆞ여도 不知改悔而反乎常ᄒᆞ니 엇지 哀矜치 아니ᄒᆞ리요 嗟라 吾人이 此世에

인 1 범여(梵如)
2 홍양(弘羊)
3 유안(劉晏)

生ᄒᆞ여 其爲人ᄒᆞᆫ 責이 不輕ᄒᆞᆫ지라 世間事業이 各各 그 人品을 隨ᄒᆞ야 大小는 不齊ᄒᆞ건이와 職責은 一也라 或 英雄度略과 豪傑材智로 出將入相ᄒᆞ야 邦家를 經濟ᄒᆞ며 世代에 流方ᄒᆞᄂᆞᆫ 者도 有ᄒᆞ고 或 聖賢에 立志ᄒᆞ며 道學에 用心ᄒᆞ야 理氣之源을 溯究ᄒᆞ며 經綸之業을 講討ᄒᆞ야 當世에 施用ᄒᆞᆫ즉 功名을 史冊의 光耀ᄒᆞ고 不得志ᄒᆞ야도 山林에 高臥ᄒᆞ여 軒冕을 泥ᄒᆞ야 貪夫를 激起ᄒᆞ고 術藝를 誨ᄒᆞ야 人材을 成就ᄒᆞᄂᆞᆫ 者도 有ᄒᆞ며 其次는 或 計研의 術을 資ᄒᆞ야 **陶朱**[1]의 富를 致ᄒᆞ며 或 **弘羊**[2]의 筭을 劃ᄒᆞ야 **劉晏**[3]의 業을 成ᄒᆞᄂᆞᆫ 者도 有ᄒᆞ며 或 般垂의 巧思와 白鄭의 疏漑로 機器를 製造ᄒᆞ며 川渠를 便利ᄒᆞ야 民生을 資齊ᄒᆞᄂᆞᆫ 者도 有ᄒᆞ며 其他 一技一藝와 一事一業이 엇지 細細槪論ᄒᆞ리요만은 一切히 그 綱領을 舉論ᄒᆞ건ᄃᆡ 不過 上으로 國君의게 忠誠ᄒᆞ고 父母의게 孝道ᄒᆞ며 下으로 妻子를 保育ᄒᆞ며 朋友를 信交ᄒᆞᆯ 而已라 엇지 此外에 人道가 更有ᄒᆞ리요 噫라 人生百年에 隙駒電光이라 日居月諸에 時不我與ᄒᆞᄂᆞ니 엇지 少壯을 及ᄒᆞ야 努力지 아니ᄒᆞ리요

004

1899년 1월 30일 제4호 1면 2단 論說

요약 삼국지의 예를 들어 칭제(稱帝)의 정당성을 논함과 동시에, 각국에서 칭제하고 있음을 역설하였다. 조선의 칭제는 신라에서 연호를 세운 것으로부터 정통을 계승하고 있음을 강조하여 칭제의 정당성을 강조하는 글이다. 세계 각국의 황제국 선포의 사유와 그 경과들을 밝혀 대한제국의 성립을 설명하고 있다.

夫帝號는 天下之公器也오 正統은 萬世之公義也라 承萬世之公義ᄒᆞ야 履天下之公器則天下萬世之人이 尊之以皇帝ᄒᆞ며 歸之以正統ᄒᆞᄂᆞ니 是維**春秋**[1]之大經이오 **綱目**[2]之常例라 雖其威震寰宇ᄒᆞ고 氣呑山海라도 不敢以私力으로 强奪者也라 是故로 **魏**[3]曹는 受**漢**[4]之禪而有天下三分之二로ᄃᆡ 而作史者斥之以閏位ᄒᆞ고 以正統으로 尊之於褊**蜀**[5]之昭烈ᄒᆞ며 **遼**[6]**金**[7]은 鎭沙漠之曠而呑**中華**[8]之大라도 而史論者ㅣ 抑不列於帝王之統ᄒᆞ고 以正統屬之於半壁崎嶇之**趙氏**[9]ᄒᆞ니 嗚呼라 其公器也와 公義也는 實天命人心之所寄附也라 豈一人私力之所自有也리요 試以今代而言之컨ᄃᆡ 五洲之間에 世界列邦이 苟能立自主之基ᄒᆞ며 行平等之權이면 莫不稱皇稱帝ᄒᆞᄂᆞ니 盖

인 9 송 태조 조광윤(趙匡胤)

국 3 위(魏)
4 한(漢)
5 촉(蜀)
6 요(遼)
7 금(金)
8 중국(中國)

책 1 『춘추(春秋)』
2 『자치통감강목(資治通鑑綱目)』

前古所未有之一大變局而亦氣數自然之世運也라 然이ᄂᆞ 其民主之國은 尙矣勿論ᄒᆞ고 **泰西**[10]之 曰**英**[11] 曰**德**[12] 曰**露**[13] 曰**奧**[14] 曰**土**[15]와 **亞洲**[16]之 曰**淸**[17] 曰**日**[18]이 是已라 **公法**[19]에 曰 其所轄이 非止一國과 及本國境地遼濶者則稱皇帝라 ᄒᆞ고 其註에 曰**日耳曼**[20]은 自謂繼**羅馬**[21]稱帝라 ᄒᆞ고 **法**[22]君은 自謂繼**沙爾曼**[23]稱帝ᄒᆞ고 英君은 兼稱**印度**[24]帝ᄒᆞ니 盖謂繼元代也라 ᄒᆞ고 又 曰 百四十年前에 **俄**[25]君이 改稱皇帝ᄒᆞᆫᄃᆡ 始而各國이 不悅이라가 越二十餘年에 方認之라 ᄒᆞ니 然則境地遼濶이 宜無與俄等比者而其稱帝를 各國이 猶不認者ᄂᆞᆫ 盖以其無可繼之統故也라 維我**大韓**[26]은 北盡**靺鞨**[27]之墟ᄒᆞ고 南轄**耽羅**[28]之國ᄒᆞ야 幅員之濶이 爲四千里요 况今天下三代禮樂과 有明文物이 寔在於我則我**大皇帝陛下**[29] 承朝宗積累之基ᄒᆞ시고 際萬邦一新之運ᄒᆞ사 膺天順人에 謙讓不獲ᄒᆞ시사 昭告 天地 宗社ᄒᆞ시고 進皇帝大位ᄒᆞ시니 猗歟盛哉라 我東이 自**新羅法興王**[30]時로 始建年號ᄒᆞ야 確成獨立之基ᄂᆞ 至今之時ᄒᆞ야ᄂᆞᆫ 承萬世之公義ᄒᆞ야 履天下之公器也니 未知後之論史者當以有明之統으로 歸之何處오

인 29 고종 이재황(李載晃)
30 법흥왕 김원종(金原宗)

지 10 서양(西洋)
16 아시아주(the Continent of Asia)
21 로마(Roma)
27 말갈(靺鞨)
28 제주(濟州)

국 11 영국(United Kingdom)
12 독일(Germany)
13 러시아(Russia)
14 오스트리아(Austria)
15 터키(Turkey)
17 청(淸)
18 일본(日本)
20 독일(Germany)
22 프랑스(France)
23 사우디아라비아(Saudi Arabia)
24 인도(India)
25 러시아(Russia)
26 대한제국(大韓帝國)

책 19 『만국공법(萬國公法)』

005

1899년 2월 1일 제5호 1면 2단 論說

요약 청(淸)을 김옹(金翁)으로, 서양(西洋)을 구양씨(歐陽氏), 한씨(韓氏)는 조선, 위씨(魏氏)는 일본으로 비유한 글이다. 서구의 침입에 대해 청, 조선, 일본이 힘을 합쳐야 한다는 내용의 연작으로 볼 수 있다. 이 글에서는 본래 김옹은 가산이 풍족하고 집안이 매우 융성하였으나, 구양씨의 등장으로 인해 혼란에 빠지는 과정을 그리고 있다.

金翁傳

金翁이란 者는 淸州郡人이니 其先은 關北獵戶也라 自其先世로 富貲財愛游俠ᄒᆞ고 好弓馬武勇之技ᄒᆞ야 每季秋草黃ᄒᆞ고 風勁雪皎면 輒驅庄客臂鷹牽犬ᄒᆞ고 馳逐打獵ᄒᆞ야 以爲常ᄒᆞ니 由是로 翁家雄於北地ᄒᆞ야 以豪富顯이로ᄃᆡ 國法에 北人은 例不許貴官故로 翁家慕榮宦而不能得이라 居常鬱鬱有遷喬之志러니 至中葉ᄒᆞ야 始大發奮ᄒᆞ야 全家徒南ᄒᆞ야 至淸郡而胥宇焉ᄒᆞ니 淸은 湖西之名鄕也라 其世家望族의 冠盖軒冕이 櫛比輝赫ᄒᆞ고 又其子弟尙文學談詩禮ᄒᆞ야 有三代揖讓之遺風ᄒᆞ고 如或 違背於是면 人皆非笑之ᄒᆞ야 不齒列於衣

冠ᄒᆞ니 於是에 翁家ㅣ 耻己之賤ᄒᆞ야 遂盡棄前業ᄒᆞ고 日常游藝於士大夫間ᄒᆞ야 乃以文雅稱이라 有薦于朝者ᄒᆞ야 仕至達官ᄒᆞ고 子孫이 遂貴顯ᄒᆞ니 貨財十倍於前ᄒᆞ야 其庄土牧畜이 遍一國ᄒᆞ고 僮指姬妾이 數千이요 門生庄客이 爲千餘人이요 田宅園林이 占領甚廣이라 日夜會賓客飮酒賦詩ᄒᆞ며 揮麈淸談ᄒᆞ야 以爲高ᄒᆞ고 與粉黛綺羅로 品竹彈絲ᄒᆞ야 以爲樂ᄒᆞ며 其殖貨營筭之事는 絶不聽理ᄒᆞ니 翁之家雖以富貴로 聞天下ᄂᆞ 然其家貲則日耗矣오 庄土則日荒矣라 至翁之世ᄒᆞ야는 凡金錢財帛輸入이 無幾矣로ᄃᆡ 而翁은 耻口言錢穀之賤ᄒᆞ야 自不與知ᄒᆞ고 惟日以淸談行樂을 如常ᄒᆞ니 自是로 翁家患支用不敷ᄒᆞ야 至假貸富戶ᄒᆞ니 於是에 海西鉅富歐陽氏者聞之 曰 奇貨로다 ᄒᆞ고 大具車馬威儀ᄒᆞ고 將往見之ᄒᆞᆯᄉᆡ 僕從車裝이 連絡數百里라 至淸州地ᄒᆞ야 投刺要翁 曰 海峽鄙人이 夙欽盛名ᄒᆞ고 不遠千里ᄒᆞ야 願借一舍ᄒᆞ야 庶償宿願ᄒᆞ노라 翁이 欣然領諾ᄒᆞ고 任便就住ᄒᆞᆫᄃᆡ 歐陽氏以其裝金으로 大殖貨利ᄒᆞ니 居無何에 歐陽氏之貨傾翁家矣라 於是庄客이 大恐ᄒᆞ야 勸翁逐歐陽氏ᄒᆞᄃᆡ (未完)

006

1899년 2월 3일 제6호 1면 2단 論說

요약 1899년 2월 1일 자(제5호) 글에 이어 청을 김옹으로, 서양을 구양씨, 한씨는 조선, 위씨는 일본으로 비유한 글이다. 서구의 침입에 대해 청, 조선, 일본이 힘을 합쳐야 한다는 내용을 담은 연작이다. 본격적으로 구양씨의 행패가 시작되어 김옹의 피해가 생기자, 덩달아 피해를 입은 한씨와 위씨의 이야기를 다루고 있다. 위씨가 구양씨로부터 새로운 학문을 익히고선 김옹과 한씨를 설득하는 과정을 그리고 있다.

金翁傳(前號續)

翁이 不聽이어늘 於是에 庄客이 密謀攻歐陽氏ᄒᆞ고 乘夜黑圍住其舘ᄒᆞ고 鼓譟吶喊ᄒᆞᆫᄃᆡ 歐陽氏 大努ᄒᆞ야 命家僮格鬪ᄒᆞ야 大敗庄客이어늘 翁이 聞之ᄒᆞ고 帥庄客往ᄒᆞ야 頓首請罪ᄒᆞᆫᄃᆡ 歡復如初ᄂᆞ 自此로 歐陽氏之權니 壓翁家矣라 歐陽氏旣得志의 遂占據其園林ᄒᆞ며 驅使其僕從ᄒᆞ야 日鼓鑄金錢ᄒᆞ며 積貯貨物ᄒᆞ고 又使人製造機器ᄒᆞ야 無不精利ᄒᆞᆫ니 四方之利輻湊其舘矣라 翁이 積不平이로ᄃᆡ 畏其徒便捷善格鬪ᄒᆞ고 且其兵利技精故로 俛首聽命ᄒᆞ야 客忍而不敢誰何也러라 先是에 州東南江外에 有一富戶姓魏氏者ᄒᆞ고 州東北界上에

有一望族ᄒᆞᆫ니 姓은 韓氏라 魏氏ᄂᆞᆫ 稍贍富ᄒᆞ야 每與翁抗일ᄉᆡ 與翁家不甚得이로ᄃᆡ 韓氏는 家素貧ᄒᆞ야 籍翁家者多라 以是로 與翁家相交好然而韓氏ᄂᆞᆫ 本文學世族也라 雖與翁善니나 猶時時發驕傲態ᄒᆞ면 而翁이 亦故之而不甚究也ᄒᆞ더라 當是時ᄒᆞ야 歐陽氏権全國之利ᄒᆞ니 翁家既弊ᄒᆞ고 韓氏도 亦從而益困ᄒᆞ며 魏氏亦受害矣라 且歐陽氏之客이 日凌轢諸三家之客ᄒᆞᆫ니 三家愈益快快焉이러니 於是에 魏氏使其客으로 往歐陽之舘ᄒᆞ야 屈己謙讓ᄒᆞ고 請學貨殖之術ᄒᆞ야 年餘에 盡得其方이라 歸而試之ᄒᆞ니 果獲大利어널 魏氏大悅ᄒᆞ야 遂盡棄其業ᄒᆞ고 遺諸客益究其深奧ᄒᆞ니 魏家之富乃百倍昔時矣라 遂與歐陽氏로 結盟好相往來로ᄃᆡ 耻受屈於西土諸客ᄒᆞ야 常懷憤慨之志라가 乃使人으로 往說韓客曰 足下는 以堂堂簪纓之冑로 挺豪傑之姿ᄒᆞ야 講文學之奧ᄒᆞ며 蹈禮義之間ᄒᆞ니 善則善矣어니와 以子之庄土藏獲으로 不能自理於陶朱[1]之術而何受侮於人也오 且今西客이 籍其富業ᄒᆞ고 虎視於我ᄒᆞ야 將駸駸有專制之意ᄒᆞ니 豈不爲我鄉之羞哉아 請自今으로 洗心改圖ᄒᆞ며 論究營筭ᄒᆞ야 併力共奮ᄒᆞ야 毋失我三家之權則豈非大幸也리요 請君은 籌之ᄒᆞ라 於是韓客이 紛然爭詰 曰不可ᄒᆞ다 我鄉이 素以詩禮相高ᄒᆞ며 禮義爲貴ᄒᆞ야 士大夫耻言貨利之事ᄒᆞ고 以風節노 相磨礪ᄒᆞ야 爲天下所尊이어늘 今欲强學商賈工伎之業ᄒᆞ야 先自辱屈於人이면 豈不大可羞也리요 (未完)

인 1 범여(梵如)

007

1899년 2월 5일 제7호 1면 2단 論說

요약 1899년 2월 3일 자(제6호) 글에 이어 청을 김옹으로, 서양을 구양씨, 한씨는 조선, 위씨는 일본으로 비유한 글이다. 서구의 침입에 대해 청, 조선, 일본이 힘을 합쳐야 한다는 내용의 연작이다. 이윽고 위씨의 말을 받아들여 김옹과 한씨가 힘을 합쳐 구양씨의 학문을 익혔다. 이를 통해, 연합체를 구성하여 구양씨의 핍박으로부터 벗어나는 과정을 그리고 있다.

金翁傳(前號續)

或曰 魏氏之言이 甚善也로다 我鄕이 雖以禮義로 見稱이ᄂᆞ 自歐陽氏之東轅으로 世爭風靡ᄒᆞ야 駸駸然毁棄故見ᄒᆞ고 毋不欽艶傾嚮於彼ᄒᆞ니 盖其貲財機智足使人驚異悅服也라 今我雖困瘁不振이ᄂᆞ 惟有良田美土와 銅山金穴과 枲麻絲檿之收와 牛馬毛革之入이 尙無甚少ᄒᆞ니 如稍屈亢志ᄒᆞ야 棄短取長ᄒᆞ고 督勵精思ᄒᆞ야 究研神妙ᄒᆞ고 益講貨殖之術ᄒᆞ며 極臻工藝之業則不過幾年에 亦將大致充足矣요 且彼歐陽之客이 乃敢挾其豪富ᄒᆞ고 睨蔑我庄客ᄒᆞ니 如何膠柱不通ᄒᆞ야 受侮於彼哉리요 爲今之計컨ᄃᆡ 宜用合從之論ᄒᆞ야 東聯魏氏ᄒᆞ며

西結金翁ᄒᆞ야 合成同盟ᄒᆞ야 使歐陽氏로 不敢正視我一局則豈非得計也리요 ᄒᆞᄃᆡ 於是에 韓氏大悅ᄒᆞ야 遂折節勤儉ᄒᆞ며 手親簿計ᄒᆞ야 整理家業ᄒᆞ고 客有虛談妨務者와 浮藻競誕者를 悉謝遣之ᄒᆞ고 帥諸客課勤慢究實効ᄒᆞ야 期致成績ᄒᆞ니 於是에 韓氏家稍稍振刷矣로ᄃᆡ 惟翁家는 素以自大로 爲高ᄒᆞ고 且其全盛에 無人敢亢故習狃爲性ᄒᆞ야 不肯枉己而循人ᄒᆞ며 且旣藐然於魏氏故로 寧屈於歐陽氏언졍 不欲强下於韓魏之家ᄒᆞ야 由是益孤라 於是에 庄客이 有獻議於翁 曰 以我之領土甚廣으로 受彼東縛ᄒᆞ야 甘心自棄ᄒᆞ니 寧不大耻也리요 願翁은 毋媮故常ᄒᆞ고 幡然新觀ᄒᆞ야 發奮整頓ᄒᆞ야 團飭諸客ᄒᆞ며 課董諸僕ᄒᆞ며 勤勞服事ᄒᆞ야 使家業으로 更張ᄒᆞ야 益炳成規면 富强을 可期니 然後에 聯合二氏ᄒᆞ야 媾成和好ᄒᆞ야 以成鼎足之勢則彼歐陽諸客이 不敢加侮於我而將俛首聽命矣어늘 不此之爲ᄒᆞ고 徒尙淸高ᄒᆞ야 因循通套면 愚는 恐我祖先積累之業이 竟爲歐陽之有也ᄅᆞᆯ가 ᄒᆞ노이다 於是에 翁이 立卽悔悟ᄒᆞ야 大會諸客僮僕ᄒᆞ고 宣言於衆 曰 僕이 自今日로 請斷棄舊好ᄒᆞ고 一切恢張ᄒᆞ야 勞力自新케 호리니 凡我諸君은 務循至意ᄒᆞ야 恪遵毋違호ᄃᆡ 如復墮誤면 決不容過ᄒᆞ리니 咸須惕悉ᄒᆞ라 ᄒᆞ고 於是에 分明諸客ᄒᆞ야 掌理家政ᄒᆞᆯᄉᆡ 稼穡과 機器와 貿易과 織造와 文藝와 武技에 無不備擧ᄒᆞ니 翁之家日復舊業이라 歐陽氏聞之ᄒᆞ고 懼翁이 與二氏로 爲好ᄒᆞ야 乃陰使人으로 反間於翁 曰 翁之客이 有與魏氏로 通者ᄒᆞ야 導魏氏謀奪翁家라 ᄒᆞ고 又使人說翁 曰 歐陽氏는 善人也라 與翁家로 積久相愛ᄒᆞ야 資貨殖之利而已오 實無惡

意也로ᄃᆡ 而魏氏는 不然ᄒᆞ야 慮有呑割之圖ᄒᆞ니 若與歐陽氏로 深相交好면 高枕而無憂矣리이다 ᄒᆞᄃᆡ 翁이 猶豫未决이어ᄂᆞᆯ 客이 復說 曰 歐陽氏는 海西大戶라 家貲十萬이요 土田臧獲이 膏沃甚多ᄒᆞ야 無埒於世ᄒᆞ고 且距此幾千里라 寧便於商業ᄒᆞ야 借居留於翁이언졍 實無欲於此庄園也로ᄃᆡ 而魏氏는 素慕翁田宅林園之勝과 金寶物貨之美ᄒᆞ야 其意未甚善ᄂᆞᆫ 自翁前代로 已忿其侵辱者也니 願早劃良筭ᄒᆞ야 採納忠告ᄒᆞ소셔 翁曰 俟與諸客確之호리라 ᄒᆞ고 密謨諸客ᄒᆞᄃᆡ 客이 有駁者 曰 不可ᄒᆞ다 西人이 恐我三家之連合ᄒᆞ야 縱基間之計也라 魏氏ᄂᆞᆫ 雖不可測이ᄂᆞ 西人을 亦豈量也리요 然而我維自成基業ᄒᆞ야 殷其富强이면 何畏之有리요마는 交隣同盟은 所以成唇齒之勢也니 願翁은 勿聽ᄒᆞ소서 於是翁이 乃與韓魏로 約束盟好ᄒᆞ야 倂力共患ᄒᆞ야 縮歐陽之勢ᄒᆞ고 鞏三家之權ᄒᆞ니 翁이 今年七十에 尙無恙云이더라

太史氏曰 噫라 翁이 生於豪富ᄒᆞ야 亢傲其天性而能折節善聽ᄒᆞ야 卒復大業ᄒᆞ며 韓氏는 以華貴로 抑己下人ᄒᆞ며 祛舊圖新ᄒᆞ야 能反危爲安ᄒᆞ며 轉弱成强ᄒᆞ야 確立萬世之基礎ᄒᆞ며 魏氏는 首先覺悟ᄒᆞ야 竟能聯合三家ᄒᆞ야 以保鼎峙之勢ᄒᆞ야 使歐陽氏로 不敢正眼東南ᄒᆞ니 嗚呼라 皆間世之雄也夫로다

008

1899년 2월 7일 제8호 1면 2단 論說

요약 『시사총보』의 목적에 대해 묻는 사람에게 창간호에서 나온 취지를 다시 설명하는 글이다. 시사총보가 국가와 생민에게 도움이 되는 것이 있으니, 만국에 통행하는 예에 따라 나라 전체에 발행함을 주장하고 있다. 1899년 1월 22일(제1호) 「본보발간지취지」에서 핵심이라 할 수 있는 내용들을 더 자세히 설명하는 글이다.

매 1 『시사총보(時事叢報)』

엇더훈 客이 問ᄒᆞ야 曰 今此**時事叢報**[1]ᄂᆞᆫ 무어슬 爲ᄒᆞ야 設ᄒᆞ엿ᄂᆞᆫ요 余曰 君이 本報第一號애 發刊ᄒᆞ난 趣旨를 見치 못ᄒᆞ엿소 國家와 生民의계 十分이ᄂᆞ 補益되오미 有훈 故로 萬國에 通行ᄒᆞᄂᆞᆫ 例를 依ᄒᆞ야 全邦에 發行코져 홈이라 客이 曰 我도 ᄯᅩ훈 見ᄒᆞ엿거니와 竊히 子를 爲ᄒᆞ야 懼홈이 有훈 故로 將次 質問코져 홈이라 請컨ᄃᆡ 子의 所載훈 趣旨로 論ᄒᆞ컨ᄃᆡ 其一 規諷에 曰호ᄃᆡ 政教命令과 賞罰黜陟의 善否得失을 論確授証이라 ᄒᆞ엿스니 夫 朝廷에 利害得失을 一介卑微훈 夫로 엇지 能히 其源을 痛究ᄒᆞ며 其狀을 直陣ᄒᆞ야 能히 諫官의 責을 行ᄒᆞ리요 假令 在上之人이 其規諷홈을 見ᄒᆞ고 渙然히 大覺ᄒᆞ여 害를 祛ᄒᆞ고 利에 就ᄒᆞ며 否를 捨

ᄒᆞ고 善에 從ᄒᆞᆫ 즉 진실노 善타 ᄒᆞ려니와 萬若에 在下者가 敢히 朝政을 誹謗ᄒᆞᆫ다 ᄒᆞ여 怒ᄒᆞᄂᆞᆫ 罰을 加ᄒᆞ면 엇지 그 規諷ᄒᆞᆷ을 得ᄒᆞ며 其三 補拾에 曰호ᄃᆡ 時勢形便과 利害方略을 論說로 提記ᄒᆞᆫ즉 當局者의 未及思量ᄒᆞᆫ 事를 補拾ᄒᆞ야 採用케 ᄒᆞᆫ다 ᄒᆞ엿쓰나 이제 子가 비록 管葛에 材가 有ᄒᆞ고 良平에 謨를 懷ᄒᆞ야 日노 千言을 陳ᄒᆞ며 月노 萬紙를 記ᄒᆞ여도 當局ᄒᆞᆫ 諸公이 新聞을 閱覽ᄒᆞᄂᆞᆫ 者ㅣ 無ᄒᆞᆫ 則 閱覽ᄒᆞ지도 아니ᄒᆞ거든 엇지 採用ᄒᆞ기를 望ᄒᆞ리요 ᄯᅩᄒᆞᆫ 그 人民의 補益ᄒᆞᄂᆞᆫ 其一 敦勵에 曰호ᄃᆡ 人民도 各各 其不善ᄒᆞᆫ 行實과 罔測ᄒᆞᆫ 心術을 新聞에 傳播ᄒᆞᆯ가 顧忌ᄒᆞ야 敢히 姿行치못ᄒᆞᄂᆞᆫ 故로 風俗이 自然敦勵라 ᄒᆞ엿쓰나 子가 俗態를 知치 못ᄒᆞᄂᆞᆫ야 世大들이 此事를 恐ᄒᆞ야 不善ᄒᆞᆫ 行實을 行ᄒᆞᄂᆞᆫ 者는 新聞을 詆毁ᄒᆞᄂᆞᆫ 말리 新聞紙는 皆謊說也라 無一可信이라 ᄒᆞ며 或曰 新聞法은 開化種類요 蠻子의 鄙俗이라 士夫의 案頭에 엇지 此紙를 置ᄒᆞ리요 政府의서 맛당이 痛禁ᄒᆞᆯ지라 ᄒᆞᄂᆞᆫ 野蠻이 多ᄒᆞ면 無識ᄒᆞᆫ 人生들은 意味를 不知ᄒᆞ고 隨ᄒᆞ야 吠聲ᄒᆞ난 者도 有ᄒᆞ니 敦勵ᄒᆞᆷ과 ᄯᅩᄒᆞᆫ 第二 發達知識이라 ᄒᆞᄂᆞᆫ 功效를 엇지 期ᄒᆞ리요 다ᄆᆞᆫ 子의 舌이 弊ᄒᆞ고 神을 疲ᄒᆞ야 狂妄에 歸ᄒᆞᆯ ᄯᆞ름이요 ᄯᅩᄒᆞᆫ 云호ᄃᆡ 新聞은 史家의 二體를 兼ᄒᆞ엿다 ᄒᆞ니 엇지 誤言이 안니리요 昔에 韓愈[2] 氏ᄂᆞᆫ 史官이 되어서 旣往死去ᄒᆞᆫ 人의 事를 記ᄒᆞ야 史書를 撰ᄒᆞ라 ᄒᆞ여도 오히려 人禍와 天刑이 잇다고 辭避ᄒᆞ엿거든 ᄒᆞ믈며 現在世界에 現在人의 史記를 엇지 撰述ᄒᆞ고 不測ᄒᆞᆫ 禍를 免ᄒᆞ리요 ᄯᅩᄒᆞᆫ 近日에 得聞ᄒᆞᆫ즉 政府에서 新聞

인 2 한유(韓愈)

국 5 대한제국(大韓帝國)

매 3 『관보(官報)』

관 4 시사총보사(時事叢報社)

條例三十六件을 臚列ᄒᆞ여 曰 官報[3]의 公布ᄒᆞᆫ 事件과 各部의 許可ᄒᆞᆫ 文牒 外의ᄂᆞᆫ 記載홈을 嚴禁ᄒᆞ되 此例를 違ᄒᆞᄂᆞᆫ 者면 施罰이 極重ᄒᆞ니 如此ᄒᆞᆫ 條例를 遵行홀진ᄃᆡ 新聞은 不過 朝報의 抄件이라 國民의계 무슴 絲毫라도 補益이 有ᄒᆞ리요 恐ᄒᆞ건ᄃᆡ 防限이 如此ᄒᆞᆫ즉 新聞을 何用고 吾子는 請思ᄒᆞ라 余曰 진실노 所敎와 如ᄒᆞ건니와 趣旨에 所陳ᄒᆞᆫ 諸條는 新聞의 本領이 若此홈을 記ᄒᆞᆫ ᄇᆡ요 鄙生의 魯劣로 責任을 自期ᄒᆞᆫ ᄇᆡ는 안니라 余ᄂᆞᆫ 鄕曲에 鄙人이라 早歲에 文章을 衰ᄒᆞ여 劌心休目ᄒᆞ며 勞精弊神ᄒᆞ다가 如流ᄒᆞᆫ 光陰을 荏苒이 空消ᄒᆞ고 昨非를 始覺ᄒᆞᆫ니 醉夢이 一場이라 世人을 顧ᄒᆞ건ᄃᆡ 巧佞ᄒᆞᆫ 言辯으로 時宰를 欺ᄒᆞ거ᄂᆞ 陰譎ᄒᆞᆫ 心術로 愚夫를 騙ᄒᆞᄂᆞᆫ 手段이 無ᄒᆞ면 엇지 貧賤을 免ᄒᆞ리요 嗟夫라 自古로 大丈夫가 萬若當世에 得志치 못ᄒᆞ면 一步를 退ᄒᆞ야 山林에 歸할지라 麋鹿으로 朋友ᄉᆞᆷ고 漁樵로 生涯지여 上으로 父母를 供養ᄒᆞ고 下으로 子孫을 敎育ᄒᆞ여 裘褐이 未完ᄒᆞ고 藜藿을 甘食ᄒᆞ더ᄅᆡ도 吾心身을 怡養ᄒᆞ며 吾志氣를 舒脫ᄒᆞ야 傲睨ᄒᆞᆫ 態度를 公卿의계 施ᄒᆞ고 自由ᄒᆞᆫ 踪跡을 泉石에 接ᄒᆞ야 溪翁野叟로 山水間에 往來ᄒᆞ여 或 農理도 談話ᄒᆞ며 或 雨晴도 較量ᄒᆞ야 白白ᄒᆞᆫ 濁酒와 靑靑ᄒᆞᆫ 野菜로 盡情히 醉飽ᄒᆞ고 村謠와 巷語로 盛世를 歌詠ᄒᆞᄂᆞᆫ 것도 人間의 第一快樂이로ᄃᆡ 余ᄂᆞᆫ 功名의 未巧ᄒᆞ고 山林도 自棄라 本社[4]에 被雇ᄒᆞ여 操觚弄墨으로 晝夜를 不分ᄒᆞ고 役役히 自苦ᄒᆞᄂᆞ 條例가 如此ᄒᆞ여 諸社를 束縛할진ᄃᆡ 맛당히 藥石之言을 敬聞ᄒᆞ여 時眼에 觸忤홈을 免ᄒᆞ려니와 更想ᄒᆞ건ᄃᆡ 維我大韓[5]이 文化

가 日敷ᄒᆞ고 開明에 日進ᄒᆞ니 엇지 君言과 如ᄒᆞ리요 客이 起曰請于는 大嚼 一椀ᄒᆞ고 更思之ᄒᆞ라

009

1899년 2월 14일 제9호 1면 2단 論說

요약 조정에서는 양력을 사용하고 백성들은 음력을 사용하여 서로 달라 명확하지 못함을 비판하고 있다. 또한, 새해를 받아들이는 태도에 대해 비판한다. 개인에게는 외관이 아닌 새로운 지식과 학문을 받아들여 새로워질 것을 요구하고 있다. 국가에게는 정치를 새롭게 하면 만물이 이에 따를 것이라 새로워질 것을 요구하고 있는 글이다.

국 2 대한제국(大韓帝國)

책 1 『서경』「우서(虞書)」

虞書[1]에 有言호ᄃᆡ 日月과 星辰을 曆象ᄒᆞ야 人時ᄅᆞᆯ 敬授라 ᄒᆞ엿스니 大抵 國家의셔 曆書를 頒行홈은 곳 王者의 第一大政이라 百工을 允釐ᄒᆞ고 庶績을 咸熙케 ᄒᆞᄂᆞᆫ 道닌 故로 古昔에 重黎之官과 義和之職을 必敬必愼ᄒᆞ며 正朔을 天下에 頒布ᄒᆞ되 三統을 明示ᄒᆞᄂᆞ니 維我**大韓**[2]天下ᄂᆞᆫ 陰陽曆이 分行ᄒᆞᄂᆞᆫ지라 上으로 朝家에셔 公行ᄒᆞᄂᆞᆫ 文牒은 陽曆을 從ᄒᆞ야 日月火水木金土로 三百六十五日을 分排ᄒᆞ야 施用ᄒᆞ고 下으로 閭巷의셔는 陰曆을 行ᄒᆞ야 歲時伏臘에 烹羊宰狗ᄒᆞ여 節物을 游樂ᄒᆞ니 우리ᄂᆞᆫ 一年에 新歲를 再次나 送迎ᄒᆞ여 游樂을 共同ᄒᆞ건니와 年年이 如此ᄒᆞ면 年齒가 加倍라 七十年을 壽ᄒᆞ여도 곳 一百四十年을 過ᄒᆞ엿슨즉 엇지 彭祖

랄 羨ᄒᆞ며 喬松을 願ᄒᆞ리요 我東方이 自古로 壽域이라 稱ᄒᆞ던니 近日에 至ᄒᆞ야ᄂᆞᆫ 더옥 家家에 南極老人星이 照ᄒᆞ야 他邦人보담 兼年ᄒᆞᄂᆞᆫ 壽筭이 有ᄒᆞ니 人人마다 極히 慶祝ᄒᆞ건니와 朝家와 閭巷에 二曆이 斑駁ᄒᆞ여 日月을 明知치 못ᄒᆞ니 엇지 慨嘆이 無ᄒᆞ오리요 然ᄒᆞᄂᆞ 今에 우리 風俗을 暫見ᄒᆞ니 達官과 紳士와 父老와 婦女와 童稚들이 新歲를 迎ᄒᆞ엿다고 一切이 舊年의 垢衣를 盡脫ᄒᆞ고 新正에 鮮服을 改着ᄒᆞ야 羅衣錦袍ᄂᆞᆫ 香風이 飄拂ᄒᆞ고 靚餙華珮ᄂᆞᆫ 青紅이 照耀ᄒᆞ야 通衢大道의 紛紛이 往來ᄒᆞ니 新春의 光景이 참 昇平世界라 謂ᄒᆞ련니와 嗟夫라 一片黑雲이 北天의 놉피 써셔 져 건너갈 모봉의 비가 무더 드러오니 고은 衣服 고은 冠鞋 沾濕할가 念慮로다 衣服만 鮮明ᄒᆞ고 游樂만 恬嬉ᄒᆞ여 華氈紅氍의셔 春夢이 爛漫타가 어늬 日의 醒悟ᄒᆞᆯ고 우리 大韓人民 드러보쇼 新年을 當ᄒᆞ여셔 外餙만 ᄌᆞ랑ᄒᆞ여 新鮮ᄒᆞᆷ을 好치 말고 各各 그 중심에 垢衣를 盡脫ᄒᆞ고 新心을 洗濯ᄒᆞ야 知識을 發達ᄒᆞ며 學問을 擴張ᄒᆞ야 開明ᄒᆞᆫ 地境에 日노 新ᄒᆞ고 月로 新ᄒᆞ여 新春에 衣服과 갓치 鮮明히 ᄒᆞᆫ즉 非但 自己의 事業을 修新케 할 ᄲᅮᆫ 아니라 同胞의 慶辛이 엇지 測量ᄒᆞ리요 ᄯᅩ한 天時로 見ᄒᆞᆯ진ᄃᆡ 北陸에 窮陰이 消盡ᄒᆞ고 東郊에 青陽이 昭回ᄒᆞ야 凌兢ᄒᆞᆫ 雪沍ᄂᆞᆫ 融化ᄒᆞᆫ 物態를 生ᄒᆞ고 栗烈ᄒᆞᆫ 寒風은 暄姸ᄒᆞᆫ 佳景을 成ᄒᆞ니 此ᄂᆞᆫ 天翁의 造化로 新春의 物色을 變作ᄒᆞᆷ이라 우리 國家의셔도 天道를 隨ᄒᆞ야 垢染을 滌濯ᄒᆞ고 新化를 振勵ᄒᆞ야 寬大之詔을 下ᄒᆞ시고 陽和之令을 佈ᄒᆞ샤 此 春光과 갓치 政化를 賁新케 ᄒᆞ오

면 自然이 天人이 感應ᄒᆞ야 雨順風調ᄒᆞ며 時和年豐ᄒᆞ야 黎民이 於變에 致ᄒᆞ고 萬物이 熙穰에 息ᄒᆞ야 我大韓이 眞箇壽域春을 成ᄒᆞᆯ 거신니 **大學**[3]에 謂ᄒᆞᆫ 바 明明德新民이라 ᄒᆞᄂᆞᆫ 거시 되기 文明ᄒᆞᆫ 德化를 明케 ᄒᆞ야 萬民을 作新케 ᄒᆞᄂᆞᆫ 道라 엇지 우리 新年에 頌祝ᄒᆞᄂᆞᆫ 吉慶이 此에 大ᄒᆞᆫ 者 有ᄒᆞ리요 噫라 世間에 人人의 常情이 何物品이던지 自家의 物品이 他人보담 劣ᄒᆞ면 耻를 生ᄒᆞ야 極好ᄒᆞ기를 望ᄒᆞ고 家屋이 弊敗ᄒᆞ면 改新ᄒᆞ기를 思ᄒᆞᄂᆞ니 其國과 其身은 엇지 極好ᄒᆞᆫ 品으로 改新ᄒᆞᆷ을 圖謀치 안니ᄒᆞ리요

책 3 『대학(大學)』

010

1899년 2월 16일 제10호 2면 1단 論說

요약 신정을 맞이하여 발행한 글이다. 여러 고사를 통해, 등장하는 인물들이 세상의 변화에 대해서 슬퍼하고 곡을 하였음을 밝혔다. 이를 통해, 어떻게 고사의 인물들이 국난을 극복했는지 서술하였다. 옛 고사의 인물들은 그런 행동을 하였는데, 현재 국난을 맞이한 대한제국에서 곡을 하고 슬퍼하는 사람이 없음을 탄식하는 글이다. 현재의 위기를 잘 극복해야 한다는 의미라고 할 수 있다.

古之善哭者解

或이 曰 當此新正ᄒᆞ야 爲國頌祝ᄒᆞ며 爲家頌祝ᄒᆞ며 爲身頌祝호ᄃᆡ 以吉慶之辭와 祥瑞之言으로 拜手所願ᄒᆞᄂᆞᆫ 거슨 古今天下에 通套例談이어늘 子ᄂᆞᆫ 엇지 不吉不祥ᄒᆞᆫ 哭之一字로 解ᄒᆞ려ᄒᆞᄂᆞᆫ요 余曰 夫物極必變은 天理之當이라 凶이 過ᄒᆞ면 吉이 來ᄒᆞ고 災가 極ᄒᆞ면 祥이 臻ᄒᆞᄂᆞ니 我ᄂᆞᆫ 新正頌祝을 通套例談은 不用ᄒᆞ고 新句語로써 吉慶과 祥瑞이 來臻할 頌祝을ᄒᆞ여 世人으로 ᄒᆞ여곰 不吉不祥한 災殃을 消除케 ᄒᆞᄂᆞᆫ 道를 勉ᄒᆞ노니 **周易**[1]의 云ᄒᆞ기를 先號咷면 後必笑라 ᄒᆞ엿스니 此로 因ᄒᆞ야 必笑의 至ᄒᆞ면 엇지 吾人의 幸이

책 1 『주역(周易)』

淺淺ᄒᆞ리요 昔者 **漢文帝**[2]朝의 **賈誼**[3]란 者이 有ᄒᆞ니 當是時ᄒᆞ야 **文帝**[4]躬行節儉ᄒᆞ샤 薄賦歛輕徭役ᄒᆞ며 省刑罰除煩苛ᄒᆞ야 爲官者는 長子孫ᄒᆞ고 爲吏者는 傳姓氏ᄒᆞ야 四海寧謐ᄒᆞ고 百姓이 按堵ᄒᆞ니 天下 可히 又安이라 謂할지ᄂᆞ 彼賈生은 胡爲乎岌岌然若禍機之迫在朝夕ᄒᆞ야 火를 抱ᄒᆞ야 薪의 措ᄒᆞ며 腫이 大ᄒᆞ야 醫케 難한 說로 喩ᄒᆞ야 痛哭太息이라 謂ᄒᆞ니 엇지 然ᄒᆞᆫ고 盖當其時ᄒᆞ야 天下初定ᄒᆞ고 教化未具ᄒᆞ니 迨此之日ᄒᆞ야 刷神惕勵ᄒᆞ며 努力進步ᄒᆞ야 治安之術을 研究ᄒᆞ며 文明之化를 布宣ᄒᆞ야 宵旰에 毋怠ᄒᆞ고 孜孜히 憂慮ᄒᆞᆫ즉 三代之治를 庶幾其不難復也언마ᄂᆞᆫ 文帝ᄂᆞᆫ 淸淨을 好ᄒᆞ고 因循을 喜ᄒᆞ샤 小成의 便安히 넉니고 大業을 圖謀치 안니ᄒᆞ니 엇지 賈生의 痛哭이 無ᄒᆞ리요 ᄯᅩᄒᆞᆫ 絳灌은 不文ᄒᆞ여 權柄만 愛弄ᄒᆞ고 藩封은 跋扈之志를 具懷ᄒᆞ야 骨肉이 搆隙ᄒᆞ고 甘泉에 烽烟이 未死호ᄃᆡ **馮唐**[5]**魏尙**[6]은 白首로 蹉躓ᄒᆞ여 寥落寒山에 虛牖를 對ᄒᆞ고 黃帽郞은 銅山의 皷鑄ᄒᆞ야 無名之錢이 天下의 行ᄒᆞ니 日落長抄秋色遠에 賈生의 哭ᄒᆞᆫ ᄇᆡ라 **魏**[7]**晉**[8]之際의 **阮籍**[9]이란 者는 天下의 狂士라 魏氏政亂에 强臣逆竪이 陸梁恣睢ᄒᆞ거늘 輔成이 無人ᄒᆞ야 司馬氏로 ᄒᆞ여곰 神器를 竊有케 ᄒᆞ니 阮生의 白眼으로 世人을 睥睨ᄒᆞᆫ즉 可兒가 無一이라 日暮途窮의 磊嵬가 沸膺ᄒᆞ니 放聲이 那無리요 **南宋**[10]之時에 **遼**[11]**金**[12]이 衝突ᄒᆞ여 神州이 陸沈ᄒᆞ고 陵寢이 荒涼이라 **岳武穆**[13]이 百萬貔貅로 **江淮**[14]先據ᄒᆞ야 **金亮**[15]의 長驅之勢ᄅᆞᆯ 遏ᄒᆞ고 中原의 恢復之望을 期ᄒᆞ더니 **賊檜**[16]의 兇譎로 垂成之功을 棄ᄒᆞ고 勇士之氣를

인 2 한 문제 유항(劉恒)
3 가의(賈誼)
4 한 문제 유항(劉恒)
5 풍당(馮唐)
6 위상(魏尙)
9 완적(阮籍)
13 악비(岳飛)
15 금 해릉양왕 완안량(完顏亮)
16 진회(秦檜)

지 14 장화이(江淮)

국 7 위(魏)
8 진(晉)
10 남송(南宋)
11 요(遼)
12 금(金)

墮ᄒᆞ니 臨江痛哭이 令人氣奮如山이로다 엇지 千古에 英雄의 淚를 禁ᄒᆞ리요 楚[17]士申包胥[18]ᄂᆞᆫ 國難을 遭ᄒᆞ야 七日을 秦庭[19]의 哭ᄒᆞ므로 能히 其宗社를 恢復ᄒᆞ고 吳三桂[20]는 板蕩을 値ᄒᆞ야 清庭[21]에 哭乞ᄒᆞ므로 援兵을 借ᄒᆞ야 流賊을 掃殲ᄒᆞ엿스니 此는 千古의 哭之善者라 人人마다 安不忘危ᄒᆞᆷ은 賈生과 同ᄒᆞ고 憂國傷時ᄒᆞᆷ은 阮籍과 同ᄒᆞ고 盡忠竭誠ᄒᆞᆷ은 岳武穆과 同ᄒᆞ고 遭難忘身ᄒᆞ야 克復之志를 遂ᄒᆞᆷ은 申吳[22]와 同ᄒᆞ면 國家의 祥瑞요 人世의 美慶이라 엇지 頌賀치 안니ᄒᆞ리요 然ᄒᆞᄂᆞ 荊卿[23]과 唐衢[24]는 何事로 哭ᄒᆞᄂᆞᆫ지 金臺의 草沒ᄒᆞ고 風塵에 眼肉이라 千秋知己者의 慨歎이로다

인 18 신포서(申包胥)
20 오삼계(吳三桂)
22 신포서(申包胥)·오삼계(吳三桂)
23 형가(荊軻)
24 당구(唐衢)

국 17 초(楚)
19 진(秦)
21 청(淸)

011

1899년 2월 18일 제11호 2면 1단 論說

요약 아시아의 지리적 정보 특히 청에 대해 정보를 설명한다. 주로 강역의 넓이, 비옥도, 열강 조계지 현황과 그 외 시베리아 등지의 상황을 설명한다. 현재 청은 서구 열강의 침탈을 받고 있으나, 극복하고자 하는 움직임이 있음을 서술하였다. 이에, 조선, 청, 일본은 입술과 이빨의 관계이므로 서로 연합해야 함을 주장하는 글이다. 특히, 시베리아 철도 개설과 관련하여 러시아 세력을 비롯한 서구의 세력이 강대해짐을 경계하고 있다.

夫世界之中에 **亞洲**[1]最야 占據全洲三分之一ᄒᆞ야 地面之濶積이 凡九十餘萬方里오 人口之多는 至四億萬이라 彼**英**[2]**俄**[3]諸國의 疆土도 非不廣濶也로ᄃᆡ 土地膏沃과 物產豐富는 **淸**[4]이 爲諸國之最ᄒᆞ고 又 其江河沿海舟船輪運之路甚便故로 列邦이 以淸으로 奇貨視ᄒᆞ야 垂涎津津ᄒᆞᄂᆞ니 **法**[5]人은 駸駸然開路於**雲南**[6]**廣西**[7]之界ᄒᆞ고 英人은 漸斥於**上海**[8]**揚江**[9]之間ᄒᆞ고 其**滿洲**[10]以北은 **露**[11]人之鐵架綿絡이 其他**美**[12]**德**[13]諸人之闖闖環瞰者를 迨難枚擧이 天下之艇艦이 蝟集蜂屯ᄒᆞ야 將欲次第着手ᄒᆞ고 其尤可憂者는 **西伯利**[14]之鐵路가 竣工則東洋一局이 不得安枕而眠矣리니 處餓虎耽耽之間ᄒᆞ야 保一塊軟軟血肉이 寧不危且難哉아 今見別行所載에 實業振起之目ᄒᆞ

지
1 아시아주(the Continent of Asia)
6 윈난(雲南)
7 광시장족자치구(廣西壯族自治區)
8 상하이(上海)
9 창강(長江)
10 만저우(滿洲)
14 시베리아(Siberia)

국
2 영국(United Kingdom)
3 러시아(Russia)
4 청(淸)
5 프랑스(France)
11 러시아(Russia)
12 미국(United states of America)
13 독일(Germany)

니 寧人拍案叫快也로다 噫라 使淸으로 早於數十年前에 已醒了春夢則以如斯疆土와 如斯物產으로 豈甘受束縛拳踢於彼哉리요 近日於其政治軍制殖產興業等項에 皆着着用力ᄒᆞ야 頗有振刷之望ᄒᆞ니 此不特淸人之幸이라 實我東洋之幸也니 盖曰韓[15]曰日[16]曰淸이 寔有軸車唇齒之勢ᄒᆞ야 其存亡利害를 不得不相關係也라 使淸으로 不幸이 有分裂之患則遼海[17]以東이 能免呑噬之患也哉아 然이ᄂᆞ 淸은 以其幅員之大와 人物之衆故로 雖其旣往이라도 環視者猶不敢輕易下手어니와 況我韓試問其疆土人物이 何如於淸也며 諸邦之束縛拳踢이 何如於淸也며 政治軍制殖產興業等振刷之望이 亦何如於淸也오 未知黑甜之夢이 醒乎否아

지 17 요해(遼海)

국 15 대한제국(大韓帝國)
16 일본(日本)

012

1899년 2월 20일 제12호 2면 1단 論說

요약 세계의 만사가 급변하고 있는 상황을 설명하며 그 변화의 흐름에 따를 것을 요구하는 글이다. 미국인 영 존 알렌이 저술하고 청의 채이강(蔡爾康)이 저술한 글을 바탕으로 미국과 영국 등의 신기술 개발과 같은 사회 변화를 소개하고 있다. 신기술 개발과 그로 인한 무기 개발로 인해 변화하는 양상을 소개하고, 독자가 기술 개발과 무기 개발 등에 관심을 갖도록 하는 글이다.

인 2 영 존 앨런(Young John Allen)
4 채이강(蔡爾康)

국 1 미국(United States of America)
3 청(淸)

夫世界萬事가 變化이 難測하고 人生의 智巧가 無窮한지라 舟車를 作하야 不通을 濟하며 網罟를 結하야 佃漁를 教홈은 古昔神聖의 靈知라 尙矣勿論하고 戰爭이 起하므로 自하야 兵器를 論훌진딕 弓矢와 甲冑와 干戈와 槍釼이 其精利홈을 槪量훌 수 업거니와 大抵兵은 兇器라 聖王이 不得已하야 用하느 또한 武備를 可히 先講아니치 못할지라 今에 **美國**[1]**林樂知**[2]氏와 **清國**[3]**蔡爾康**[4]氏에 譯述한거슬 見하고 大略을 抄記하노니 大抵 開花彈이 爆竹에 原하며 德津風이 竹筒牽綫의 出홈이 奇하거니와 且童子의 風箏을 取하야 攝影之技를 助한즉 兩軍相見훌 際에 百里外를 距하야 功者는 礮臺에 向背를 察하고 守者는 戰艦의 往來를 知하며 又如輕氣

球者는 軍前의 偵諜이 摸捉이 無하고 空中의 行하야 藥을 抛하면 敵營이 無端이 怒爆하야 晴天의 霹靂이 起홈과 如한지라 英[5]人이 百計로써 破하려 하야 先於海口의셔 演試홀식 氣毬上升할 時를 當하야 大礮로써 擊ᄒᆞᄂᆞ 至高至遠할ᄉᆞ록 至小하여 隨風飄颺하니 測量을 準ᄒᆞᄂᆞ 命中치 못ᄒᆞᄂᆞᆫ지라 다시 佛浪機를 命ᄒᆞ야 百子彈을 送ᄒᆞᆫ즉 大殼은 雲端에 裂ᄒᆞ고 小子는 紛紛히 雨下와 如ᄒᆞ며 且彈力이 毬力보담 高ᄒᆞ야다므 一點이 毬面에 打ᄒᆞ면 業已下墜ᄒᆞ며 ᄯᅩ 鐵甲으로 戰艦을 裹ᄒᆞ야 厚가 英度二尺에 至ᄒᆞᄂᆞᆫ지라 이에 大尖彈을 藉螻旋之勢로 鑄ᄒᆞ야써 鑽ᄒᆞ여도 能히 加大치 못ᄒᆞ미 ᄯᅩᄒᆞᆫ 雷艇을 製ᄒᆞ야 鐵艦을 破ᄒᆞ되 容易치 못ᄒᆞ고 몬져 擋雷網을 結ᄒᆞ야 禦ᄒᆞ고 다시 滅雷艇을 造ᄒᆞ야써 補하니 海戰之術이 百出不窮ᄒᆞᆫ즉 鮫官員闕이 엇지 寧宇가 有하며 ᄯᅩ한 陸地에 脚踏車는 一日에 三日程을 飛行하며 山徑崎嶇의 輪行이 窒碍하면 背의 荷하야 重墜之嫌이 無하ᄂᆞ 德[6]人은 此를 惡하야 狗를 嗾하여 咬人之法을 使用하니 登車者가 倉卒이 未下하면 立하야 蹶케 하고 ᄯᅩ 鴿을 養하야 戰士의 充하고 鴿으로써 軍書를 達케 하니 비록 重圍에 陷入하여도 瞬息間의 而語와 殊홈이 無하니 英人은 此를 豫防하야 곳 鷹을 飼하야 鴿을 補케 하고 火鎗이 行하미 鷹獵이 廢ᄒᆞ니 今의 鉤爪鈒翎의 力을 恃하야 外援을 絶하고 間諜을 除하니 是는 鳥戰이라 謂홀지라 然則 舊를 守하고 變을 不知한 者는 其智가 鳥下의 出홈니 이 엇지 慨嘆치 아니ᄒᆞ리요

국 5 영국(United Kingdom)
6 독일(Germany)

013

1899년 2월 22일 제13호 2면 1단 論說

요약 국가 운영에 있어 관직을 설치하고 인재를 등용하는 것이 중요함을 강조하는 글이다. 마음이 맑아도 이목구비와 사지를 비롯한 몸이 성치 않으면 병든 몸이라 하였다. 아무리 밝은 군주가 나라를 다스리고 있더라도 그 주변에 어진 인재가 있지 않으면 그 나라는 병든 나라임을 강조하고 있다. 그 병든 몸을 다스리기 위해선 유능한 의원이 몸을 고쳐야 하듯, 병든 나라를 올바르게 다스리기 위해선 어진 인재를 잘 가려 뽑는 것이 필수라는 이야기를 하고 있다.

㉾ 1 수(隋)

治國之務는 設官에 在ᄒᆞ고 設官之要는 官得其人에 在ᄒᆞ니 盖君이 비록 神聖ᄒᆞ여도 能히 其國을 獨治치 못ᄒᆞᄂᆞᆫ 故로 必也 그 官司를 設ᄒᆞ야 職業을 分掌케 ᄒᆞᄂᆞ니 其建設ᄒᆞᆫ 制度ᄂᆞᆫ 隨[1]代히 雖殊ᄒᆞᄂᆞ 其任掌ᄒᆞᆫ 範圍ᄂᆞᆫ 古今이 一致라 譬之컨ᄃᆡ 人之一身에 心君이 主宰ᄒᆞ여도 반다시 耳目口鼻와 四肢百體가 心君의 命令을 從ᄒᆞ야 視聽言動의 職을 分司ᄒᆞᄂᆞ니 萬若 그 耳가 聾ᄒᆞ야 聽을 重ᄒᆞ거ᄂᆞ 目이 瞽ᄒᆞ야 視를 晦ᄒᆞ거ᄂᆞ 口가 啞ᄒᆞ야 言을 廢ᄒᆞ거ᄂᆞ 鼻가 窒ᄒᆞ야 臭를 遏ᄒᆞ거ᄂᆞ 四肢가 拘攣ᄒᆞ야 便用運動을 妨害ᄒᆞ거ᄂᆞ ᄒᆞ야 一이라도 此患에 犯ᄒᆞ면 病身이라 謂ᄒᆞᄂᆞ니 아모리 心君이 聰明靈透ᄒᆞ야도 耳目口鼻와 四肢百體가 其職을 奉行치 못

ᄒᆞ면 能히 그 聰明靈透ᄒᆞᆷ을 逞치 못ᄒᆞᄂᆞ니 國君도 亦然ᄒᆞ야 아모리 圖治코져 ᄒᆞ여도 官이 其人을 得지 못ᄒᆞ면 國을 其治ᄒᆞᆷ에 得지 못ᄒᆞᄂᆞᆫ 故로 此를 病國이라 謂ᄒᆞᄂᆞ니 夫病身을 治코져 ᄒᆞᆯ진ᄃᆡ 반다시 力을 竭ᄒᆞ며 誠을 殫ᄒᆞ여써 良醫를 求ᄒᆞ여야 其身을 痊治ᄒᆞᆯ 거시오 病國을 治코져 ᄒᆞᆯ진ᄃᆡ 精을 勵ᄒᆞ며 志를 奮ᄒᆞ여 良弼을 求ᄒᆞ여야 其國을 平治ᄒᆞᄂᆞ니 大抵 ᄒᆞᆫ번 良弼을 得ᄒᆞ야 全國의 治平ᄒᆞᆷ을 任ᄒᆞᆫ즉 自然히 其賢材를 擧ᄒᆞ며 其俊乂를 拔ᄒᆞ야 官司를 分任ᄒᆞ고 成効를 必臻ᄒᆞᄂᆞ니 此與良醫의 視病ᄒᆞ야 寒熱溫涼과 補瀉發散이 各適其宜ᄒᆞ야 病身으로 ᄒᆞ여곰 能히 蘇醒케 ᄒᆞᄂᆞᆫ 者와 갓튼지라 然이ᄂᆞ 古語에 云ᄒᆞ기를 大智는 似愚ᄒᆞ고 大奸은 似忠이라 ᄒᆞ엿스니 政府에셔 賢愚邪正을 엇지 能히 試用之前에 辨ᄒᆞ야 用ᄒᆞ리요마는 此ᄂᆞᆫ 易見ᄒᆞᆯ 者이 有ᄒᆞ니 大抵 吾心이 明鏡과 如ᄒᆞ야 塵垢의 蔽暗ᄒᆞᆫ 바이 無ᄒᆞ면 自然光明ᄒᆞᆫ 質이 照應을 隨ᄒᆞ야 姸醜를 莫掩하ᄂᆞᆫ니 葉公[2]이 龍을 好ᄒᆞᄆᆡ 眞龍이 下降ᄒᆞ고 涓人이 死骨을 買ᄒᆞᄆᆡ 駿馬가 日至ᄒᆞ니 物之感應ᄒᆞᄂᆞᆫ 理가 如斯ᄒᆞᆫ지라 아모나라도 그 政府에셔 賢材를 求ᄒᆞ지 안니ᄒᆞᆷ을 患ᄒᆞᆯ 거시오 求ᄒᆞ여도 得치 못ᄒᆞᆷ은 患치 말를거시니 政府에셔ᄂᆞᆫ 맛당이 病國의 療治ᄒᆞᄂᆞᆫ 術을 究ᄒᆞᆯ진ᄃᆡ 다만 用人ᄒᆞᄂᆞᆫ 道에 在ᄒᆞᄂᆞ니 ᄯᅩᄒᆞᆫ 아모리 聖明이 在上ᄒᆞ시고 政府가 賢良ᄒᆞ여도 百執事의 使用ᄒᆞᄂᆞᆫ 者 其人이 아니면 行政ᄒᆞᆷ을 엇지 期望ᄒᆞ리요

인 2 초섭공 심제량(沈諸梁)

014

1899년 2월 24일 제14호 2면 1단 論說

요약 1899년 2월 22일 자(제13호) 글에 이어 관직의 설치와 인재 등용의 중요성을 설명하는 글이다. 인재 등용의 다양한 사례를 설명하면서 교육기관의 인재 양성의 중요성을 강조하고 있다. 특히, 천거의 중요성을 강조하고 있다. 문벌의 세습의 폐해를 넘어서 철저히 능력 위주의 인재 등용만이 나라 경영에 있어 중요하다는 것을 이야기하고 있다.

國家設官用人ᄒᆞᄂᆞᆫ 意는 前號에 既記ᄒᆞ엿거니와 夫 政府의 任官홈이 뉘가 반다시 賢材를 求ᄒᆞ야 用ᄒᆞ고져 아니ᄒᆞ리요마는 每양 用人홀 際를 當ᄒᆞ면 私欲이 吾心鏡을 蔽暗ᄒᆞᆫ 빈 되어 或 貨利의 肥已홈을 思ᄒᆞ며 或 顏私의 難却홈을 拘ᄒᆞ며 或 寵祿을 見失홀가 慮ᄒᆞ며 或 威勢의 彈壓홈을 懼ᄒᆞ야 비록 그 不善홈을 明知ᄒᆞ여도 强히 充ᄒᆞ며 그 能홈을 習聞ᄒᆞ고도 오히려 屈下케 ᄒᆞᄂᆞ니 是 엇지 爲國ᄒᆞᄂᆞᆫ 術이리요 且夫 制度法令이 枯未盡善ᄒᆞ여도 危亡之禍가 반다시 立至치 안니ᄒᆞ거니와 若官이 非其人이면 危亡之禍를 立見ᄒᆞ리니 可不愼哉며 可不懼哉아 嗚乎라 其方을 試論홀진ᄃᆡ 五가 有ᄒᆞ니 一曰 痛祛私徑이요 二曰 嚴禁于囑이요 三曰 勿

拘名色이요 四曰 必遵定章이요 五曰 保薦用人니 曷謂私徑고 無賴之輩가 嚴重之地를 藉託ᄒᆞ며 勢利之路를 攀緣ᄒᆞ야 榮寵을 希覬ᄒᆞ며 進取를 覘圖ᄒᆞ야 政府로 ᄒᆞ여곰 惡名을 蒙케 ᄒᆞ며 官防으로 淆濫에 至케 ᄒᆞ니 今宜設法ᄒᆞ야 此弊를 先除ᄒᆞᆫ 然後에 國務를 可히 着手矣요 曷謂干囑고 噫라 目昧一丁ᄒᆞ고 胸空片甲ᄒᆞᆫ 者라도 或某台監의 族戚姻婭라 稱ᄒᆞ며 或某大臣의 緊切食口라 託ᄒᆞ야 腴窠를 冒占ᄒᆞ며 膴仕를 謀取ᄒᆞ니 此等痼弊는 政治의 大妨ᄒᆞᆫ지라 今宜立法嚴禁ᄒᆞᆫ 然後에 國을 可爲ᄒᆞᆯ 거시오 曷謂名色고 更張以後로 自ᄒᆞ야 비록 門閥을 勿拘ᄒᆞᆫ다 ᄒᆞ여도 所謂 四色닌지 京卿닌지 宰相의 子婿닌지 忠賢의 後裔닌지 ᄒᆞ면서 色色目目이 套習未除ᄒᆞ야 公家名器로써 世家의 私物을 숨으니 噫라 經筵秘書之任이 何等淸要완ᄃᆡ 紅牌紙區處之窠를 輪作ᄒᆞ며 脊柱輔養之官이 何等 愼重이건ᄃᆡ 靑氈物世傳之業을 視做ᄒᆞ니 其人의 文學材德의 如何홈은 不問ᄒᆞ고 只以門地家數로만 充選ᄒᆞᆯ진ᄃᆡ 엇지 朝廷設官ᄒᆞᆫ 本意리요 曷謂定章고 盖學員을 培養홈은 다만 試用을 爲홈이라 今如武官法律文藝算數郵電商工譯語等學校之生이 一로 足지 아니ᄒᆞ니 만일 當差之窠이 有ᄒᆞᆫ 則 엇지 此中에 試選치 아니ᄒᆞ고 맛츰 額外之人을 取ᄒᆞ는 者도 有ᄒᆞ니 此宜 定章을 一遵ᄒᆞᆫ 然後의야 學員을 可히 勸케 ᄒᆞᆯ거시오 曷謂保薦고 大抵自古로 用人ᄒᆞ는 路이 每양 不公을 患홈은 良法을 得지 못홈의 由홈이라 맛당이 薦擧之法을 用ᄒᆞ야 其入仕와 陞轉에다 保薦之主를 錄케 ᄒᆞ야 若其人이 其職에 不能ᄒᆞ거나 敗誤가 或有ᄒᆞ거든

其人과 同罪케 ᄒᆞ야 施罰을 嚴行케 ᄒᆞ고 如其賢能ᄒᆞᆫ 者則 保薦者로 ᄒᆞ여곰 進賢之賞을 特受케 ᄒᆞ고 他道로 由ᄒᆞ야 進取ᄒᆞᆷ을 永杜ᄒᆞᆫ 則恐ᄒᆞ건ᄃᆡ 用人之一策일가 ᄒᆞ노니 雖然 이ᄂᆞ 官員의 遞改이 紛紛ᄒᆞᆫ즉 엇지 成效를 佇期ᄒᆞ며 賢能 ᄒᆞᆫ 材를 엇지 試得ᄒᆞ리요 用人之法을 行ᄒᆞ려 ᄒᆞᆯ진ᄃᆡ ᄯᅩ 任을 久케 ᄒᆞ야 成을 責ᄒᆞᆷ에 在ᄒᆞᄂᆞ니 此 政治上 第一要務라 謂ᄒᆞ노라

015

1899년 2월 26일 제15호 2면 1단 論說

요약 국가가 백성에게 교육을 하여 백성이 직업을 통해 자신의 생업을 가지게 할 것을 요구하는 글이다. 교육을 도의, 재예, 공업의 교육으로 나누어 이러한 교육에 한국인의 능력이 서양인과 큰 차이가 없게 된다고 주장하고 있다. 교육이 원활하게 될 경우 다방면으로의 발전이 이뤄지게 된다. 이를 통해, 국가가 더욱 부강하고 자리 잡게 됨을 강조하는 글이다.

今夫 馬는 聾蟲이로ᄃᆡ 鞭策之功을 資ᄒᆞ야 其羈縶ᄒᆞᆷ을 受ᄒᆞ고 鶴은 野鳥로ᄃᆡ 飼馴之方을 由ᄒᆞ야 其指使를 任ᄒᆞᄂᆞ니 矧乎人은 其靈智明慧ᄒᆞᆷ이 엇지 蟲鳥의 可比ᄒᆞ리요 然이ᄂᆞ 人이 비록 聰明才智ᄒᆞᆫ 者라도 學을 由ᄒᆞ야 其智를 益鍊ᄒᆞ며 敎를 由ᄒᆞ야 其德을 益就ᄒᆞᆫ 然後에야 可히써 國家에 有補ᄒᆞ고 生業에 能利케 ᄒᆞ나니 彼愚癡ᄒᆞᆫ 民은 더욱 만약 其敎導ᄒᆞᆷ을 被치 못ᄒᆞ여 其學業을 習치 못ᄒᆞᆫ 즉 蠢然ᄒᆞᆫ 一個動物에 不過ᄒᆞᆯ 而已라 國典에 明치 못ᄒᆞ며 人職에 辨치 못ᄒᆞ야 다ᄆᆞᆫ 國家의 蠹損될 분 아니라 自己의 生業도 ᄯᅩᄒᆞᆫ 營求ᄒᆞ기 不能ᄒᆞᄂᆞ니 是故로 凡國家政治의 大本은 人民을 敎育ᄒᆞᆷ으로 先務를 爲ᄒᆞᄂᆞ니 虞[1]夏[2]商[3]周[4]以來로 自ᄒᆞ야 庠序學校[5]

국 1 우(虞)
2 하(夏)
3 상(商)
4 주(周)

관 5 상(庠) · 서(序) · 학(學) · 교(校)

를 設立ᄒᆞ고써 人民을 敎育홈은 其規模制度이 方册에 具載ᄒᆞ엿슨즉 今에 縷述ᄒᆞ기 不必ᄒᆞ되 試以現今에 世界各國으로 論ᄒᆞ건ᄃᆡ 다만 此一事에 專히 用力ᄒᆞ므로 富强ᄒᆞᆫ 効를 獲致ᄒᆞᄂᆞ니 盖自幼至壯ᄒᆞ며 自少至强ᄒᆞ도록 一技一業이 無非敎學의 所究라 비록 至微至細ᄒᆞᆫ 技라도 各各 其極에 臻치 아니ᄒᆞ미 無ᄒᆞᆫ 故로 全國에 游食之民이 少ᄒᆞ고 白丁之徒가 鮮ᄒᆞ야 自然히 그 産業을 豐裕케 ᄒᆞ며 公貸를 補益케 ᄒᆞᄂᆞ니 其敎學之目을 若論ᄒᆞᆯ진ᄃᆡ ᄯᅩᄒᆞᆫ 數端이 有ᄒᆞ니 曰農作과 曰商務와 曰工技와 曰器械와 曰鑛産과 曰動物植物과 曰兵法과 曰醫術과 曰算數와 曰譯語와 曰人身과 曰天文과 曰地理와 曰法律과 曰政治와 曰博古와 曰格物과 曰化學 哲學 宗敎等이 各 其人의 材知를 隨ᄒᆞ야 門을 專ᄒᆞ며 戶를 分ᄒᆞ여 講討硏究ᄒᆞ야 透得에 必期ᄒᆞᄂᆞᆫ 故로 能히 其效를 奏ᄒᆞᄂᆞ니 如地球를 包圍ᄒᆞ야 一刻의 傳信ᄒᆞᄂᆞᆫ 電線과 滄海를 淩駕ᄒᆞ야 萬里에 利涉ᄒᆞᄂᆞᆫ 瀛船이며 其他 神妙之域에 趍ᄒᆞ며 造化之奧를 探ᄒᆞ야 人力의 勞를 省ᄒᆞ며 生業의 利를 資케 ᄒᆞᄂᆞᆫ 故로 能히 其富强ᄒᆞᆫᄃᆡ 致ᄒᆞᄂᆞ니 大抵 其學術의 主意ᄂᆞᆫ 萬物의 原理를 究硏ᄒᆞ며 其功用을 發明ᄒᆞ야 人生의 便利ᄒᆞᆫ 道理를 助ᄒᆞ기에 在ᄒᆞ고 虛名을 徒尙ᄒᆞ야 文字를 是攻ᄒᆞᄂᆞᆫ 類ᄂᆞᆫ아니라 然則國家의셔 敎育一欵으로 政治에 最先ᄒᆞᆫ 急務를 爲ᄒᆞᆯ 거시ᄂᆞ ᄯᅩᄒᆞᆫ 맛당이 其敎學ᄒᆞᄂᆞᆫ 術을 先明ᄒᆞ여 그 趣向을 辨ᄒᆞ며 그 實際를 務ᄒᆞ고 浮華와 虛誕ᄒᆞᆫ 科에 陷ᄒᆞ지 아니ᄒᆞᄂᆞ니 其大綱을 提記ᄒᆞᆯ진ᄃᆡ 一曰 道義의 敎育이요 二曰 材藝의 敎育이요 三曰 工業의 敎育에 不過ᄒᆞᆫ

者라 ᄒᆞ노니 今에 我韓에 人士의 穎悟ᄒᆞᆷ이 엇지 西人의계 多讓ᄒᆞ리요 다믄 政府의 如何ᄒᆞᆫ 敎育에 在ᄒᆞᆯ 다름이요 人才의 杳然ᄒᆞᆷ을 責ᄒᆞᆯ 수 업다 ᄒᆞ노라

016

1899년 2월 28일 제16호 2면 1단 論說

요약 교육의 중요성을 다시 한 번 강조하는 글이다. 인재를 기르는데 학교만큼 필요한 것이 없다. 각 지방의 서원이나 사찰을 보수하여 학교로 개축하는 논의를 하였다. 아울러, 학교를 설립하는데 필요한 법률을 개정하여 학교를 설립할 필요가 있다는 것을 강조하고 있다. 전통 교육의 틀을 깨고 근대적 교육기관의 설립이 중요하다는 것을 강조하는 글이다.

學校設立制度

夫 人才를 敎育ᄒᆞᄂᆞᆫ 方은 學校를 先設홈만 갓시 못ᄒᆞ고 學校를 設立코져 ᄒᆞᆯ진ᄃᆡ 規模와 制度를 반다시 確定ᄒᆞᆫ 然後에 學業을 可히 振起ᄒᆞ리니 現今 我國中에 官私立學校가 不多ᄒᆞᆫ 거슨 아니연만 猶全國에 遍及치 못ᄒᆞᆫ 者는 但財用의 不敷ᄒᆞᆯ 분 아니라 또ᄒᆞᆫ 其規模制度를 確定치 못ᄒᆞᆫ 緣故니 其方을 試論ᄒᆞ건ᄃᆡ 我國이 自前으로 國都則**太學**[1]과 **四學**[2]이 有ᄒᆞ고 州郡則**鄕校**[3]와 **書院**[4]이 有ᄒᆞᄂᆞ 다만 **六經**[5]을 尊崇ᄒᆞ며 儒賢을 師範ᄒᆞ니 진실노 善則 善타 謂ᄒᆞ려니와 其行을 夷考ᄒᆞ건ᄃᆡ 聖賢의 梱域을 履ᄒᆞ며 治平의 規範을 究ᄒᆞᄂᆞᆫ

책 5 『시경(詩經)』·『서경(書經)』·『예기(禮記)』·『악기(樂記)』·『주역(周易)』·『춘추(春秋)』

관 1 태학(太學)
2 사학(四學)
3 향교(鄕校)
4 서원(書院)

者는 少ᄒᆞ고 不過心性之辨을 高談ᄒᆞ며 章句之未을 專事ᄒᆞ야 褒衣博帶로 張拱徐趨ᄒᆞ야 自稱孔孟程朱[6]之徒라 ᄒᆞ고 其或 科擧進取之道를 爲ᄒᆞ야 詞章月露之業을 習ᄒᆞᄂᆞᆫ 者는 古人의 糟粕을 掇拾ᄒᆞ며 陳篇의 文字를 粉飾ᄒᆞ야 終年孜孜타가 白首悲歎ᄒᆞᆯ 而已요 其他 觀象醫譯의 學은 問或 有之ᄒᆞ나 ᄯᅩᄒᆞᆫ 賤技라 受侮ᄒᆞ야 士夫의 列에 不齒ᄒᆞᄂᆞ니 夫 如此ᄒᆞᆫ 學術으로ᄡᅥ 世界萬國의 機智百出홈을 엇지ᄡᅥ 能敵ᄒᆞ리요 今如學校를 擴張ᄒᆞᆯ진ᄃᆡ 一은 曰 先立綱領이요 二는 曰 確定規制요 三은 曰 贍裕資本니이 所謂綱領이란 者는 卽 學術의 門戶니 盖 道義를 培養ᄒᆞ며 倫綱을 敎明ᄒᆞᆯ진ᄃᆡ 不可不聖經을 爲本ᄒᆞ며 正道를 必扶ᄒᆞᆯ거시오 材藝를 成就ᄒᆞ며 工業을 硏究ᄒᆞᆯ진ᄃᆡ ᄯᅩᄒᆞᆫ 不可不西人의 學術을 習鍊ᄒᆞᆯ 거시니 理學 化學 數學 農學 醫學 金石學 動物學 植物學 律學 器械學과 以及 各國의 語學ᄭᆞ지라도 各其 專門爲學ᄒᆞ야 互相樹立케 호ᄃᆡ 成功을 爲準ᄒᆞ고 荒雜을 勿犯ᄒᆞ며 所謂 規制란 者는 卽 學業의 課程이니 該部의셔 規度를 成立ᄒᆞ야 全國의 頒布ᄒᆞ고 一定之規를 無得違越케 호ᄃᆡ 小學校에ᄂᆞᆫ 如何ᄒᆞᆫ 年限이며 如何ᄒᆞᆫ 方術로 ᄒᆞ야 童稚를 敎導ᄒᆞ고 高等 大學에ᄂᆞᆫ 如何ᄒᆞᆫ 術業이며 如何ᄒᆞᆫ 技藝를 鍊習케 ᄒᆞ고 ᄯᅩᄒᆞᆫ 其人에 材智를 隨ᄒᆞ야 專門에 成効를 必致케 ᄒᆞ고 其 工夫를 成就ᄒᆞᆫ 者ᄂᆞᆫ 如何히 試用ᄒᆞ야 官職을 選補ᄒᆞ며 敎師를 責任ᄒᆞᄂᆞᆫ 規制를 一一히 確定ᄒᆞᄂᆞᆫ 거시오 所謂 資本이란 者는 卽 經費財用이니 敎師의 俸祿이며 書册의 購置며 舘宇의 修築이며 其他 雜色支用을 不可不 豐備ᄒᆞ게 措劃ᄒᆞ여 窘絀之患이 無

인 6 공구(孔丘)·맹가(孟軻)·정호(程顥)·정이(程頤)·주희(朱熹)

케 훌거시니 今에 學校를 築造훌진디 各地方空廨廢宇와 鄕校書院과 村社里塾과 古寺閑刹이 通衢大都와 坊面峽谷에 往往 碁布星列후니 認許를 准經후고 量便이 修繕혼즉 可히 費를 省후며 弊를 除훌 거시오 또혼 誰人이라도 其子弟를 爲후야 敎育케 훌진디 맛당이 貲金을 厚出후야 諸般을 支援훌 거시니 此는 各國의 通行之例요 또혼 鄕約의 遺規라 然이나 天下의 書册을 購買후며 或 貧者의 幣金을 擔當훌진디 資本도 또혼 不少후니 上戶當人이 必先合力후야 金帛을 愛吝치 물고 優數籌劃후여 窘絀之患이 無케 후며 官金도 時時捐補후야 學者를 勸進케 훌 거시니 大抵外國은 敎師의 祿俸이 數千元에 至후는 故로 能히 敎誨를 專力후야 成效를 致有케 후며 貧窮혼 者는 其幣金과 資本을 富人이 全當후는 者도 有후며 書册을 購置홈이 充棟汗牛에 至홈은 또혼 貧人의 子弟가 書册이 無훌가 慮홈이라 후니 엇지 可羨치 아니후리요 以上 所陳혼 三件이 其 大綱은 現行후는 規制가 無혼 거슨 아니나 擴張훌 時를 當후여셔는 맛당히 舊條를 申明후며 未備를 增補후여 時措의 實施케 홈을 望후노라

017

1899년 3월 2일 제17호 2면 1단 論說

요약 공원 설치의 중요성을 강조하는 글이다. 고사를 들어 공원의 장점을 이야기하고 있다. 서구의 공원을 예를 들며 조선에서도 공원이 필요하다는 것을 주장하고 있다. 영국, 미국, 프랑스의 공원 건설의 사례와 기념물 축조의 사례를 들었다. 이를 통해, 세계 각국의 공원의 기능을 설명하였다. 아울러, 현재 공원 설치를 위해 준비하고 있는 사항을 설명하며 기대감을 표하고 있다.

大凡 人生世間의 直以藐然훈 七尺之軀로 世上萬事를 擔負ᄒᆞ니 진실노 勞苦ᄒᆞ도다 其少也에는 學術을 勸勵ᄒᆞ며 工夫를 究硏ᄒᆞ다가 及其長也ᄒᆞ야는 生涯의 汩沒ᄒᆞ며 事業에 辛苦ᄒᆞ야 一日도 閑暇홈이 無훈 故로 蘇東坡[1]의 言에 人生百年에 憂愁疾苦를 除훈 則其安樂훈 日이 迨幾日에 不過라 ᄒᆞ니 噫라 吾人이 有限훈 血氣와 精神으로써 無窮한 世故의 纏綿ᄒᆞ니 엇지 그 消鑠衰磨치 아니ᄒᆞ리요 是故로 古之人이 歌ᄒᆞ여 曰 今我不樂이면 歲聿其暮라 ᄒᆞ얏스니 此 樓臺山水之勝과 林間花石之奇를 置ᄒᆞᄂᆞᆫ 빅라 其休息한 日을 迨ᄒᆞ야 游衍之樂을 享ᄒᆞ야써 其心志를 怡悅케 ᄒᆞ며 神情을 發舒케 ᄒᆞᄂᆞ니 此도 ᄯᅩ훈 學術의 養生ᄒᆞᄂᆞᆫ 一道라 然이ᄂᆞ 萬若逸

인 1 소식(蘇軾)

豫만 專事ᄒᆞ야 樂而忘返한즉 ᄯᅩ한 其心神을 浩蕩ᄒᆞ며 肢體가 怠惰ᄒᆞ야 문득 一個病身을 不免ᄒᆞᄂᆞ니 此又深戒ᄒᆞᆯ 者라 自古로 其皇城이나 大都의ᄂᆞᆫ 名區勝地에 游園을 莫不置之ᄒᆞᄂᆞ니 如**長安**[2]에 **樂遊原**[3]과 **曲江園**[4]이며 **洛陽**[5]에 諸名園이며 **金陵**[6]**錢塘**[7]의 諸名園의 類가 多ᄒᆞ거니와 ᄯᅩ한 近日 **泰西**[8] 各園의 公園制度를 試記ᄒᆞ건ᄃᆡ **英國倫敦京**[9]에 **賴傳士**[10]란 公園이 有ᄒᆞ니 其岡阜林谷의 風致奇絶ᄒᆞᆷ은 諸園中 第一이요 其內에 動物植物이 各有ᄒᆞ야 毛蟲三百과 羽蟲三百의 諸族이 具備ᄒᆞ고 水陸草木과 五穀의 類를 無不栽培ᄒᆞ고 **美國紐約府**[11]의 **中央公園**[12]은 廣濶이 六七里라 人工으로써 天然ᄒᆞᆫ 岡巒溪谷之勢를 成ᄒᆞ야 蒼松垂柳ᄂᆞᆫ 左右로 種栽ᄒᆞ고 平湖小鳥는 鏡面을 平鋪ᄒᆞ야 其幽僻ᄒᆞᆫ 地局과 淸雅ᄒᆞᆫ 風致가 遊人의 心目을 悅케 ᄒᆞ며 ᄯᅩᄒᆞᆫ 金塘玉池가 樹林間에 散在ᄒᆞ야 彩船虹橋가 乍隱乍暎ᄒᆞ며 大池中央에 數丈噴水管을 立ᄒᆞ고 其傍에 石亭을 搆ᄒᆞ여 遊客의 茶酒之筵을 備ᄒᆞ고 ᄯᅩᄒᆞᆫ 各種禽獸와 奇蟲恠物을 鐵欄中에 飼畜ᄒᆞ며 其東北**寶樹敦府**[13]의 **非昆街**[14]에 公園은 岡巒樹林이 蒼翠相繆ᄒᆞ며 池塘噴水는 明淨可愛라 雙雙錦鱗은 碧波의 游躍ᄒᆞ고 猗猗藻荇은 晩風에 偃仰ᄒᆞᆫ데 畵虹彩鶴이 光景이 隱約ᄒᆞ니 眞人世의 仙境이요 海外에 瀛洲라 其傍에 本草園은 各色花卉를 列植ᄒᆞ야 芳香이 觸鼻ᄒᆞ고 **法國巴璃京**[15]에 **昆高道公園**[16]은 **杜老利宮**[17]前에 占有ᄒᆞ야 排鋪가 奇壯ᄒᆞᆫ 中에 一座古塔을 建ᄒᆞ니 高가 二十餘尺이요 紫紋石으로 觸成ᄒᆞᆫ 者니 第一世**拿破崙帝**[18]가 **埃及**[19]을 征伐ᄒᆞᆯ 時에 移來ᄒᆞᆫ 者라 地面에 白沙

인 **18** 나폴레옹(Napoleon Bonaparte)

지 **2** 시안(西安)
3 낙유원(樂遊原)
4 취장위엔(曲江園)
5 루워양(洛陽)
6 진링(金陵)
7 첸탕(錢塘)
8 서양(西洋)
9 런던(the Capital London)
10 레전트 공원(Regent's Park)
11 뉴욕주(State of New York)
12 센트럴 공원(Central Park)
13 보스턴주(State of Boston)
14 비콘 거리(Beacon Street)
15 파리(the Capital Paris)
16 콩코드 공원(Concord Park)
17 튀일리 궁전(Tuileries Castle)

국 **19** 이집트(Egypt)

로 鋪ᄒᆞ야 明淨홈이 雪色을 欺ᄒᆞ고 蒼翠ᄒᆞᆫ 樹木은 蒸炎을 不畏ᄒᆞᄂᆞ니 此ᄂᆞᆫ 天下에 有名ᄒᆞᆫ 公園들리요 其他 諸國의 名園은 枚擧ᄒᆞ기 不能커니와 我國으로 論ᄒᆞᆯ진ᄃᆡ 皇城中에 園林亭閣이 不多ᄒᆞᆫ 거ᄉᆞᆫ 아니로ᄃᆡ 다만 規模가 狹小ᄒᆞ고 制度가 緻細ᄒᆞ야 或 一家의 私庄이나 一區에 自樂이나 ᄒᆞᆯ 而已요 公衆의 遊樂을 未供ᄒᆞᆫ 故로 能히 百年을 保有치 못ᄒᆞ여 平泉花石이 佳子弟의 嚚物을 做치 못ᄒᆞᄂᆞ니 請컨ᄃᆡ 一句를 誦ᄒᆞ야 世人을 警悟케 ᄒᆞ노라 從古名園이 無定主ᄒᆞ야 主人來少客來多라 ᄒᆞ엿거늘 噫彼世人은 엇지 다ᄆᆞᆫ 其樂을 獨專ᄒᆞ려 ᄒᆞ다가 畢章 勢家의 見奪하ᄂᆞᆫ고 中署大寺制에 一古塔이 有ᄒᆞ니 千年古物이라 高이 數十丈에 至ᄒᆞ고 制度가 精巧ᄒᆞ되 烟火中에 巍立ᄒᆞ야 汚穢를 受ᄒᆞ며 磨滅을 任ᄒᆞ야 頹垣敗址에 行客의 感慨홈을 添ᄒᆞ더니 近日에 **量地衙門**[20]副總裁員**李采淵**[21]氏와 技師**巨廉**[22]氏가 來相ᄒᆞ고 經營ᄒᆞ기를 將次 其傍에 基地를 擴張ᄒᆞ여 公園을 築造ᄒᆞᆫ다 ᄒᆞ니 此는 非但 都人士女를 爲ᄒᆞ야 感謝ᄒᆞᆯ 분이라 茫然ᄒᆞᆫ 彼 老塔도 엇지 知遇之恩을 感泣지 아니ᄒᆞ리요 石雖無語나 幾百年을 市廛에 埋沒ᄒᆞ여 慢侮를 不堪ᄒᆞ다가 一朝에 汚穢中에 脫出ᄒᆞ여 文明界에 超置ᄒᆞ고 將次 **佛蘭西**[23]에 埃及古塔으로 芳名을 共傳ᄒᆞᆯ 거시니 엇지 宜謝가 無ᄒᆞ리요

인 21 이채연(李采淵)
22 레이몬드 크럼(Reymond Krumn)

국 23 프랑스(France)

관 20 양지아문(量地衙門)

018

1899년 3월 4일 제18호 2면 1단 論說

요약 국가 운영에 있어서 재정의 관리가 중요함을 강조하는 글이다. 조선은 한나라 때 재상인 홍양과 당나라 때 관료인 유안의 방식과 같이 백성의 생업 보장과 증진을 도모하게 재정을 운영했어야 하였다. 그러지 못하고 눈앞의 이익을 좇아 백성을 힘들게 하고 있었음을 공자의 말을 빌어 비판하였다. 그와 더불어 광무 3년 대한제국의 예산을 소개하여 재정 운영의 중요성을 강조한다.

인 1 홍양(弘羊)
2 유안(劉晏)

裕財利民

夫 財政을 理홈은 國家의 經濟ᄒᆞᄂᆞᆫ 大本이라 財가 盈ᄒᆞᆫ즉 國이 興ᄒᆞ고 財가 絀ᄒᆞᆫ즉 國이 弊ᄒᆞᄂᆞ니 財의 盈絀로 國의 興弊가 以ᄒᆞ니 엇지 國命의 關係ᄒᆞᆫ 大本이 되지 아니ᄒᆞ리요 凡人이 食으로써 生命의 源을 삼ᄂᆞ니 食이 無ᄒᆞᆫ즉 其生을 傷ᄒᆞᄂᆞᆫ 바와 갓타여 國도 財로써 養命ᄒᆞᄂᆞᆫ 源을 삼으되 財가 無ᄒᆞ면 其命을 喪ᄒᆞᄂᆞᆫ지라 是故로 曰 裕財利民을 國家經濟의 大本이라 ᄒᆞ노라 然이ᄂᆞ 其裕財ᄒᆞᄂᆞᆫ 方을 論ᄒᆞᆯ진ᄃᆡ 반다시 **弘羊**[1]과 如ᄒᆞ게 利를 權ᄒᆞ며 怨을 聚ᄒᆞᆷ과 **劉晏**[2]과 如ᄒᆞ게 貨를 網ᄒᆞ며 歛을 苛ᄒᆞᄂᆞᆫ 類를 謂ᄒᆞᆷ이 아니요 其

民으로 ᄒᆞ여곰 生業을 勤苦히 ᄒᆞ며 工作을 興起케 ᄒᆞ야 全國에 游手와 白丁의 徒가 無케 ᄒᆞᆯ 而已요 其國家의셔는 다ᄆᆞᆫ 其中正ᄒᆞᆫ 稅를 抽ᄒᆞ며 其惟正ᄒᆞᆫ 供을 納케 ᄒᆞᆯ지요 入을 度ᄒᆞ야 出을 支ᄒᆞ며 用을 節ᄒᆞ야 生을 厚케 ᄒᆞᄂᆞᆫ 거시 곳 國家를 經濟ᄒᆞᄂᆞᆫ 術이라 孔子[3] ㅣ 有言ᄒᆞ샤ᄃᆡ 百姓이 足ᄒᆞ면 君이 孰與不足고 ᄒᆞ엿스니 財를 裕ᄒᆞ되 民을 利케 ᄒᆞ여야 可히 知本이라 謂ᄒᆞᆯ지ᄂᆞ 萬若 其生靈의 膏血을 剝割ᄒᆞ며 民業의 錐刀를 侵漁ᄒᆞ야 斂怨으로써 裕財之方을 ᄉᆞᆷ고 聚毒으로써 富國之術을 ᄉᆞᆷ아 다만 眼前의 肥己之欲만 充ᄒᆞ고 海內의 虛耗之弊를 罔念ᄒᆞ면 엇지 僨敗顚覆之禍를 免ᄒᆞ리요 其綱을 試擧ᄒᆞ건ᄃᆡ 國을 裕ᄒᆞ야 民을 便케 ᄒᆞ며 用을 節ᄒᆞ야 生을 厚케 ᄒᆞᄂᆞᆫᄃᆡ 不過ᄒᆞᆯ지며 其目을 若論ᄒᆞᆯ진ᄃᆡ 曰 土地之稅와 曰 家屋之稅와 曰 物産之稅와 曰 海關之稅니 今에 本國光武三年度各項租稅鑄造貨等歲入總數와 各府部歲出豫算總數를 左에 記ᄒᆞ야써 國家財政을 全國에 佈知케 ᄒᆞ노라

光武三年度 歲入歲出總預算

歲人總額

地稅 二百七十七萬三千六百四十二元

戶稅 四十六萬五千六百四十元

雜稅 三十萬元

旣往年度所屬收入 六十一萬三千九百四十元

人蔘稅 十五萬元

인 3 공구(孔丘)

지 15 서울(京)
16 제주(濟州)

국 6 일본(日本)
7 미국(United states of America)
8 영국(United Kingdom)
9 독일(Germany)
10 이탈리아(Italy)
11 러시아(Russia)
12 프랑스(France)
13 오스트리아(Austria)

관 4 의정부(議政府)
5 외부(外部)
14 내부(內部)
17 탁지부(度支部)
18 세관(稅關)
19 전환국(典圜局)

砂金稅 五千元

港稅 八十萬元

雜収入 五百元

鑄造貨 三十萬元

前年度歲計剩餘額 一百一萬五千元

總計 六百四十七萬三千二百二十二元

歲出經常部

皇室費 六十五萬元

議政府[4] 三萬四千八百十六元 △ 史庫守護費 六百九十元

外部[5] 二萬八千五百九十一元 △ 各開港場(監理署) 三萬一千八百三十二元 △在外公舘 在**日本**[6]公使舘費 一萬六千八十元 在**美國**[7]公使舘費 一萬一千二百八十元 在**英**[8]**德**[9]**義**[10]公使舘費 三万四千四百八十元 在**俄**[11]**法**[12]**奥**[13]公使舘費 三萬四千四百八十元

內部[14] 三萬一千五百八十五元 △ 警務本廳 十八萬一千三百二元 △ 監獄署 一萬四千六百二十二元 △ **漢城府**[15] 六千五百元 △ 地方各道 十四萬三千四 百二十四元 △ 地方各府 三萬一百八十六元 △ **濟州牧**[16] 四千一百六十五元 △ 地方各郡 七十八萬八千二百七十四元 △ 各港警務署 四萬五千九百八十元 △ 病院費 三千元 △ 地方官旅費 一萬元 △ 各地方享祀費 八百五十四元

度支部[17] 五萬一千九百九十九元 △ 耆老所 四百六十一元 △ **稅關**[18] 十二萬元 △ **典圜局**[19] 二十五萬元 △ 國債 一百三十

九萬三千四百九十一元 內乙未借欵幷利子 一百六萬五千三百六十元 △ 功臣世祿 一千九百五十六元 △ 國庫金搬運費 二十二萬元

軍部[20] 四萬八千二百五十元 △ 軍事費 一百三十九萬三千六百八十三元 外國留學費 五千四百十八元

法部[21] 三萬八千九百二十五元

學部[22] 二黃一千三百十一元 △ 觀象所 五千二百三十元 △ 學校費 八萬三 千二百四十六元 △ 公立學校補助費 一萬五千六百六十元 △ 私立學校補助費 二千七百四十元 △ 外國留學費 二万三千四百二十元

農商工部[23] 三万六千五百四十五元 △ 事業費(郵遞電信印刷等) 二十二万二千三十五元 △ 堤堰修築費 四百二 十四元

中樞院[24] 二万五千六百二十八元

扈衛隊[25] 五万九百八十六元

量地衙門[26] 一万一千六百六十元

歲出經常部合計六百十二万八千二百二十九元

歲出臨時部

外部 日本兵弁 移接 家舍借賃費 四百八十元

內部濬川及治道石築石橋費 三萬五千元 △ 地方戢盜費 七百元 △ 漂民恤金 五百元

農商工部 鐵道費 一千二百二十三元 △ 博覽會物品費 五千元

歲出臨時部合計 四万二千九百三元

預備金 三十万元

관 20 군부(軍部)
21 법부(法部)
22 학부(學部)
23 농상공부(農商工部)
24 중추원(中樞院)
25 호위대(扈衛隊)
26 양지아문(量地衙門)

歲出總計 六百四十七万一千一百三十二元

歲入歲出對照殘額 二千九十元

019

1899년 3월 6일 제19호 2면 1단 論說

요약 인민에게서 나오고 있는 재원을 잘 운영해야 함을 강조하는 글이다. 아울러, 기술을 배우게 해야 함을 주장하고 있다. 고대부터 있던 토지와 가옥의 세금 제도를 거론하며 논의를 이어나가고 있다. 현재 부정부패가 심각한 상황임을 또 개탄하였다. 이를 해결하기 위해, 논자는 『맹자』 「등문공상」편의 내용을 인용하였다. 토지제도를 정비하여 백성들의 생산을 독려함이 옳다고 주장하였다.

田稅戶斂之弊

夫 裕財之方은 其源을 允理홈만 갓지 못ᄒᆞ니 財의 生ᄒᆞᄂᆞᆫ 源이 雨雪갓치 空中에셔 自落ᄒᆞᄂᆞᆫ 거시 아니요 川澤갓치 地上의셔 湧出川澤ᄒᆞᄂᆞᆫ 거시 아니라 人民의 勞苦ᄒᆞᆫ 力과 機巧ᄒᆞᆫ 智로써 憂憂히 用功ᄒᆞ야 營營히 成業ᄒᆞᆫ 者라 是故로 國家마ᄃᆞ 政府를 有홈은 다만 斯民을 爲ᄒᆞ야 生財ᄒᆞᄂᆞᆫ 源을 究ᄒᆞ며 營業ᄒᆞᄂᆞᆫ 術을 鍊ᄒᆞ야써 그 便利之方을 導ᄒᆞ며써 그 裕足之効를 求ᄒᆞᄂᆞᆫ 者요 다만 無營無爲ᄒᆞ야 其供上홈을 取코져 홈은 아니라 請컨ᄃᆡ 歷代의 不均之弊를 略擧ᄒᆞ건ᄃᆡ 賦稅之法이 井田古制에 尤善者는 無ᄒᆞ거이와

인 1 상앙(商鞅)

국 2 수(隋)
3 고려(高麗)

尙矣勿論ᄒᆞ고 商鞅[1]의 阡陌을 開ᄒᆞᆫ 以後로 隨[2]代變更ᄒᆞ야 弊患이 層生홈은 詢히 其良法을 未得ᄒᆞᆫ 由라 今에 我國의 田結로 試論ᄒᆞᆯ진ᄃᆡ 國初에 麗[3]制를 依ᄒᆞ야 九等之田과 年分之法이 精細莫善ᄒᆞ되 行之未久에 堅亦隨滋ᄒᆞ므로 中間經綸之士들이 方略을 各陳ᄒᆞ엿스나 猶因循至今ᄒᆞ야 矯救ᄒᆞ기 誠難ᄒᆞᆫ지라 國初에 八路田結이 數百萬結에 至ᄒᆞ더니 現今은 百萬結의 未滿ᄒᆞ니 土地가 加蹙ᄒᆞ여 然ᄒᆞᆫ지 陵谷이 變遷ᄒᆞ여 然ᄒᆞᆫ지ᄂᆞᆫ 모로거니와 帳簿를 徒憑ᄒᆞ고 鬼猾을 莫察이라 川浦陳廢가 太半僞頃이요 隱結私徵이 十八未陞ᄒᆞ니 量地之政을 不可不先擧나 費鉅事大에 實難下手요 且烟户之每排三両은 只就前日에 隨意增加ᄒᆞᄂᆞᆫ 弊를 救코져 홈니ᄂᆞ 我全國民産을 試言ᄒᆞ건ᄃᆡ 富者는 良田萬頃과 廣廈千間으로 財産이 豊裕ᄒᆞᆫ즉 一歲三兩이 九牛一毛언마는 哀彼貧窮之民은 其 所謂 家室이 不過 數椽半蓬이 支拄攲側ᄒᆞ며 蜂房蝸室이 摩頂曲膝이요 傭賃僅活ᄒᆞ며 丐乞只保ᄒᆞᄂᆞᆫ 類도 富戶와 갓치 納賦케 ᄒᆞ니 是可히 平均之政이라 謂ᄒᆞᆯ지며 또ᄒᆞᆫ 富豪之家는 鄕邑에 有勢ᄒᆞ고 村里에 秉權ᄒᆞ야 自己之屬은 大戶도 漏籍ᄒᆞ고 無告之夫는 半間도 入錄ᄒᆞ니 噫라 此等痼瘼은 오직 守令의 籌劃에 在ᄒᆞ엿거늘 엇더ᄒᆞᆫ 守令은 如此ᄒᆞᆫ 人民에 膏血을 星火로 督捧ᄒᆞ야 或 奸吏의 腹에 充ᄒᆞᆫ 者도 有ᄒᆞ며 或 巧商의 手에 失ᄒᆞᆫ 者도 有ᄒᆞ야 愆納之弊도 致ᄒᆞ며 免官之患도 遭ᄒᆞ니 是 진실노 다른 ᄶᅡ닭이 아니라 近日에 公錢馱價로 守令의 官況을 視做ᄒᆞ야 原納中에 馱價를 先除ᄒᆞ고 吏色으로 ᄒᆞ야곰 京司에 上納ᄒᆞ라 ᄒᆞᆫ즉 該吏는 其

官의 專利홈을 怨ᄒᆞ야 或 中間에 消融ᄒᆞ기도ᄒᆞ며 或 商賈와 同謀ᄒᆞ여 利息을 希望ᄒᆞ다가 見欺ᄒᆞ기도 ᄒᆞ니 此는 다 利欲의 貪饕ᄒᆞᆫ 緣故라 엇지 慨歎치 아니ᄒᆞ리요 이졔 財政을 經理코져 ᄒᆞᆯ진ᄃᆡ 財源을 先究ᄒᆞ여 民生을 便利케 ᄒᆞ되 **孟子**[4]曰 仁政은 必自經界始라 ᄒᆞ엿스니 土地를 量ᄒᆞ야 漏隱을 摘ᄒᆞᆫ즉 國結을 可裕ᄒᆞᆯ 거시요 戶口를 査ᄒᆞ야 貧富을 均케 ᄒᆞ면 民産을 可制ᄒᆞᆯ 거시ᄂᆞ 또ᄒᆞᆫ 其綱은 守令을 選擇ᄒᆞ야 別노히 方略을 施設케 ᄒᆞᆯ지라

인 4 맹가(孟軻)

020

1899년 3월 8일 제20호 2면 1단 論說

요약 조선 역시 일본처럼 시장 운영과 상업진흥을 통해 부강해질 수 있다는 전제를 하고 있다. 하지만 그 이익이 외국 상인들에게 넘어가고 있음을 비판하였다. 그 폐해로서 미곡 가격의 변동과 외국 상인의 이익 증대를 지적한다. 그리고 이러한 무역구조에서 서구에서는 기계, 공장의 물품이 나가는 것에 반해 조선에서는 의식의 대본이 나가는 문제를 지적하는 글이다.

지
1 아시아주(the Continent of Asia)
3 오키나와(琉球)
4 잇키(壹岐)
5 쓰시마(對馬)
6 전라도(全羅道)
7 경상도(慶尙道)
8 충청도(忠淸道)
9 황해도(黃海道)
11 장난(江南)
12 산둥(山東)

국
2 일본(日本)
10 중국(中國)

財政

夫 我國은 雖亞洲[1]之一隅偏疆이나 其山海物產之富와 土地膏沃之利가 未必列邦의게 輪籌ᄒᆞᆯ지라 今에 日本[2]의 歲度出入을 試畋ᄒᆞ건ᄃᆡ 直三十五分의一이 不滿ᄒᆞ니 日本은 雖琉球[3]壹岐[4]對馬[5]等島이 有ᄒᆞ나 其幅員의 大가 ᄯᅩᄒᆞᆫ 我邦보담 三倍ᄂᆞᆫ 不能ᄒᆞ되 其富强이 至此 혹은 何世오 盖其財政을 振興ᄒᆞᆷ이 有方ᄒᆞᆫ 緣故라 今에 我國의 湖南[6]嶺南[7]湖西[8]海西[9]等諸道ᄂᆞᆫ 土極膏沃ᄒᆞ고 摠且廣衍ᄒᆞ야 米穀木棉苧麻布出之產이 中國[10]의 江南[11]山東[12]에 且ᄒᆞᆫ지며 오직 湖南이 爲最ᄒᆞ고 嶺南이 其次라 故로 幾沿以內의셔 全히 兩南의 豪布를

貧ᄒᆞ야써 衣食을 爲ᄒᆞ나니 其賦稅의 入도 ᄯᅩᄒᆞᆫ 諸道의 甲이 되고 民戶의 繁息홈도 ᄯᅩᄒᆞᆫ 全國의 冠이 되며 且關東[13]關北[14]關西[15]三省은 嶺阨이 險阻ᄒᆞ야 所以之稅가 山田火粟이 爲多ᄒᆞᆫ 故로 三南의 視ᄒᆞ면 五分에 一의 不過ᄒᆞᄂᆞ 其金石銅鐵과 森林煤炭과 貂鼠皮毛의 產이 歲不下數百萬金인즉 ᄯᅩᄒᆞᆫ 足히 田賦의 三分之二는 當할만 ᄒᆞ고 其他 鹽盆蘆田之類와 魚庄藿所之屬도 法을 設ᄒᆞ야 整理케 ᄒᆞ면 可히 當强之業을 資할 거시어늘 奈何로 全國의 財利之源으로써 다 外商의 手의 歸ᄒᆞ고 其 操縱低昂之權을 仰ᄒᆞ니 엇지 慨咄치 아니ᄒᆞ리요 今의 其弊害를 略究ᄒᆞ건ᄃᆡ 大長沿海各港에 外商의 金錢이 水積陸堆ᄒᆞ여 不可槪筭ᄒᆞ거니와 每歲米穀의 出口홈을 計ᄒᆞ면 ᄯᅩᄒᆞᆫ 數百萬石에 不下ᄒᆞᄂᆞᆫ지라 基故로 年雖豐稔ᄒᆞ여도 穀價이 愈翔ᄒᆞ니 不知者는 言ᄒᆞ기를 穀價이 貴ᄒᆞᆯᄉᆞ록 農民의는 利ᄒᆞ다 ᄒᆞ니 진실노 井蛙之見이라 余가 其病을 試陳호리니 彼外國商民이 每歲六七月問에 其差人올 派送ᄒᆞ야 金錢을 多齎ᄒᆞ고 農民의게 放債ᄒᆞ면 哀此農民이 新舊의 未及ᄒᆞᆯ 際를 當ᄒᆞ야 非但 艱食之患이라 如虎猛官이 徵租가 火烈ᄒᆞ므로 不得已秋穀을 典執하고 彼錢을 貸充ᄒᆞ엿다 歲暮築場에 坻京이 無幾ᄒᆞ니 若使 本國人으로 貿貯ᄒᆞ면 오히려 至春穀貴ᄒᆞᆯ 時에 畢竟散賣ᄒᆞ여 民力을 稍紓ᄒᆞᆯ 터이되 外商은 戕舸에 一載ᄒᆞ면 萬國에 轉運ᄒᆞ니 本土는 反貴ᄒᆞ야 米價가 日增ᄒᆞᆫ즉 百工製作之器와 商賣輪販之物도 亦此米價를 隨ᄒᆞ야 高翔ᄒᆞᄂᆞ니 彼農民이 비록 穀物은 貴價로 賣出ᄒᆞᄂᆞ 其他一切貨物을 ᄯᅩᄒᆞᆫ 貴債로 買入ᄒᆞ니 賣

지 13 강원도(江原道)
14 함경도(咸鏡道)
15 평안도(平安道)

出買入이 適足相當이라 엇지 農民의 病이 아니리요 且自開港以來로 我民의 衣被器用이 全히 外國에 取用ᄒᆞᆫ즉 外貨之曰 進港口者는 不過機械工匠의 織造便利ᄒᆞᆫ 物이요 其 出港者는 我衣食之大本인즉 또ᄒᆞᆫ 紡織의 病되ᄂᆞᆫ 바요 (未完)

021

1899년 3월 10일 제21호 2면 1단 論說

요약 1899년 3월 8일 자(제20호) 글에 이어 상업의 진흥을 통한 재정 확보를 주장하고 있다. 나라에서 나오는 물산들이 제 값을 받지 못하고 외국 상인들에게 의해 싼 가격에 팔려 나가는 현실을 개탄하고 있다. 상업을 진흥시켜 그러한 폐단을 없게 해야 함을 강조하고 있다. 이와 더불어 기존의 통상조약 및 세칙(稅則)의 개정을 통해 현재의 불평등한 무역구조의 개선이 필요함을 강조하고 있다. 또한 토지의 측량을 조속히 실시하여 토지로 인한 폐단을 고친 후 농업생산력의 발달 및 광업(礦業), 삼정(蔘政), 염업(鹽業), 어업(漁業) 등도 촉진시켜야 함을 이야기하고 있다.

財政(前號續)

且 我國物産之最는 惟金銀銅鐵紅蔘等種이 爲大라 若外國之人과 如ᄒᆞ야 金石植物之學을 硏究ᄒᆞ여 生財之源을 擴張ᄒᆞᆯ진ᄃᆡ 歲歲收入이 可히 數百萬元을 得ᄒᆞᆯ지나 今에 直十五六萬의 不過ᄒᆞᆯ ᄲᅮᆫ더러 비록 歲入總額의는 編載ᄒᆞ엿스나 其實은 紙上에 虛簿요 眞個輸入은 絶無ᄒᆞ니 其故ᄂᆞᆫ 何也오 諸路의 礦苗充善ᄒᆞᆫ 地는 太半이ᄂᆞ 外人의 占採ᄒᆞᆫ ᄇᆡ 되고 其殘金碎砂之處는 我人의 所管이 되ᄂᆞ 亦其 便利한 器와 輕捷한 術에 昧ᄒᆞ야 衆雇를 招聚ᄒᆞ고 終日勤勞ᄒᆞ여도 所得이

국 1 일본(日本)
2 조선(朝鮮)
3 청(淸)
4 러시아(Russia)

無幾ᄒᆞ며 또한 監利委員別將丁夫가 色色이 相欺흠ᄒᆞ야 私己에 倫肥흠을 懷ᄒᆞ니 엇지 稅額에 充補ᄒᆞ기를 希ᄒᆞ리요 雖雖然이ᄂᆞ 此는 猶官許한 者라 外人의 網利흠을 任ᄒᆞ려니와 蔘政에 至ᄒᆞ야는 韓日稅則出口貨紅蔘條에 載ᄒᆞ기를 日本[1]商民이 將紅蔘ᄒᆞ고 私運出朝鮮[2]地界未經政府特允者면 查出將貨入官이라 ᄒᆞᆫ 條約이 明白ᄒᆞ거늘 噫彼本國奸民譎奴가 國計를 罔念ᄒᆞ고 貪欲이 火烈ᄒᆞ야 外商을 陰囑ᄒᆞ야 每歲採蒸ᄒᆞᆯ 時를 伺ᄒᆞ야 丁夫를 募聚ᄒᆞ여 銃刀를 携持ᄒᆞ고 乘夜突入ᄒᆞ야 毋論已賣未賣ᄒᆞ고 一齊下手ᄒᆞ야 其品美且大者를 竊取倫採ᄒᆞ야 數百萬元之貨를 蕩殘掠去ᄒᆞ되 哀彼蔘主與蔘商은 他의 刼喝을 畏ᄒᆞ야 敢히 擋阻치 못ᄒᆞ고 三四年勤苦之業과 千萬金息利之資를 東手脫入於外商之船ᄒᆞ고 號訴가 紛紛ᄒᆞ되 伸冤이 無地ᄒᆞ니 若此히 又幾年을 過ᄒᆞ면 반다시 蔘種이 永絶ᄒᆞᆯ 거시니 엇지 國家의 大損이 아니리요 쏘ᄒᆞᆫ 不但此礦産蔘政뿐이라 江海之産에 至ᄒᆞ야도 日淸[3]露[4]國諸人의 漁艇商舶이 三面之海에 蝟集蟻着ᄒᆞ야 戞戞히 海族을 刮盡ᄒᆞ니 是로 由ᄒᆞ야 漁民이 業을 失ᄒᆞ고 도로혀 外人의 漁採ᄒᆞᆫ 거슬 貿ᄒᆞ야 我市에 還賣ᄒᆞ니 全國의 利源을 概論ᄒᆞ건ᄃᆡ 無處에 不受病ᄒᆞ니 奈何로 政府의셔난 弊源을 痛究ᄒᆞ여 財政을 經理치 아니ᄒᆞᄂᆞᆫ지 今에 財政을 理코져 ᄒᆞᆯ진ᄃᆡ 맛당이 一番大擴張을 試ᄒᆞ야 비록 國債를 廣多히 募集ᄒᆞ더ᄅᆡ도 銀行을 先經ᄒᆞ야 財本을 確立ᄒᆞᆫ 後에 商業의 振起흠을 務ᄒᆞ야 特別히 方略을 施措ᄒᆞ고 各國의 通商ᄒᆞᄂᆞᆫ 條約과 稅則을 改定ᄒᆞ야 既往 受病ᄒᆞᆫ 根源을 痛除케 ᄒᆞ고

쏘ᄒᆞᆫ 土地測量ᄒᆞᄂᆞᆫ 條例를 不日로 實施케 ᄒᆞ되 煩劇擾民之弊와 官吏欺隱之害를 俾無케 ᄒᆞ야 科條를 嚴立ᄒᆞ며 戶斂을 다시 平均ᄒᆞᆫ 道로 施ᄒᆞᆫ 然後에 農作에 便利ᄒᆞᆫ 機器를 廣購ᄒᆞ야 生業을 興旺케 ᄒᆞ고 礦產蔘政과 其他鹽盆魚箭船稅庖稅等類도 一切整理케 ᄒᆞᆫ즉 我의 土地物產으로 足히 富强之業을 資ᄒᆞᆯ 거시니 엇지 外國을 多讓ᄒᆞ리요 (完)

022

1899년 3월 12일 제22호 2면 1단 論說

요약 경제 운영에 있어 화폐의 중요성을 강조한다. 화폐의 연혁을 소개하면서 근대 조선의 화폐가 어떻게 제조되고 있는지를 설명한다. 그러나 조선 화폐의 명목상 가치와 실제 가치의 차이로 인해 인플레이션이 발생하고 있음을 지적한다. 지금 발행하는 화폐가 당시 변화하고 있는 경제 상황을 따라가지 못함을 지적하고 있는 것이다.

貨幣

夫 貨幣란 者ᄂᆞᆫ 國家經濟의 大本요 物貨交易ᄒᆞᄂᆞᆫ 標準라 古者의는 布로써 粟을 易ᄒᆞ며 粟으로써 布를 易ᄒᆞ야 交相貿易ᄒᆞ더니 後世聖人이 錢幣로써 易ᄒᆞ샤써 天下之貨를 通ᄒᆞ며 萬國之利를 流케 ᄒᆞᄂᆞ니 其 制度를 爲홈은 代를 循ᄒᆞ야 改換ᄒᆞ며 邦을 隨ᄒᆞ야 差異ᄒᆞ여 或 獸皮로 以ᄒᆞ며 或 骨角으로 以ᄒᆞ며 或 布帛으로 以ᄒᆞ며 或 寶貝로 以ᄒᆞ며 或 金銀銅鐵로 以ᄒᆞ며 紙幣도 換ᄒᆞ야 現今世界列邦에 其制ᄂᆞᆫ 雖不齊ᄒᆞᄂ 其邦俗을 遵ᄒᆞ야 交易ᄒᆞᄂᆞᆫ 標準를 作홈은 一般이라 然ᄒᆞ나 其鑄造之品이 輕重이 互濟ᄒᆞ고 元補가 相資ᄒᆞᆫ 然

後에야 窒碍不通ᄒᆞᄂᆞᆫ 患이 庶無ᄒᆞᆯ지라 是故로 錢이 太輕ᄒᆞᆫ즉 物價이 翔踊ᄒᆞ고 錢이 太重ᄒᆞᆫ즉 物貨가 不行ᄒᆞ야 偏輕과 偏重이 俱足히 生民의 病이 爲ᄒᆞᄂᆞ니 古之經濟에 善ᄒᆞᆫ 者는 其輕重을 隨ᄒᆞ야 加減ᄒᆞ므로 錢이 輕을 患ᄒᆞᆫ즉 重寶를 爲ᄒᆞ야 攝케 ᄒᆞ고 錢이 重을 患ᄒᆞᆫ즉 輕貨를 爲ᄒᆞ야 通케 ᄒᆞᄂᆞ니 是로 由ᄒᆞ야 錙銖之分斤兩之稱이 四五가 不均ᄒᆞ고 半百이 懸殊ᄒᆞ야 連環鵝眼之弊와 當百當千之患이 有ᄒᆞ야 歷代에 不便ᄒᆞᆫ 바이라 維 我國은 國初로 赤銅之貨를 鑄ᄒᆞ야 其文은 曰 朝鮮通寶라 ᄒᆞ더니 行ᄒᆞᆷ을 未久ᄒᆞ여셔 ᄯᅩᄒᆞᆫ 紙貨를 通用ᄒᆞ다가 **肅廟**[1]朝에 至ᄒᆞ야 **常平倉**[2]을 設立ᄒᆞ며 大同法을 頒行ᄒᆞ고 黃銅之貨를 創鑄ᄒᆞ나 卽 今之現行ᄒᆞᄂᆞᆫ 大圓常平錢이 是라 其 品質이 堅剛ᄒᆞ고 制度가 精確ᄒᆞ야 二百餘年을 行ᄒᆞ여도 弊가 無ᄒᆞ되 近日所鑄ᄒᆞᆫ 箕營小錢은 碎鐵로 雜鑄ᄒᆞ고 ᄯᅩᄒᆞᆫ 極히 薄細ᄒᆞ여 手를 隨ᄒᆞ야 破碎ᄒᆞᄆᆡ 行用ᄒᆞ기 不堪ᄒᆞ고 所謂 當五之錢도 亦 此類가 多ᄒᆞᆫ 故로 物價이 極貴ᄒᆞ야 前日보담 十倍나 되니 其病을 試究ᄒᆞᆯ진ᄃᆡ 其 薄小零碎之錢이 一文도 不直ᄒᆞ거든 엇지 五分을 當ᄒᆞᆫ다 ᄒᆞ리요 其 名實이 不符ᄒᆞᆫ 故로 物價가 騰昂ᄒᆞ다가 今은 五로써 一을 行ᄒᆞ야도 旣昂ᄒᆞᆫ 物價이 맛참 低落치 아니ᄒᆞ니 生民이 此로 由ᄒᆞ야 困ᄒᆞᆷ을 受ᄒᆞ고 且今 閭巷細民덜리 舊習의 狃ᄒᆞ야 薄小ᄒᆞᆫ 一葉小文으로 動히 五分이라 稱ᄒᆞ니 엇지 可笑치 아니ᄒᆞ리요 (未完)

인 1 숙종 이순(李焞)

관 2 상평창(常平倉)

023

1899년 3월 14일 제23호 2면 1단 論說

요약 1899년 3월 12일 자(제22호) 글에 이어 경제 운영에 있어 화폐의 중요성을 강조한 글이다. 금은 원화와 동 보조화로 운영되고 있는 조선의 화폐 제도를 다루고 있다. 조선에서 화폐 발행을 할 때 눈앞의 이익만 추구하면서 원화가 아닌 보조화만 발행하고 있음을 비판하였다. 아울러, 금은 원화의 발행 필요성을 주장한다. 아울러, 은행의 설립 등을 통해 화폐 주조에 있어 정부를 믿지 못하는 백성들의 마음을 돌리는 것이 중요하다는 주장을 하고 있다.

貨幣(前號續)

大抵 元貨者는 金銀之貨를 謂홈이오 補助貨者는 銅貨를 謂홈이니 盖 金銀貨는 其 積倍흔 分量을 較ᄒᆞ야 써 貨寶를 鑄成흔 者니 진실노 國家의 重寶요 生民의 利用이ᄂᆞ 然ᄒᆞ나 其 品質이 重ᄒᆞ야 通用ᄒᆞ기 誠難흔 故로 반다시 또흔 亦白二銅之貨을 鑄造ᄒᆞ야 써 金銀의 未敷흔 用을 補ᄒᆞᄂᆞ니 此 補助貨도 亦不可無者어이와 또흔 或 金銀의 分量을 減損ᄒᆞ야 銅貨와 相當흔 價格으로 五錢 或 十錢을 鑄ᄒᆞ야써 補助貨를 爲ᄒᆞᄂᆞᆫ 者도 有ᄒᆞ나니 我國은 典圜의 設局홈이 迨年이 有ᄒᆞᄂᆞ 常히 財用의 未敷홈을 患ᄒᆞ야 鑄造之貨가 오히

려 擴張치 못ᄒᆞ고 全國의 平準ᄒᆞᆫ 利益됨을 不能ᄒᆞ니 엇지 可慨치 아니ᄒᆞ리요 經濟家의 謂ᄒᆞ기를 金銀의 貨는 鼓鑄ᄒᆞᆫ 費를 當치 못ᄒᆞ므로 다만 赤白二銅之貨만 鑄ᄒᆞᆫ다 ᄒᆞ니 噫라 是는 目前의 小利만 貪圖ᄒᆞ고 民國의 大患은 不顧ᄒᆞᆷ이라 現의 物價의 騰踊ᄒᆞᆷ이 元貨는 絶無ᄒᆞ고 補助貨이 太多ᄒᆞᆫ 緣故라 近日 國中의셔 通行ᄒᆞᄂᆞᆫ 貨幣로 論ᄒᆞᆯ진ᄃᆡ 紙票一元에 銅錢四五分이나 加給ᄒᆞ고 銀貨와 與小銀錢白銅錢之類도 ᄯᅩᄒᆞᆫ 一二分加計로써 換ᄒᆞ니 此는 非他라 本國에 元貨가 無ᄒᆞᆫ 故라 今에 맛당이 金銀之貨를 試鑄ᄒᆞ야 本元之貨를 先立ᄒᆞᆫ 然後에 銀行을 設立ᄒᆞ고 公私間原金을 募聚ᄒᆞ야 局中에 備貯ᄒᆞ고 紙票를 製造ᄒᆞ야 兌換ᄒᆞᄂᆞᆫ 法을 用ᄒᆞ고 ᄯᅩᄒᆞᆫ 國庫에 歲入을 量ᄒᆞ야 或 不換ᄒᆞᄂᆞᆫ 票도 用ᄒᆞ되 다만 政府의 信義가 未著ᄒᆞ면 ᄯᅩᄒᆞᆫ 民이 不信ᄒᆞᆯ 거시니 其故는 何也오 其發行ᄒᆞᄂᆞᆫ 票가 元金보담 溢倍ᄒᆞ야 實狀이 欠缺ᄒᆞᆫ 則 其價이 低落ᄒᆞ야 十의 三四에 至ᄒᆞᄂᆞ니 如是ᄒᆞᆫ즉 物貨가 停閣ᄒᆞ고 生民이 受病ᄒᆞ리니 全國에 關係되미 何如ᄒᆞᆯ고 現弊로 試言ᄒᆞᆯ진ᄃᆡ 今 赤白二銅之貨이 오히려 全國에 流通치 못ᄒᆞ여 **嶺湖二南**[1]과 **關西北**[2]諸州에는 常平之錢만 只行ᄒᆞ니 此는 政府의 信義가 未著ᄒᆞ야 當百當五之弊에 懲ᄒᆞᆫ 타시라 비록 金銀을 鑄貯ᄒᆞ고 紙票를 行用코져 ᄒᆞ여도 愚民이 不信ᄒᆞᆯ가 慮ᄒᆞ노라 (完)

지 1 경상도(慶尙道) · 전라도(全羅道)
2 평안도(平安道) · 함경도(咸鏡道)

024

1899년 3월 16일 제24호 2면 1단 論說

요약 정치를 하는 각계각층이 무편무당(無偏無黨)의 자세로 합심할 것을 촉구하는 글이다. 천하의 사업이 한 사람의 힘으로 될 일이 아니라 여러 명이 함께 해야 이뤄질 일임을 설명하였다. 이 설명을 위해 사농공상의 일과 군대의 일 등으로 비유하였다. 「홍범(洪範)」에서 "無偏無黨 王道蕩蕩 無黨無偏 王道平平"을 인용하여 정치를 하는 이들의 단결을 촉구하였다.

政府不宜分裂而宜保合

夫 天下의 事業은 一人의 能히 獨辨홀 바이 아니요 必須衆力의 扶助흔 然後에야 事가 乃可濟ᄒᆞᄂᆞᆫ 故로 君이 비록 聖哲ᄒᆞ여도 能히 政府가 無ᄒᆞ고 其國을 獨治치 못ᄒᆞ며 大夫가 비록 聰明ᄒᆞ여도 能히 臣僕이 無ᄒᆞ고 其家를 獨理치 못ᄒᆞᄂᆞ니 써 一技一業의 微에 至ᄒᆞ여도다 然ᄒᆞ지 아니치 못ᄒᆞᄂᆞᆫ 지라 士가 아모리 才敏ᄒᆞ여도 能히 師友의 資이 업시 其學을 獨成치 못ᄒᆞ며 農이 아모리 勤力ᄒᆞ여도 能히 十百의 耦이 업시 其畝를 獨耘치 못ᄒᆞ며 工이 아모리 精藝ᄒᆞ여도 能히 幇手의 助홈이 업시 其器를 獨運치 못ᄒᆞ며 商이

아모리 巧算이라도 能히 儕侶의 保홈이 업시 其業을 獨利치 못ᄒᆞᄂᆞ니 비록 然하나 其써 相幇扶資助ᄒᆞᄂᆞᆫ 者ㅣ 반다시 合心齊力ᄒᆞ야 撕捱홈이 少無ᄒᆞᆫ 然後에야 事이 可히 就緖홀지라 將을 爲ᄒᆞᆫ 者 비록 用兵에 善ᄒᆞ여도 兵이 合力지 아니ᄒᆞ면 반다시 其將을 敗케 홀 거시요 官을 爲ᄒᆞᆫ 者 비록 束吏에 善ᄒᆞ여도 吏가 同心치 아니ᄒᆞ면 반다시 其官을 誤케 ᄒᆞᄂᆞ니 오즉 政府ᄂᆞᆫ 一國之務를 總ᄒᆞ며 萬民之命을 制ᄒᆞ야 君上을 贊襄ᄒᆞ며 政令을 敷施ᄒᆞᄂᆞᆫ 者인 則 其 關係되미 엇지 ᄃᆞᆫ만 一家와 一人의 一事一業으로 可히 比ᄒᆞ리요 邦國의 大小如何를 毋論ᄒᆞ고 반다시 政府를 先히 組織ᄒᆞ야 其主務者로 ᄒᆞ야곰 齊誠倂力ᄒᆞ며 寅恭協贊ᄒᆞ야 其 大本을 維持ᄒᆞ며 其 綱領을 整齊한 後에 乃可히 治를 出ᄒᆞ며 政을 行홀 거시요 萬若 不然ᄒᆞ야 各各 岐克之心을 抱ᄒᆞ며 셔로 猜疑之腹을 懷ᄒᆞ야 黨을 樹ᄒᆞ야 써 相傾軋케 ᄒᆞ거ᄂᆞ 口를 煽ᄒᆞ야써 相觝排케 ᄒᆞ야 門戶를 分立ᄒᆞ며 膓肚를 决裂ᄒᆞ야 甲의 謀猷ᄒᆞᆫ 바를 乙이 輒敗케 ᄒᆞ고 乙의 施措ᄒᆞᆫ 바를 甲이 輒誤케 ᄒᆞ여 廟堂之上에 風浪이 激起ᄒᆞ고 朝紳之間에 戈戟이 森峙ᄒᆞ야 是非가 顚倒ᄒᆞ고 言論이 乖涯ᄒᆞᆫ즉 其 覆敗殄滅之患을 不致ᄒᆞᆫ 者이 幾希홀지라 歷古를 試觀ᄒᆞ건ᄃᆡ 漢[1]唐[2]宋[3]明[4]以來로 其 偏黨과 分裂之禍를 因ᄒᆞ야 其宗社를 覆敗ᄒᆞᆫ 者이 진실노 엇지 限ᄒᆞ리요 此殷鑑과 如ᄒᆞ야 昭然히 易睹ᄒᆞᆫ 者어ᄂᆞᆯ 彼 行政之人은 旣已明知ᄒᆞ고도 又 엇지 身蹈ᄒᆞ난 者가 有ᄒᆞᄂᆞᆫ요 盖 私根과 慾火가 除치 못ᄒᆞᆫᄃᆡ 由홈이라 洪範[5]에 曰 無偏無黨이면 王道蕩蕩이요 無黨無偏이면 王道

국 1 한(漢)
2 당(唐)
3 송(宋)
4 명(明)

책 5 『서경』「홍범(洪範)」

平平이라 ᄒᆞ엿스니 凡 政府의 諸公은 맛당이 此로 以ᄒᆞ야 大公保合之道를 作ᄒᆞᆫ즉 엇지 國家의 福이 아니리요

025

1899년 3월 18일 제25호 2면 1단 論說

요약 중추원의 설립과 간관의 역할을 빗대어 중추원의 활동에 기대를 거는 글이다. 아무리 뛰어난 지도자라 할지라도 그 통치가 미치지 못하는 부분이 있음을 거론하였다. 이 단점을 메우기 위해, 옛날부터 간관을 두고 여론을 살폈음을 강조하였다. 근대 이래로 그런 기관이 드물다가 중추원이 그 역할을 하게 됨을 알렸다. 중추원의 임무가 막중함을 강조하는 것으로 마무리되는 글이다.

議官之設要在實施

夫 大明이 中天ᄒᆞᄆᆡ 萬象을 普照ᄒᆞ되 猶陰蔽未及之歎이 有ᄒᆞ고 雨露가 滋潤ᄒᆞᄆᆡ 羣物이 咸濡ᄒᆞ되 猶偏枯不被之憾이 有ᄒᆞ거든 況人君은 以一身으로 萬機를 總ᄒᆞ니 雖其神聖홈은 **堯舜**[1]과 如ᄒᆞ며 緝熙홈은 **文武**[2]와 如ᄒᆞ여도 엇지 能히 普照ᄒᆞ며 均被ᄒᆞ야 不及之歎이 無ᄒᆞ리요 是故로 古之帝王이 好問拜昌ᄒᆞᄂᆞᆫ 盛이 有ᄒᆞ샤 其 瞽誦工箴의 諫홈을 來케 ᄒᆞ며 宰輔卿士로 自ᄒᆞ야써 民庶婦女에 及ᄒᆞ여도 交相獻言홈을 容ᄒᆞ야 政府의셔 限制ᄒᆞᄂᆞᆫ 禁이 無ᄒᆞᆫ 故로 官職을 別設치 아니ᄒᆞ더니 **秦**[3]**漢**[4]之世에 至ᄒᆞ야 諫議大夫之職을 始

인 1 당 제요(唐帝堯)·우 제순(虞帝舜)
2 주 문왕 희창(姬昌)·주 무왕 희발(姬發)

국 3 진(秦)
4 한(漢)

지 9 서양(西洋)

국 6 수(隋)
7 당(唐)
8 조선(朝鮮)

책 5 『한서(漢書)』
11 『송사(宋史)』

관 10 중추원(中樞院)

置ᄒᆞ고 論議之責을 專掌케 ᄒᆞ되 員은 常數이 無ᄒᆞ며 朝議와 承議와 通議等諸郎이 有ᄒᆞ니 **漢書**[5]에 所謂 郎官이 列宿를 上應ᄒᆞᆫ 者이 是也라 **隋**[6]**唐**[7]에 至ᄒᆞ야난 雖正議通議朝議等大夫이 有ᄒᆞ나 只 散官의 品階를 做ᄒᆞᆯ 而已요 虛名만 備ᄒᆞ고 實効ᄂᆞᆫ 無ᄒᆞᆫ 故로 論思陳議之規를 寥寥無聞焉ᄒᆞ고 又別노히 御史裏行監察察院等官이 有ᄒᆞ야 以百僚를 糾彈ᄒᆞ며 風憲을 振肅ᄒᆞᆫ즉 又諫之職으로 與ᄒᆞ야 分而貳之矣러니 惟我**國朝**[8]ᄂᆞᆫ 薇院霜臺二司를 設ᄒᆞ야 諫諍糾察之任을 分掌케 ᄒᆞ더니 自近代以來로는 法紊綱弛ᄒᆞ야 官이 其官 노릇슬 못ᄒᆞᄆᆡ 所謂 諫諍風憲之官이 噤默糊塗로 保身之策을 做ᄒᆞ며 承望意旨로 干祿之計를 爲ᄒᆞ야 徒然히 虛啣을 冒ᄒᆞ고 素餐을 享ᄒᆞᆯ 다름인 則 寧無設ᄒᆞᆷ만 갓시 못ᄒᆞᆫ지라 然이ᄂᆞ 諫議ᄂᆞᆫ 是 人主의 耳目이요 政府의 關鑰이라 寧其職事의 不擧ᄒᆞᆷ을 責ᄒᆞᆯ지언졍 其 官制의 不善ᄒᆞᆷ온 責ᄒᆞ기 不可ᄒᆞ니 現今**歐米**[9]諸國도 ᄯᅩᄒᆞᆫ 其官이 有ᄒᆞ니 謂之議院者 是也라 所謂 上下國民之院이 有ᄒᆞ야 其備員을 반다시 極히 精選ᄒᆞ야 官이 셔로 保薦ᄒᆞᄂᆞᆫ 故로 天下의 英才俊士가 是院에 萃ᄒᆞ야 其 諮詢之責을 任ᄒᆞ며 其 糾駁之務를 行ᄒᆞᄂᆞ니 是 엇지 古之諫議之官이 아니리요 且 我國 **中樞院**[10]은 古樞密之職이라 西樞之設이 唐代로 自ᄒᆞ야 創ᄒᆞ니 其爲職則雖曰兵機를 掌ᄒᆞᄂᆞ 未嘗不宰相之事를 兼任ᄒᆞᆫ 故로 **宋史**[11]에 曰 中書所行事關軍機어든 樞院에 報ᄒᆞ라 ᄒᆞ고 又曰 樞院이 可以除授文史와 及叅謀三省之事를 干預ᄒᆞᆫᄃᆞ ᄒᆞ니 其 職掌의 重ᄒᆞᆷ이 如是ᄒᆞᆫ지라 今에 我朝이 古今之宜를 叅酌ᄒᆞ여 樞密諫議之官을

合ᄒᆞ야 **議官**[12]을 設立ᄒᆞ니 其 國民에 關係되미 尤爲緊重ᄒᆞᆫ즉 政府의셔 待之를 맛당이 何等特愼ᄒᆞ며 議官의 所以自處ᄒᆞ기를 ᄯᅩᄒᆞᆫ 何等戒謹ᄒᆞᆫ 줄은 未知ᄒᆞ거니와 엇지 ᄒᆞ여 數月之間에 質問之書와 辨論之案이 紛紛히 往來ᄒᆞᆷ을 말지 아니ᄒᆞ니 抑 其所議事件이 足히 可採究ᄒᆞᆯ 거시 아니기로 一邊에 權閣ᄒᆞ엿ᄂᆞᆫ지 抑 其官이 乖異奇僻之論을 好立ᄒᆞ야 强히 政府와 矛盾코져 ᄒᆞ고 屑屑ᄒᆞᆷ을 不憚ᄒᆞᄂᆞᆫ지 萬若 不然ᄒᆞ고 政府의셔 視ᄒᆞ기를 尋常ᄒᆞᆫ 例套와 갓치 ᄒᆞᆯ진ᄃᆡ 是는 徒備員ᄒᆞᆯ 而已라 엇지 古之散官品階와 與又噤默糊塗ᄒᆞᆫ 者로 殊ᄒᆞ리요 ᄃᆞᄆᆞᆫ 恐ᄒᆞ기를 又或 無設ᄒᆞᆷ만 갓지 못ᄒᆞᄃᆞᆫ 譏笑가 有ᄒᆞᆯ가 ᄒᆞ노니 官은 其勉ᄒᆞᆯ지어다

관 12 의관(議官)

026

1899년 3월 20일 제26호 2면 1단 論說

요약 황태자의 탄신일인 천추경절(千秋慶節)을 맞이하여 지은 頌을 실었다. 황태자의 덕성이 도타워서 여러 신하와 백성들이 편안해졌으므로, 더욱 송축의 의미를 담아 지었다는 설명까지 확인할 수 있다. 바쳤다는 송에서는 왕조의 500년 역사가 황태자에게 드리워져 신명을 더하고 있다. 아울러, 오래토록 무강할 것이라고 노래하고 있다. 황태자의 탄신일을 경축하는 내용으로 되어 있다.

인 1 순종 이척(李坧)

관 2 시사총보사(時事叢報社)

千秋慶節頌幷序

大韓光武三年之舊曆己亥二月八日은 即我**皇太子殿下**[1] 二十六度 千秋慶節也 我殿下 天姿仁孝ᄒᆞ시고 德性寬厚ᄒᆞ샤 環東臣民이 仰之以離明之繼照ᄒᆞ고 恃之以震索之主器而國本이 旣固에 萬方이 賴安矣러니 奈何로 時의 艱虞ᄒᆞᆷ을 遭ᄒᆞ샤 危險을 屢經ᄒᆞ시되 오히려 天地祖宗默佑陰保ᄒᆞ시ᄂᆞᆫ 力을 幸賴ᄒᆞ시샤 無疆之福을 克趁ᄒᆞ시며 天和之喜를 益復ᄒᆞ시니 此慶節을 當ᄒᆞ오ᄆᆡ 城中男女老幼와 以及陬沿人士로 舞頌慶祝ᄒᆞ옴을 더옥 前日보담 百倍나 ᄒᆞ니 盖於此의 天心의 攸在ᄒᆞ믈 益驗ᄒᆞᆯ지라 顧ᄒᆞ건ᄃᆡ **本社**[2]諸員은 尤히 慶祝

之誠에 有感ᄒᆞ기로 玆에 謹히 拜手稽首ᄒᆞ와 頌을 獻ᄒᆞ여曰 猗我亂祚여聖子神孫이, 承承繼繼ᄒᆞ시니, 垂五百載로, 深仁厚澤이淪肌洽髓로다, 天眷有東ᄒᆞ샤,我皇膺命ᄒᆞ시사于玆三紀로다, 克旋艱虞ᄒᆞ시며克恢基業ᄒᆞ샤, 宵旰圖治ᄒᆞ도다, 大德必得ᄒᆞ시니其壽其祿과其名其位샷다, 確立基礎ᄒᆞ사, 克追祖宗의未遑遺志샷다, 百度更張ᄒᆞ시니舊邦維新ᄒᆞ사於萬億載로다, 甲觀迎祥ᄒᆞ시고震索協吉ᄒᆞ시니寔我東宮이샷다, 叡姿仁愛ᄒᆞ시고篤志勉勵ᄒᆞ샤克贊文明ᄒᆞᄋᆞᆸ시니, 孝協三朝ᄒᆞᄋᆞᆸ시고歌騰四重ᄒᆞᄋᆞᆸ시미周漢其昌이로다, 環海婦幼가延頸仰望ᄒᆞ니咸曰朱明이로다, 往在昨秋에恠鬼射日ᄒᆞ니天地震驚이로다, 神明默佑ᄒᆞ시고祖宗陰助ᄒᆞ시니霍然如常이샷다, 小海重安ᄒᆞ고前星後耀ᄒᆞ니瑞彩煌煌이로다, 其彼如鑑ᄒᆞ고其光如月ᄒᆞ니魑魅遁藏이로다, 維春之仲維日之八은千秋回慶이로다, 濟濟官紳과紛紛胥隷와爰曁街巷ᄒᆞ야, 黃童紅女와白鬚蒼鬚이罔不欣幸ᄒᆞ야, 舞者蹈者와歌者頌者이其樂洋洋이로다, 其福典維何오如彼漢水의春波方生이로다, 其壽維何오如彼南山의鬱鬱蒼蒼이로다, 萬戶懸旗가隨風飄揚ᄒᆞ니太極圓紅이로다千街列燈이雕金綴珠ᄒᆞ니寶花玲瓏이로다猗歟休哉라臣拜稽首ᄒᆞ니萬億無疆이샷다

027

1899년 3월 22일 제27호 2면 1단 論說

요약 각 지역의 수령(守令)을 신중하게 뽑아야 함을 강조한 글이다. 수령이 중앙정부 부부(府部)들과는 달리 전담하는 업무・요원・규찰하는 업무들이 없음을 지적하였다. 하지만, 다스리는 지방의 업무(토지경영, 민생, 사직, 재무, 학교, 도적 방어, 재판, 상농업, 인근 지역과의 교류)도 있다. 그 업무를 수행할 수 있는 현명함이 있는 사람을 잘 가려 뽑아야 할 것임을 강조하는 글이다.

守令之任尤當愼簡

夫 內外官吏의 選홈을 俱當必愼홀 거시ᄂᆞ 惟守令之任은 尤宜愼簡홀 者ᄂᆞᆫ 何也오 盖 凡百官司의 職이 守令의셔 더 難ᄒᆞᆫ거시 업고 ᄯᅩᄒᆞᆫ 守令보담 더 重ᄒᆞᆫ거시 업ᄂᆞ니 莫難莫重ᄒᆞᆫ 任으로 以ᄒᆞ야 其簡홈을 不愼홈이 可홀가 守令은 各府部官員과 갓치 ᄃᆞ만 一事一務를 掌홀 ᄲᅮᆫ 아니요 又各府部와 갓치 僚員을 具ᄒᆞ야써 相補ᄒᆞᆫ 者도 아니요 ᄯᅩᄒᆞᆫ 各府部와 갓치 大官과 協辦이 有ᄒᆞ야 日日在傍糾察ᄒᆞᄂᆞᆫ 者도 아닌즉 其爲難홈이 엇지 各府部官員과 可히 比ᄒᆞ리요 守令이란 者는 百里之土에 莅ᄒᆞ야 一邦之命을 專ᄒᆞ며 民人도 有

ᄒᆞ며 社稷도 有ᄒᆞ야 其員役을 選任홈과 財賦을 出納홈과 學校에 敎育홈과 盜賊을 防禦홈과 法律노 裁判홈과 農商을 勸課홈과 鄰境을 交涉ᄒᆞᄂᆞᆫ 等類諸般政務가 隱然히 一邦의 規範이 有ᄒᆞᆫ지라 其爲重홈이 ᄯᅩᄒᆞᆫ 諸官과 何如ᄒᆞᆫ고 진실노 其人이 公明之鑑이 無ᄒᆞ야 可以賢愚를 辨別치 못ᄒᆞ거ᄂᆞ 廉確之操이 無ᄒᆞ야 可以貪饕에 不汚치 아니ᄒᆞ거ᄂᆞ 博達之學이 無ᄒᆞ야 可以蒙頑을 牖開치 못ᄒᆞ거ᄂᆞ 籌劃之略이 無ᄒᆞ야 可以攻守를 措辨치 못ᄒᆞ거ᄂᆞ 平當之見이 無ᄒᆞ야 可以疑眩을 剖決치 못ᄒᆞ거ᄂᆞ 勤實之規이 無ᄒᆞ야 可以生業을 利益케 못ᄒᆞ거ᄂᆞ 孚允之信이 無ᄒᆞ야 可以誠欵을 輸及치 못ᄒᆞ거ᄂᆞ ᄒᆞᆫ즉 엇지 能히 一方之任을 當ᄒᆞ며 民社之責을 寄ᄒᆞ리요 (未完)

028

1899년 3월 24일 제28호 2면 1단 論說

요약 1899년 3월 22일 자(제27호) 글에 이어 각 고을의 수령을 신중하게 뽑아야 됨을 설명하고 있다. 농사를 성하게 하고, 호구 생산을 증익시키고, 밭에 매기는 세금을 균등하게 하고, 학교를 진흥시키고, 군정을 정비하고, 법률을 밝게 하고, 탐관오리를 축출해야 하는 조선조 수령 임명 7대 조목을 제시하였다. 그렇지만, 실제 지방에선 7대 조목을 지키지 못하고 있는 현실을 개탄하고 있다.

국 1 조선(朝鮮)

守令之任尤宜愼簡(前號續)

夫 如是훈 故로 其政府의셔 守令選擇홈을 더옥 맛당이 必謹必愼ᄒᆞ며 必精必詳ᄒᆞ며 必公必正하며 必詢必究홀지니 만일 守令의 任홈을 其人이 아니면 是는 吾赤子로써 溝壑之中에 擠棄ᄒᆞ고 其剝割殘忍之毒을 容受케 ᄒᆞ미니 엇지 可哀치 아니ᄒᆞ며 엇지 可矜치 아니ᄒᆞ리요 是故로 我**國朝**[1]定式에 有ᄒᆞ되 守令을 被任ᄒᆞᄂᆞᆫ 者면 반다시 七事로써 試講ᄒᆞᄂᆞ니 曰農桑盛 曰戶口增 曰田賦均 曰學校興 曰軍政修 曰法律明 曰奸猾息 等 七條요 且 其遞代홈도 年考之限이 旣有ᄒᆞ야 貪汚不法ᄒᆞ거ᄂᆞ 敗壞職務ᄒᆞ거ᄂᆞ ᄒᆞᄂᆞᆫ 弊端이 無ᄒᆞ면

未嘗於考限之前의 遷改치 못ᄒᆞᄂᆞ니 此는 久任責效ᄒᆞ시ᄂᆞᆫ 盛典이라 試觀漢[2]世循良之盛컨ᄃᆡ 官吏가 其官에 久ᄒᆞ야 其子孫을 長케 ᄒᆞ며 其姓氏를 傳ᄒᆞ게 ᄒᆞᄂᆞᆫ 故로 以ᄒᆞ야 맛ᄎᆞᆷ 能히 成効를 收ᄒᆞᆫ 者라 後世에는 更改이 紛紛ᄒᆞ여 朝遷夕替ᄒᆞᄆᆡ 官舍視ᄒᆞ기를 逆旅傳郵와 如ᄒᆞ여 席이 煖ᄒᆞᆯ 暇이 未ᄒᆞ고 綬을 又解ᄒᆞ니 由是로 之官者덜이 愛傷之術에 罔念ᄒᆞ고 오직 汲汲然히 貪攘鉤獵ᄒᆞ야써 上官의계 美題沽홈을 要ᄒᆞ고 勢徑에 腴缺得홈을 冀ᄒᆞ고 餘는 又私計에 充肥코져ᄒᆞ여 良田沃疇와 子女玉帛을 將次次第로 料理ᄒᆞ며 以爲此이 第一良策이요 他는 足히 恤ᄒᆞᆯ바 아니라 ᄒᆞ니 嗚乎라 此는 守令의 罪가 아니요 진실노 遞改頻煩ᄒᆞᆫ 患으로 召를 由홈이니 生民이 엇지 其困을 受치 아니ᄒᆞ며 國脉이 엇지 其傷을 受ᄒᆞ지 아니ᄒᆞ리요 吁其難哉며 吁其重哉로다

국 2 한(漢)

029

1899년 3월 26일 제29호 2면 1단 論說

요약 은군자(隱君子)의 투고와 그 투고의 평을 실었다. 투고에서는 당나라 태조가 방현령과 두여회를 등용하여 쓴 것을 예시를 들었다. 많은 사람이 각자 결함이 있더라도 힘을 합치게끔 하는 것이 결함 없는 사람 하나를 쓰는 것보다 더 중하다고 하였다. 이에 대해 남숭산인(南嵩山人, 장지연)이 투고 글에 대해 평하였다. 이 글은 용두사미의 글이라고 하였다. 하지만, 그 뜻은 지극히 좋다고 하였다. 솜씨 좋은 장인의 집짓기, 공자 문하 제자들의 이야기, 정자의 말 등을 인용하여 보충, 정리하였다.

인 1 방현령(房玄齡)
2 두여회(杜如晦)
6 당 태종 이세민(李世民)

국 4 수(隋)
5 당(唐)

관 3 시사총보사(時事叢報社)

玄齡[1]善謀如晦[2]能斷論

右論은 何許隱君子이 本社[3]에 投寄ᄒᆞ엿기로 登載ᄒᆞ노라

論曰 天下에 豈全人이 有ᄒᆞ리요 必全人을 求ᄒᆞᆫ 而後에 國을 爲코져 ᄒᆞᆫ 則 全人을 必得지 못ᄒᆞ고 而國도 亦得爲치 못ᄒᆞᆯ지라 芝蔘이 雖美ᄒᆞ야도 能히 良劑를 獨成치 못ᄒᆞ고 杞梓가 雖美ᄒᆞᄂᆞ 能히 巨厦를 獨成치 못ᄒᆞᄂᆞ니 用人之道가 엇지 是에 外ᄒᆞ리요 噫라 隨[4]之末唐[5]之初를 當ᄒᆞ야 群雄이 並起ᄒᆞᄆᆡ 抱才懷能之士덜이 各各其才를 售ᄒᆞᆯᄉᆡ 當是時ᄒᆞ야 天下의 全人이 아니면 엇지 大業을 能히 成ᄒᆞ리요 然이ᄂᆞ 唐太宗[6]의 用人ᄒᆞᄂᆞᆫ거슨 全人으로써 衆人을 責ᄒᆞ지아니ᄒᆞ

고 衆人으로써 全人을 責ᄒᆞ지아니ᄒᆞᄂᆞ니 其謀를 用ᄒᆞ려ᄒᆞᆫ즉 玄齡을 責ᄒᆞ고 其斷을 用ᄒᆞ려ᄒᆞᆫ즉 如晦를 責ᄒᆞ니 彼二人者ㅣ 또ᄒᆞᆫ써 其不能홈을 耻ᄒᆞ지 아니ᄒᆞᄂᆞ니 玄齡則斷에 不能홈으로써 謀之能홈을 棄치 아니ᄒᆞ고 如晦則謀에 不能홈으로써 其斷之能홈을 棄치 아니ᄒᆞ야 二人의 能ᄒᆞᆫ 바를 合ᄒᆞᆫ즉 天下의 全人이 孰大於是리요 今我**大韓**[7]의 用人홈은 學校의 名目만 徒設ᄒᆞ고 學校之中의 雖或 抱才之士이 有ᄒᆞ여도 視若尋常ᄒᆞ야 權利가 有ᄒᆞᆫ 者則 胸中에 비록 一寸之謀이 無ᄒᆞ여도 官이 樞要에 在ᄒᆞ고 權利가 無ᄒᆞ면 腹內에 비록 八斗之才를 懷ᄒᆞ여도 白首蹉躓ᄒᆞ니 其用人홈을 如是ᄒᆞ면셔도 一言蔽之曰 大韓에 無人焉이라 ᄒᆞ니 然則 才를 可히 異代에 借用ᄒᆞᆯ가븐야 實노 世道를 爲ᄒᆞ야 慨歎ᄒᆞᄂᆞᆫ 바이로라 **南嵩山人**[8]이 評曰 右論이 以玄齡善謀如晦能斷으로 爲問題而末端에 忽然以大韓用人等句語로 結局ᄒᆞ니 非但 於文體에 有欠이라 且其以玄齡如晦等能謀能斷之天下第一手事業으로 鋪張而今我大韓用人之下에 不過以學校等細瑣事件으로 結束了大鋪張之全局ᄒᆞ니 豈不猶龍頭而蛇尾歟아 然이나 其旨意則 固善也라 夫 良工이 善用其材者ᄂᆞᆫ 其大者小者長者短者直者曲者厚者薄者를 棟梁柱椽과 薄盧占臬의 均適其用ᄒᆞ야 合衆材而後에 始能成大厦之功則夫用人이 亦類是也라 豈能責備於人也리요 以孔[9]門之弟子도 亦德行言語政事文學之分이 相殊況乎象季之降에 惡能無偏僻之歎哉아 惟在上者適用之如何耳라 假使以大厦之梁으로 置之蝸廬蓬戶之上則未有不致覆壓之患矣요 以割鷄之刀로 試之於牛脊肯綮之間則未

인 8 장지연(張志淵)
9 공구(孔丘)

국 7 대한제국(大韓帝國)

인 9 정호(程顥)・정이(程頤)

10 선조 이연(李昖)

有不致缺折之患矣리며 彼木嬰石恠도 猶可作器用供玩之具則世豈有棄物也哉아 若謂無棄物而使薰猶氷炭으로 混淆而無別則是又妨碍有用之物矣리니 豈不難哉아 **程子**[9]有言曰 天地生此人에 自足了一代之事라 ᄒᆞ니 是故로 國家只患有才而不用이요 不患能用而無人이니 試觀我**穆陵**[10]朝에 權勢相軋에 甲乙分裂ᄒᆞ야 變亂初生에 若將無一人能整頓이러니 後來名公良將과 忠臣義士이 如彼其盛ᄒᆞ야 卒能收桑榆之功而致宣光之業ᄒᆞ니 豈不誠韙哉아

030

1899년 3월 28일 제30호 2면 1단 論說

요약 권세나 명성 등은 항상 지닐 수 없는 것이다. 세상의 변화에 귀 기울여야 함을 자연의 변화로 빗대어 설명한 글이다. 봄이 와도 봄 그대로 이어지지 않으며, 가을이 와도 가을이 오면 가을 그대로 이어지지 않는다. 이를 통해, 세상의 변화를 거스르며 자기 이익만 챙기고자 한다면 큰 낭패를 볼 것이라 경고하고 있다.

上天之造化

大凡測量ᄒᆞ기 難ᄒᆞᆫ 者ᄂᆞᆫ 上天의 造化요 謀度ᄒᆞ기 難ᄒᆞᆫ 者ᄂᆞᆫ 上天의 攸爲라 其大無窮ᄒᆞ며 其濶無涯ᄒᆞ며 其高無上ᄒᆞ며 其尊無等ᄒᆞ야 可히 摹捉할 形體도 無ᄒᆞ며 可히 聽聞ᄒᆞᆯ 聲臭도 無ᄒᆞ야 至大至濶至高至尊ᄒᆞᆫ 故로 以ᄒᆞ야 能히 至神至變至靈至嚴之化를 出ᄒᆞ나니 儘乎其大哉廣哉라 若 其變化를 試論ᄒᆞᆯ진ᄃᆡ 俄然히 春風이 和暢ᄒᆞ고 暄日이 舒遲ᄒᆞ야 熙熙萬物이 馥郁滋生ᄒᆞ다가 突然히 變ᄒᆞ야써 秋이 爲ᄒᆞᆫ즉 金風이 蕭瑟ᄒᆞ고 嚴霜이 肅殺ᄒᆞ여 卉木이 零落ᄒᆞ고 蟲鳥이 哀鳴ᄒᆞ며 ᄯᅩᄒᆞᆫ 昨者에 炎火가 薫蒸ᄒᆞ고 赫日이 爆地ᄒᆞ야

인 1 범려(范蠡)
2 장량(張良)

지 3 상산(常山)

金焦石鑠에 汗流如漿타가 今者에 忽變ᄒᆞ야 陰壑이 怒號ᄒᆞ고 萬竅噴薄ᄒᆞ야 雨雪은 紛紛ᄒᆞ고 凝寒이 折綿ᄒᆞ며 或 青天白日이 頃刻에 風雲을 突起ᄒᆞ여 雷霆霹靂은 山岳을 震盪ᄒᆞ고 大雨急注는 江河를 漲溢ᄒᆞᄃᆞᄀᆞ 卒地一陣狂風이 雲霧를 卷掣ᄒᆞ여 太空이 軒豁ᄒᆞ고 物色을 呈露ᄒᆞᄂᆞ니 噫라 上天之載千變萬化에 莫測莫度ᄒᆞ니 神乎神乎라 其誰與此리요 日月이 비록 明ᄒᆞ여도 天에 附麗치 아니ᄒᆞ면 能히 其明을 照치 못ᄒᆞ고 飛龍이 비록 神ᄒᆞ여도 天에 承受치 아니ᄒᆞ면 能히 其神을 致치 못ᄒᆞᄂᆞ니 夫 人君을 譬ᄒᆞ면 ᄯᅩᄒᆞᆫ 上天과 同ᄒᆞᆫ지라 其 廣大尊重홈이 更히 比倫이 無ᄒᆞᆫ 故 ᄯᅩᄒᆞᆫ 能히 不測無窮ᄒᆞᆫ 化를 行ᄒᆞ나니 俄者陽春惠澤이 煦濡涵育ᄒᆞ여 寵榮이 傾朝ᄒᆞ고 位權이 動世ᄒᆞ다가 突然秋霜이 壓顚ᄒᆞ고 嚴風이 震躬ᄒᆞ야 咫尺丹陛는 邈若霄漢ᄒᆞ고 嶺海鈇鉞은 頃刻戶庭이 되ᄂᆞ니 是를 譬見ᄒᆞ건ᄃᆡ 四時寒暑와 晝夜陰晴과 如ᄒᆞ야 天地自然ᄒᆞᆫ 物理라 春이 엇지써 恒常其春이 有ᄒᆞ며 秋이 엇지써 恒常其秋이 有ᄒᆞ리요 是故로 自古人世에 其 英雄豪傑과 君子小人을 勿論ᄒᆞ고 能히 其 富貴寵榮을 長久치 못ᄒᆞ는니 明哲者는 其身을 保ᄒᆞ고 貪饕者ᄂᆞᆫ 其身을 敗ᄒᆞᆫ니 盖 權勢利名은 天地間에 公器라 以此公器로 만약 吾身에 長有케 ᄒᆞ고져 ᄒᆞ면 必造物의 猜忌를 遭ᄒᆞᄂᆞᆫ 故로 從古達人은 知足知耻ᄒᆞ야 以安其分ᄒᆞ난 바라 **范蠡**[1]는 相國을 避ᄒᆞ야 五湖片舟에 明月을 滿載ᄒᆞ고 **張良**[2]은 萬戶를 辭ᄒᆞ야 **商山**[3]白雲에 紫芝를 高歌ᄒᆞ니 진실노 達人이라 謂ᄒᆞᆯ지로다

031

1899년 3월 30일 제31호 2면 1단 論說

요약 고려조부터 지금까지 흰색 옷을 입는 것을 금한 역사를 되짚어 보고 있다. 오행설을 기초로 하여 고려 충렬왕조서부터 조선 영조조까지의 의복 제도들을 나열하였다. 이를 통해, 옛 성인들의 가르침을 본받지 않고 흰 옷을 계속 입는 것을 비판하고 있다. 조선은 동방지국이니 동쪽 방위의 색인 청색을 입어야 된다는 것이다.

申白衣之禁

謹按**高麗史**[1]**忠烈王**[2]元年 太史奏言호ᄃᆡ 東方은 木位라 色當尙靑而白者는 金之色也라 國人이 自着戒服으로 被以白苧衣ᄒᆞ니 木制於金之象也라 請禁白色이라ᄒᆞᆫᄃᆡ 從之ᄒᆞ다 二十五年에 至ᄒᆞ야 申禁白衣笠ᄒᆞ고 **恭愍王**[3]六年에 司天監**于必興**[4]이 上言호ᄃᆡ **玉龍記**[5]에 云 我國이 始于**白頭**[6]ᄒᆞ야 終于**智異**[7]ᄒᆞ니 其勢水根木幹之地라 以黑爲父母ᄒᆞ고 以靑爲身ᄒᆞ니 若 風俗이 順土則昌ᄒᆞ고 逆土則災라 ᄒᆞ엿스니 今後 文武百官은 黑衣靑笠이요 僧服은 黑巾이요 女服은 黑羅라 ᄒᆞ엿더라 我國初에 衣冠制度를 一依永樂頒典施行而其服色은 黑

인 2 충렬왕 왕거(王昛)
3 공민왕 왕전(王顓)
4 우필흥(于必興)

지 6 백두산(白頭山)
7 지리산(智異山)

책 1 『고려사(高麗史)』
5 『옥룡기(玉龍記)』

團領이요 士子는 靑衣로 定行ᄒᆞ더니 至肅宗[8]朝ᄒᆞ야 十七年 庚午에 申白衣之禁曰國法에 元有禁白衣之制러니 自明宗[9]乙丑以後로 屢經國恤ᄒᆞ야 仍着素衣ᄒᆞ니 每爲華人所笑러니 宣祖[10]申禁之ᄒᆞ샤 士人無職者도 亦穿紅衣直領이러니 至顯宗[11]朝에 又禁之ᄒᆞ샤 士大夫皆遵行이라가 數十年後에 又因循廢閣이러니 至是에 又命禁白衣ᄒᆞᆫ니라 至英祖[12] 二年에下教曰自古有國의 服色이 各有所尙ᄒᆞ나니 我國은 在東方ᄒᆞ니 宜尙靑이라 上自公卿과 下至士庶히 皆令着靑衣ᄒᆞ라 ᄒᆞ시고至四十三年又教曰頃者飭禁白衣之時에 人或 曰箕聖[13]之來朝鮮[14]에 其亦衣白ᄒᆞ니 此는 我東風俗云이라 ᄒᆞ니 噫라 後之人이 不體箕聖之訓ᄒᆞ고 只慕其衣ᄒᆞ니 豈不迂哉아 禮記月令[15]에 其色이 各隨四時온 況朝鮮은 東方也라 以此推之ᄒᆞ면 當靑乎아 當白乎아 儒生덜이 着淺淡服ᄒᆞ거나 及文蔭武라도 着淺淡服者는 並命嚴禁ᄒᆞ야 俾洗末世陋俗ᄒᆞ라 ᄒᆞ셧더라 (未完)

인 8 숙종 이순(李焞)
9 명종 이환(李峘)
10 선조 이연(李昖)
11 현종 이원(李棩)
12 영조 이금(李昑)
13 자서여(子胥餘)

국 14 조선(朝鮮)

책 15 『예기(禮記)』「월령(月令)」

032

1899년 4월 1일 제32호 2면 1단 論說

요약 1899년 3월 30일 자(제31호) 글에 이어 흰 옷을 입는 것을 다시 금해야 함을 주장하고 있다. 짙은 파란색 옷과 연녹색 옷을 입던 풍습이 점차 옅어져서 흰옷을 입는 것으로 귀결되는 현상을 비판하고 있다. 또한, 흰옷은 오염되기 쉬워 자주 세탁하게 된다. 그 결과 옷감이 상하는 등 나라 경제에도 영향을 미친다. 사치를 조장하는 현상까지 일으키고 있다고 강변하고 있다. 이러한 이유로 다시 흰옷을 입는 것을 금해야 한다고 주장하는 것이다.

申白衣之禁(前號續)

余嘗聞諸父兄長者之言ᄒᆞ니 自十數年以前이라도 國俗이 猶深靑淺綠之色을 服ᄒᆞ고 其年少新冠者덜은 好服粉紅鴉靑之衣ᄒᆞ더니 自近年以來로 稍稍變色ᄒᆞ야 深靑이 變爲軟綠ᄒᆞ고 軟綠이 變爲淺淡ᄒᆞ야 至今日則又淡淡乎欲白矣라 至於童角僅冠者라도 猶恥服靑紅班爛之色ᄒᆞ니 其故何也오 盖奢侈之習이써 導ᄒᆞᆫ빈라 我國之服이 有數十種ᄒᆞ야 其色色襯內帖裏之服을 不可勝算而綾錦紗羅之粲粲楚楚者덜이 欲其裏衣之著現外表ᄒᆞ야 不容不淺薄其色而且好潔白惡緇黑은 人之常情也라 是故로 申令屢禁에 竟又趨白ᄒᆞ니 寧不歎息이리요 彼

국 1 조선(朝鮮)

勝國術家所謂制勝順逆之說固不足徵ᄒᆞ려니와 我列聖朝十行綸教가 旣煥章明白ᄒᆞᆫ즉 此豈不當爲萬世之法也歟아 今天下萬國之中에 衣以白素者는 惟我邦而已則必他國之俗과 强同코져 홈은 아니니나 盖改正朔易服色은 即帝王之大典인즉 今正朔을 旣建ᄒᆞ엿스니 服色一欵에 尤宜致愼ᄒᆞ야써 不易之法을 定홈이 可ᄒᆞ니 東方尙靑之論이 已有**國朝**[1]成憲則 엇지 成典을 仍ᄒᆞ야 申嚴케 ᄒᆞ여써 流俗의 弊를 矯ᄒᆞ며 一王의 典을 正ᄒᆞ지 아니ᄒᆞ리요 且古人이 云皎皎者는 易汚라 ᄒᆞ니 以易汚之衣로 頻經瀚濯ᄒᆞᆫ즉 쏘ᄒᆞᆫ 弊壞ᄒᆞ기가 易ᄒᆞ니 財利에 損害되옴도 不些ᄒᆞᆫ지라 엇지 全國生業에 關係가 無ᄒᆞ리요 此宜自朝家로 舊令을 申嚴ᄒᆞ야 立法痛禁ᄒᆞᆫ 然後에 典章文物이 庶幾一代之制에 昭明ᄒᆞᆯ 씃ᄒᆞ노라 (完)

033

1899년 4월 3일 제33호 2면 1단 論說

요약 지방행정에 있어 발생하는 폐단(도결 : 都結)을 언급하는 글이다. 전라남도 영암군(靈巖郡)에서 벌어진 고소를 예시로 들었다. 이 일이 비단 영암군만의 일이 아닌 문제를 거론하고 있다. 이 고소에 대한 훈령을 첨부하였는데, 훈령에는 관리감독에 해당하는 군수의 책임 또한 묻고 있다. 지방행정을 담당하는 모든 이들의 청렴함을 요구하고 있는 글이다.

列郡逋吏之弊

嘗見諸先輩之論則曰 我國이 於各郡縣吏胥俸給을 初無磨鍊之制故로 郡縣吏役이 何以聊生乎아 其勢不得不排斂民間則法外橫徵과 欠縮公納之弊於是乎生矣니 此는 非吏役之罪也라 制度未善ᄒᆞ야 任其剝割濫犯之弊也라니ᄒᆞ 余嘗慨然於是而悶諸吏之犯科矣러니 一自更張以來로 深軫其弊ᄒᆞ샤 改良定規ᄒᆞ야 使各有限制而甲午以前一應逋欠을 悉皆蠲蕩ᄒᆞ시니 此實曠世仁厚之典而吏梭月俸을 旣爲磨鍊則從玆以往으로 凡有欠逋公錢之弊면 斷不用貸ᄒᆞ고 依法勘處라도 彼等이 必甘必服罪에 不敢呼寃矣라 故로 客冬於平山郡[1]吏犯逋者

지 1 평산군(平山郡)

인 4 서달진(徐達振)
5 김종국(金鍾國)
7 김규빈(金圭斌)
8 박계수(朴桂壽)
9 김덕재(金德載)
10 박노상(朴魯相)
11 박태연(朴泰淵)

지 2 전라도(全羅道)
3 영암군(靈巖郡)

관 6 내부(內部)

를 照律處絞ᄒᆞ야 使各懲惕者也어늘 奈何冥頑無狀之輩가 聖意를 不體ᄒᆞ고 邦法을 輕犯ᄒᆞ야 舊習을 罔悛ᄒᆞ고 死刑에 自抵ᄒᆞ니 아모리 曠蕩之典을 僥倖希望ᄒᆞ여도 自今以後ᄂᆞᆫ 必無是理ᄒᆞᆯ거시오 法令이 漸嚴ᄒᆞ이 寬貸ᄒᆞᆷ을 難望ᄒᆞᆯ듯 今에 **全羅南道**[2]**靈嚴郡**[1)] [3]居**徐達振**[4]**金鍾國**[5]等의 **內部**[6]의 訴狀ᄒᆞᆫ거ᄉᆞᆯ 左記ᄒᆞ노라 本郡이 僻在海隅ᄒᆞ야 結多人稀이온바 民心은 淳厚ᄒᆞ야 以農資生의 歲若歉荒이면 未免塡壑이ᄋᆞᆸ고 吏習은 狡惡ᄒᆞ야 侵漁百姓에 飽食暖衣ᄒᆞᄋᆞᆸ고 如有犯逋면 加結磨鍊ᄒᆞ야 民間排徵이 爲一能事이온지라 一自更張以後로 奸鄕猾吏輩가 同謀做事ᄒᆞ야 周旋該郡ᄒᆞ야 莫重公貨無難犯用ᄒᆞ야 多者ᄂᆞᆫ 二三萬金이요 少者ᄂᆞᆫ 幾千金이온즉 合爲十七萬金을 以結斂으로 每結頭二十一兩式督刷民間이 急於星火ᄒᆞ오니 章程所在에 豈有如許法理乎잇가 現存生靈이 竟至渙散之境이온즉 可痛者非吏며 可矜者非民乎잇가 欲爲呈郡則拒門不納이ᄋᆞᆸ고 欲爲呈府則亦爲不納이오니 遐土殘民이 無處告訴ᄒᆞ와 千里에 裹足上來ᄒᆞ야 緣由를 齊聲仰訴ᄒᆞ오니 査照ᄒᆞᄋᆞᆸ셔 准比發訓于該府ᄒᆞ와 猾吏**金圭斌**[7]**朴桂壽**[8]**金德載**[9]와 奸鄕**朴魯相**[10]**朴泰淵**[11]五人을 依律處辨ᄒᆞ시고 每結에 二十一兩式再徵條ᄂᆞᆫ 永爲勿施ᄒᆞ와 使此遐土之民으로 以爲支保라 ᄒᆞ엿더라 噫라 奸鄕猾吏之弊奚獨於靈嚴一郡이리요 三百四十餘郡에 無此弊者幾希矣라 然이ᄂᆞ 彼遐土愚民이 百般未堪千般未堪ᄒᆞ여 不得已此寃狀을 呼訴ᄒᆞ니 此等呼訴

1) 영암군(靈巖郡)의 오기.

ᄂᆞᆫ 一人의 私害도 아니요 一里一面의 私害도 아니요 全郡의 利害關係인즉 何許大膽人이 出義發力ᄒᆞ야 此 告訴를 能辦ᄒᆞ리요 必也其全郡民人의 寃抑홈을 忿激ᄒᆞ야 吏鄕의 禍網을 不顧ᄒᆞ고 挺身奮義ᄒᆞ야 此事를 擧ᄒᆞ엿슨즉 此는 愚頑輩가 其官의 罪狀을 告發ᄒᆞᄂᆞᆫ 類와 逈殊ᄒᆞᆫ 바이라 아모리 其官吏의계 得罪ᄒᆞ여도 不得不告訴ᄒᆞᄂᆞᆫ 거시 當然ᄒᆞᆯ 듯ᄒᆞ노니 內部의서는 엇지 措處ᄒᆞ엿ᄂᆞᆫ고 其訓令을 쏘ᄒᆞᆫ 左記ᄒᆞ노라 該民等訴狀을 査ᄒᆞᆫ즉 結稅定總이 自有章程ᄒᆞ야 不可絲毫增減은 通國所知이거늘 噫彼奸猾鄕吏輩의 操弄文簿ᄒᆞ야 加結勒歛이 每結頭에 二十一兩式至ᄒᆞ다 ᄒᆞ믄 苟究吏鄕惡習ᄒᆞ미 合有重律痛繩이건과 伊時該郡郡守로 論ᄒᆞ야도 其在字牧之任에 不思薄歛愛恤之本意ᄒᆞ고 視同貪饕掊克之謀ᄒᆞ믄 雖無狀辭之確著ᄒᆞ나 難免民怨之共懟이라 該事項이 係是關重인즉 不可遽因一訴而斷案이요 當有更加明査而決定이니 本觀察使는 該郡鄰邑에 詳明公正ᄒᆞᆫ 郡守로 査官을 別定ᄒᆞ야 該事本末을 昭詳査櫛이고 該金圭斌朴桂壽金德載朴魯相朴泰淵等五漢은 爲先捉囚嚴勘ᄒᆞ야 卞明査質後形止를 報來ᄒᆞ미 爲宜事라 ᄒᆞ엿더라 右項訓飭이 何等截嚴이며 何等昭詳고 該府郡의셔 査明ᄒᆞ기를 쏘ᄒᆞᆫ 何等愼嚴ᄒᆞᆯ 줄은 未料ᄒᆞ거니와 訴民이 비록 郡守의 行爲ᄂᆞᆫ 秋毫도 說擧치 아니ᄒᆞ고 다만 吏鄕의 弊만 辨明ᄒᆞ엿스나 部訓은 本郡守의 貪饕홈을 責ᄒᆞ엿시니 此ᄂᆞᆫ 當然ᄒᆞᆫ 事理라 苟其郡守이 仁明ᄒᆞᆯ 地境이면 엇지 加結홈을 聽施ᄒᆞ며 吏鄕을 縱ᄒᆞ야 民弊를 滋케 ᄒᆞ리요 萬若 其査明之場에 쏘ᄒᆞᆫ 奸猾之術中에 墮ᄒᆞ

야 實狀을 掩護ᄒᆞ고 私意로 舞弄ᄒᆞ면 天日이 昭明ᄒᆞ니 必然 可欺치 못ᄒᆞᆯ 줄노 知ᄒᆞ노라

034

1899년 4월 5일 제34호 2면 1단 論說

요약 상업의 진흥을 촉구하는 글이다. 최근 들어서 각종 사물의 시세가 급등한 현상을 논하였다. 그리고 이러한 현상이 생기는 원인을 상업이 발달하지 못한 것이라 지적하였다. 중국 일본 베트남 태국을 비롯한 여러 나라와 교역을 함이 부국강병으로 이끄는 길임을 강조하고 있는 글이다.

歎商業之能振起

夫天之物을 生ᄒᆞ옴이 每양 其邦國人民의 分量을 隨ᄒᆞ야 ᄒᆞ여곰 適用케 ᄒᆞᄂᆞᆫ 거시오 其不足홈을 患케는 아니ᄒᆞ거니와 其 邦國人民이 무슨 財物이던지 其 分量에 溢過케 濫用한즉 ᄯᅩ한 不足한 患이 生ᄒᆞ나니 此는 人世古今에 昭昭한 理致라 我**大韓**[1]이 비록 疆土ᄂᆞᆫ 四千里에 不過ᄒᆞ여도 ᄯᅩ한 其 山林川澤과 江海魚鹽之産이 我邦人民의 適用홈은 目足한즉 可히 富强之業을 資濟ᄒᆞᆯ만 한지라 是故로 自前古以來로 民物이 繁殖ᄒᆞ고 財用이 不竭ᄒᆞ야 米一升에 不過 一二錢이요 柴一駄에 不過 二三兩이요 魚鹽布帛之屬이 靡不皆

주 1 대한제국(大韓帝國)

지 2 서울(京)
3 상하이(上海)
4 톈진(天津)
5 도쿄(東京)
6 오사카(大阪)
9 서양(西洋)

국 7 베트남(Vietnam)
8 태국(Thailand)

然ᄒᆞ더니 一自數十年以來로 土地가 加縮한 바도 업고 物産이 加少한 바도 업스나 百物이 昻貴ᄒᆞ고 財用이 匱竭ᄒᆞ야 國儲는 窘絀之患이 有ᄒᆞ고 民産은 不足之歎이 多ᄒᆞ야 一升米 一束柴가 比前價値ᄒᆞ면 幾十倍를 翔勝한니 其故는 何也오 噫라 此는 商賈의 業이 振起치 못한 緣故라 大抵 通商한 以後로붓텀 外國人民이 本邦의셔 居留ᄒᆞ는 者이 비록 全國에 比ᄒᆞᆯ 수는 업거니와 **京城**[2]內外로 論ᄒᆞᆯ진ᄃᆡ 可히 十分에 二난 目足한즉 財物의 費用ᄒᆞ는 分量도 已往보담 倍加ᄒᆞᆯ ᄲᅮᆫ더러 我國의 各港에셔 出口ᄒᆞ는 米穀 布匹 魚鹽之屬이 ᄯᅩ한 全國十分之三四는 될 거시오 其 入口하는 貨는 도로혀 我國財貨를 耗費ᄒᆞᆯ 거신즉 我韓商民도 他邦과 如하여 **上海**[3]라 **天津**[4]이라 **東京**[5]이라 **大阪**[6]이라 **安南**[7]이라 **暹羅**[8]라 **歐米**[9] 列國으로 往來ᄒᆞ면셔 物貨를 交易ᄒᆞ야 萬邦의 利를 分占ᄒᆞ면 非但 生業에만 裕足ᄒᆞᆯ 분이라 國家富强之術도 擴張ᄒᆞᆯ 거시오 ᄯᅩ한 人民의 知識도 發達케 ᄒᆞᆯ거시오 ᄯᅩ한 交際上에도 過히 受侮홈이 鮮ᄒᆞᆯ 거슬 奈何로 通商ᄒᆞᆯ 條約을 外國人의계만 交定ᄒᆞ고 我國은 他邦의계 此等實業을 一次試用치 못ᄒᆞ는지 我大韓商民을 對ᄒᆞ야 慨歎홈을 不勝ᄒᆞ노라

035

1899년 4월 7일 제35호 2면 1단 論說

요약 1899년 4월 5일 자(제34호) 글에 이어 상업을 진흥시켜야 하는 이유를 설명하고 있다. 과거 상업을 천시한 배경을 설명하였다. 과거엔 그래야 했지만 지금은 그렇지 않은 이유를 제시하였다. 당시대에 상업을 진흥시켜야 하는 이유를 강변하는 글이다.

商賈之業爲國之大關係

夫 商賈도 쏘흔 四民의 一이라 其 國家關系에 重大홈이 農作의 不後ᄒᆞ나니 是故로 古之聖人이 市肆交易之法을 設ᄒᆞ야 以天下之貨를 通케 ᄒᆞ며 以四方之物을 運케 ᄒᆞ야 有無相資ᄒᆞ며 貴賤相易ᄒᆞ야써 國家의 需를 補ᄒᆞ며 써 生民의 業을 便케 ᄒᆞᄂᆞ니 奈何 **秦**[1]**漢**[2]以來로 自ᄒᆞ야 商賈를 賤待ᄒᆞ여 ᄒᆞ야곰 乘車衣錦홈을 不得케 ᄒᆞ고 例로 朝庭에 仕官ᄒᆞ기를 不許ᄒᆞ고 士大夫는 貿易홀 事를 耻言ᄒᆞ고 末技로 視ᄒᆞᄂᆞ니 噫라 商을 待ᄒᆞ기를 如此히 賤케 ᄒᆞ니 엇지 그 甚ᄒᆞᆫ고 試ᄒᆞ야 其源委를 溯究홀진ᄃᆡ 蓋 世降俗弊ᄒᆞ야 民心이

㊀ 1 진(秦)
2 한(漢)

薄ᄒᆞ야 日노 牟利之場에 趨ᄒᆞ고 錐刀之末을 競爭ᄒᆞ야 智巧로 相鬪ᄒᆞ면 欺詐이 易生ᄒᆞ야 其勢駸駸然히 迨不可遏ᄒᆞᆯ깃기로 執政者이 반다시 其 人心時勢의 如此홈을 患ᄒᆞ야 其獘를 矯制코져 ᄒᆞ너라고 其習을 抑壓ᄒᆞᄂᆞ 是를 엇지 當然ᄒᆞᆫ 道라 ᄒᆞ리요 盖 古者에는 人民의 才智도 甚히 巧ᄒᆞ지 못ᄒᆞ고 器械도 甚히 精ᄒᆞ지 못ᄒᆞᄆᆡ 人의써 其身에 絲ᄒᆞ고 其腹에 穀ᄒᆞᄂᆞᆫ 者이 全혀 自手로 織種홈을 資ᄒᆞ여도 猶且 不足之慮이 有ᄒᆞ거든 ᄒᆞ물며 其 農工耕作者이 少ᄒᆞ고 從事貿易者이 多ᄒᆞᆫ 則 엇지 艱絀ᄒᆞᆫ 患을 得免ᄒᆞ리요 故로 차라리 天下之民을 盡驅ᄒᆞ야 農工에 歸코져 ᄒᆞᄂᆞᆫ 바이ᄂᆞ 然ᄒᆞᄂᆞ 後世에 至ᄒᆞᆫ 즉 不然ᄒᆞ야 民의 智慧도 日闢ᄒᆞ고 民의 技巧도 日長ᄒᆞ야 不但其人物이 繁殖ᄒᆞ고 疆土가 廣濶홈이 比古十倍나 될 섄이라 ᄯᅩ한 其 收穫之穀과 制造之物도 亦 比古幾倍나 된 則 民國所需ᄒᆞ난 物도 此를 從ᄒᆞ여 日富ᄒᆞᆯ지라 今之時ᄂᆞᆫ써 與古로 不同ᄒᆞᆫ 바니 此ㅣ 商業을 不可不振起ᄒᆞᆯ 거시라 (未完)

036

1899년 4월 9일 제36호 2면 1단 論說

요약 1899년 4월 5일 자(제34호), 4월 7일 자(제35호) 글에 이어 상업을 진흥시켜야 하는 이유를 설명하고 있다. 농업에 종사하는 이와 공업에 종사하는 이가 각자의 일만 해서는 제대로 된 농기구를 만들 수 없는 것을 예로 들었다. 상업에 종사하는 이가 그 가운데에서 무역하는 일이 없으면 국가 산업 발전에 도움이 되지 않는다는 것을 힘써 주장하고 있다.

商賈之業爲國之大關係(前號續)

夫 商業이란 者는 生涯營求ᄒᆞᄂᆞᆫ 一策이라 人이 此世上에 生ᄒᆞ야 上으로 父母이 有ᄒᆞ고 下으로 妻子이 有ᄒᆞᆫ 則 不得不 奉養ᄒᆞᄂᆞᆫ 거시 人子의 職分이요 不得不 顧育ᄒᆞᄂᆞᆫ 거시 家長의 責望이라 ᄯᅩᄒᆞᆫ 中으로ᄂᆞᆫ 吾軀命을 保ᄒᆞ며 吾의 生理를 資홈은 亦是 丈夫의 事業耳라 農商工技를 毋論ᄒᆞ고 무슨 方道를 從ᄒᆞ던지 其吾의 職責을 極盡히 홈닌 즉 均是世人의 當行홀 道이니 此는 生을 營ᄒᆞᄂᆞᆫ 者ㅣ 可히 廢치 못홀 者요 又 不但營生ᄒᆞᄂᆞᆫ 者의 可히 廢치 못홀 분이라 ᄯᅩᄒᆞᆫ 外他士農工等 生民의 不可無홀 者이 商業이라 ᄒᆞ노니 엇지써

그런 然故는 大抵天下의 業이 可히 兼行치 못홀 者 有ᄒᆞ니 農作ᄒᆞ는 者이 工匠의 事를 能히 兼ᄒᆞ지 못ᄒᆞ는 거시오 工匠ᄒᆞ는 者이 農作의 事를 能히 兼ᄒᆞ지 못ᄒᆞ는 거시로되 然이나 彼農作ᄒᆞ는 者 必工匠의 製造ᄒᆞᆫ 器械를 要ᄒᆞᆫ 然後에 其農作ᄒᆞ는 功을 成ᄒᆞ고 工匠ᄒᆞ는 者도 必農夫織夫의 穀食과 絲布를 須ᄒᆞᆫ 然後에 ᄯᅩᄒᆞᆫ 能히 그 製造ᄒᆞ는 業을 就ᄒᆞ나니 然則 其農匠者이 能히 그 穀物로ᄡᅥ 躬히 行ᄒᆞ야 貿易홈을 不可ᄒᆞᆫ 즉 其 勢不得不商賈의 轉輸販賣홈을 待ᄒᆞ야 ᄡᅥ 其業을 便케 홀지니 是其功効가 엇지 農工의 業에 下ᄒᆞ리요 凡 天下의 貨物이 商賈로 以ᄒᆞ야 通홈이 無ᄒᆞᆫ즉 雖其耕獲ᄒᆞ는 穀이 充溢露積ᄒᆞ고 製造ᄒᆞ는 物이 精巧便利ᄒᆞ더릭도 엇지ᄡᅥ 用홈을 得ᄒᆞ리요 이러ᄒᆞ므로 生民의계 可히 업지 못홀 바이 ᄯᅩᄒᆞᆫ 商賈의 大道라 ᄒᆞ는 거시오 抑又 不但生民의계만 可히 업지 못홀 바 ᄲᅮᆫ이라 ᄯᅩᄒᆞᆫ 國家의셔도 可히 無홀 슈 업는거시 夫天下의 貨를 通ᄒᆞ며 萬國의 物을 運ᄒᆞ야 財를 營ᄒᆞ고 業을 殖ᄒᆞ며 用을 利ᄒᆞ고 生의 厚케 ᄒᆞ는 者ㅣ ᄯᅩᄒᆞᆫ 商賈만 如ᄒᆞᆫ 거시 업는 故로 商賈의 盛衰로ᄡᅥ 其國의 貧富强弱을 占ᄒᆞᄂᆞ니 此ㅣ 國家ᄡᅥ 會社를 設立ᄒᆞ고 艦隊를 派遣ᄒᆞ야 其 保護之方을 極盡히 ᄒᆞ는 者니 噫라 其關係되옴이 엇지 淺鮮ᄒᆞ리요

037

1899년 4월 11일 제37호 2면 1단 論說

요약 전국 각지에 도적이 발생하는 현 상황에서 귀순을 권고하며 비판하는 논설이다. 과거의 도적 발생 요인을 논하였다. 그와 동시에 경무사 원우상, 내부서리 민종묵 등의 관리들이 법 기강을 다시 세우려는 노력을 높이 치켜세운다. 이를 통해 들끓는 현 상황을 타개할 방책이 필요함을 강론하고 있다.

皇城內外及畿輔列郡各地方盜賊之弊戢捕歸順之方

國家自比年以來로 雖曰 豐年樂歲ᄂᆞ 盜賊이 熾盛ᄒᆞ야 於輦轂都市之間에 橫行ᄒᆞ며 於府郡坊曲之中에 出沒ᄒᆞ야 劫掠閭里ᄒᆞ며 剽奪行旅ᄒᆞ야 剪徑殺越之弊가 項背相望ᄒᆞ고 踵趾相交ᄒᆞ야 今日**海西**[1]에 有賊警이라 ᄒᆞ고 明日**關東**[2]에 有盜患이라 ᄒᆞ야 諸郡의 報牒은 雪片의 紛飛홈과 如ᄒᆞ고 昨夜某家에 遭揮釖之變이라 ᄒᆞ며 今夜 何人이 被脫衣之患이라 ᄒᆞ야 各署告狀은 蝟毛의 交集홈과 如ᄒᆞ야 部廳之訓示와 府郡之令飭이 十百의 不止ᄒᆞ되 愈往홀ᄉᆞ록 愈甚ᄒᆞ야 맛참 戢遏

지 1 황해도(黃海道)
2 강원도(江原道)

치 못ᄒᆞ니 是曷故焉인고 盖法綱이 弛敗하고 規模踈謬하야 由章程之不得其便한 所致라 今試究其源委則一自癸甲以來로 歉荒을 連値ᄒᆞ고 艱虞를 仍遭ᄒᆞ야 彼潑皮無賴之輩덜리 乘時突起ᄒᆞ야 一國을 騷屑ᄒᆞ니 紀綱이 自是而頹敗ᄒᆞ고 法令이 因是而弛懈ᄒᆞ야 嘯黨聚族에 自以爲無所顧忌라가 一朝에 王師奮武ᄒᆞ야 羣魁를 掃蕩ᄒᆞ니 비로소 天威에 嚴肅ᄒᆞᆷ을 讋伏ᄒᆞ나 維我聖天子仁厚之澤으로 懷柔安集케 ᄒᆞ시건만은 다만 爲官吏者ᄂᆞᆫ 能히 聖德을 宣布ᄒᆞ지 못ᄒᆞ며 爲豪强者ᄂᆞᆫ 또ᄒᆞᆫ 忿恨을 洗雪코져 ᄒᆞᄂᆞᆫ 故로 噫彼至愚至蚩ᄒᆞᆫ 民이 疑懼가 未釋ᄒᆞ고 反側이 難安ᄒᆞ야 一則生業이 蕩盡ᄒᆞ니 歸依가 無所ᄒᆞ고 一則貪暴이 橫加ᄒᆞ니 逃生이 沒計라 於是에 張膽怒目에 奮臂揚拳ᄒᆞ여 旣落此坑ᄒᆞ니 只可判命이라 ᄒᆞ고 跡을 祿林之黨에 投ᄒᆞ며 身을 江湖之客에 託ᄒᆞ야 此不義不法之事를 行ᄒᆞ야 禁網에 自觸ᄒᆞ며 死命을 自求ᄒᆞ니 信乎其飛蛾之撲燈이요 螳螂之捕蟬이라 畢竟은 邦法을 難逭ᄒᆞᆯ 거시니 진실노 可哀可歎ᄒᆞ거니와 第以其戢捕之方으로 論ᄒᆞᆯ진ᄃᆡ 誠踈謬莫甚ᄒᆞᆫ지라 自討捕鎭管革罷한 後로 各郡巡校는 羸殘零星에 名色이 僅存ᄒᆞ고 畿輔諸郡에 別校를 雖設ᄒᆞᄂᆞ 比前觀之ᄒᆞᆫ즉 氣死意敗ᄒᆞ야 譏捕가 無念ᄒᆞᆫᄃᆡ 況今賊黨은 銃丸六穴과 利刃長鎗으로 嘯屯盤窩에 氣力百倍ᄒᆞ거ᄂᆞᆯ 以二三殘弱之校로 手無寸鐵ᄒᆞ고 只一條紅絲와 三尺白椎로 當敵도 猶難커든 엇지 捕縛을 敢望ᄒᆞ리요 도로혀 被縛지 아니ᄒᆞ면 是幸일가 ᄒᆞᆯ거시오 또ᄒᆞᆫ 偶然히 一賊二賊을 捉得ᄒᆞ여도 交質之法은 歲月을 延拕ᄒᆞ고 審辦之案은 懲役에 僅止

ᄒᆞ다가 幾日을 不過ᄒᆞᆫ즉 又蕩蕩平減等之典이 遽降矣라 엇지 그 盜賊의 習을 止戢케 ᄒᆞ리요 今에 警務使**元禹常**[3]氏의 質稟ᄒᆞᆫ 書와 **內部**[4]署理**閔種默**[5]氏請議ᄒᆞᆫ 案을 見ᄒᆞᆫ즉 可謂其弊源을 深究ᄒᆞ고 其良規를 改定코져ᄒᆞᄂᆞᆫ 注意ᄂᆞ 다만 此ᄂᆞᆫ 一條方便而已요 若 其根를 痛除ᄒᆞ고 其患을 永杜코져 ᄒᆞᆯ진ᄃᆡ 엇지 ᄃᆞ만 此에 止ᄒᆞᆯ 분이리요 우리ᄂᆞᆫ 願ᄒᆞ기를 아모조록 當局ᄒᆞ신 諸公은 愈思愈究ᄒᆞ며 博採廣議ᄒᆞ야 期여이 國家로 ᄒᆞ여곰 夜에 戶를 閉치 아니ᄒᆞ고 道에 遺를 拾지 아니ᄒᆞ도록 方略을 施設ᄒᆞ고 事爲에 果行ᄒᆞ면 譬之컨ᄃᆡ 魑魅罔兩이 遁形滅影ᄒᆞ야 敢히 大明之下에 妖恠를 現露치 못ᄒᆞᆯ 듯ᄒᆞ노라

인 3 원우상(元禹常)
5 민종묵(閔種默)

관 4 내부(內部)

038

1899년 4월 13일 제38호 2면 1단 論說

요약 금화 주조를 반대하는 논설이다. 당시 시행하던 당오전 등의 화폐를 대체해서 제국을 선포한 국격에 맞게 금화를 주조하자는 의견을 반박하였다. 금이 많이 나지 않는 나라에서 금화를 주조하고자 한다면 금을 외국에서 수입해와야 하는 상황이 생긴다. 이는, 국가의 부를 외국 상인에게 주는 행위와 같다고 말하고 있다. 논설의 말미에는 일본의 예를 들고 있다. 번영한 일본도 은화를 쓰다가 최근에야 금화를 조금씩 주조하고 있다. 아직 번영하지 못한 대한제국에서의 금화주조는 시기상조라 하는 것이다.

錢幣問對

客이 有以錢幣之事로 來問ᄒᆞᄂᆞᆫ 者ㅣ 曰 方今國用이 匱竭ᄒᆞ여 度支의셔 能히 仰給지 못ᄒᆞ야 汲汲ᄒᆞ옴이 苗가 烈陽之中에 在ᄒᆞ야 將枯ᄒᆞᆷ과 如ᄒᆞ나 然이ᄂᆞ 茶筭酒課와 架稅陌錢等一切苟且ᄒᆞᆫ 政은 可爲치 못ᄒᆞᆯ지요 賣官賣爵도 ᄯᅩᄒᆞᆫ 可爲치 못ᄒᆞᆯ지나 惟鑄錢一欵은 可以爲之ᄒᆞᆯ만 ᄒᆞ나 然이나 又此錢幣란 者난 自古及今으로 善計가 迄無ᄒᆞ야 始雖求利ᄂᆞ 終或 害를 貽ᄒᆞᄂᆞ니 如何ᄒᆞᆫ즉 可ᄒᆞᆯ고 主人曰 此는 難知ᄒᆞᆯ 거시 아니라 物이 其文을 稱ᄒᆞᆫ즉 其錢이 行ᄒᆞᆷ을 久ᄒᆞ야 利가 有ᄒᆞ고 文이 於物에 浮ᄒᆞᆫ즉 其錢이 中廢ᄒᆞ야 害가 有ᄒᆞ

나니 請컨ᄃᆡ 已然之事로 言之ᄒᆞ면 當五錢이 始出ᄒᆞ야는 文與物이 僅히 相稱한 故로 國中에 行ᄒᆞ되 甚히 折閱홈은 無ᄒᆞ더니 鼓鑄이 旣久홈ᄋᆡ 錢이 漸漸濫惡ᄒᆞ야 至於西營所鑄한 者則 觸手成碎ᄒᆞ야 其物所入이 實狀一文에 不過ᄒᆞᆫ 故로 當五가 卒降ᄒᆞ야 一文이 爲ᄒᆞ고 止ᄒᆞ니 今日에 至ᄒᆞ야 現行ᄒᆞᄂᆞᆫ 四幣인즉 論者이 始或 不便ᄒᆞ다 謂하나 然이나 及今ᄒᆞ야난 오히려 大患은 無ᄒᆞ니 此ᄂᆞᆫ 無他라 文과 物이 與ᄒᆞ야 相稱한 故이라 今을 爲ᄒᆞ야 計ᄒᆞ건ᄃᆡ **典圜**[1]의 職을 任한 者덜이 厥利의 過多홈을 毋貪ᄒᆞ고 오직 文物의 相稱홈만 求한즉 庶幾國用을 可敷ᄒᆞᆯ 거시요 上下之間에 利益을 均得ᄒᆞᆯ지라 客이 又曰 今 或者이 言ᄒᆞ기를 我邦은 萬乘之國也라 엇지 可히 銀錢만 鑄ᄒᆞᆯ 而已리요 맛당이 金錢을 鑄ᄒᆞ야 以天下에 富홈을 示홈이 子의 意에 又何如ᄒᆞ다 ᄒᆞᄂᆞ요 曰 我國은 礦學이 不明ᄒᆞ야 金의 出ᄒᆞᆫ 者至少ᄒᆞ니 今에 將鑄코져 ᄒᆞᆯ진ᄃᆡ 必於外國에 賣用ᄒᆞ야 金價이 日踊ᄒᆞᆯ 거시니 是其勢所鑄ᄒᆞᆯ 者이 五分인즉 所入ᄒᆞᄂᆞᆫ 費ᄂᆞᆫ 必七八分이ᄂᆞ 倍ᄒᆞᆯ 거시니 我의 肉을 割ᄒᆞ야 外國의 商을 肥케 ᄒᆞᆯ지라 엇지 可爲ᄒᆞ리요 **日本**[2]은 卽 今天下의 富强으로 號稱ᄒᆞᆫ 者이ᄂᆞ 然ᄒᆞᄂᆞ 政治를 維新ᄒᆞᆫ지 三十年間에 ᄃᆞ만 銀貨를 用ᄒᆞ다가 今에 及ᄒᆞ야 비로소 이에 金錢을 鑄코져 ᄒᆞ야써 其富强홈을 誇ᄒᆞ려 ᄒᆞᆫ즉 此又難易輕重의 明驗이 아니야 或者의 說이 諂諛가 아니면 곳 愚惑ᄒᆞᆫ지라 請컨ᄃᆡ 子ᄂᆞᆫ 復言치 勿ᄒᆞ라 客曰 然則 我國은 純元之貨ᄂᆞᆫ 全無ᄒᆞ고 補助之貨만 只鑄ᄒᆞᆫ즉 爲先目前에 鼓鑄ᄒᆞᄂᆞᆫ 利ᄂᆞᆫ 得ᄒᆞ되 其於全國物價의

국 2 일본(日本)

관 1 전환국(典圜局)

昂騰ᄒᆞᄂᆞᆫᄃᆡ 엇지 ᄒᆞᆯ고 曰 是ᄂᆞᆫ 不然ᄒᆞᆷ이 有ᄒᆞ니 假使典圜으로 專혀 赤白二銅之貨만 鑄ᄒᆞ면 果然 子言과 如ᄒᆞᆯ지ᄂᆞ 不可不財用을 糜費ᄒᆞ더ᄅᆡ도 銀貨를 多鑄ᄒᆞ야써 純元之貨를 作ᄒᆞᆫ 然後에 庶可以子母之權을 攝ᄒᆞ고 輕重之用을 通ᄒᆞ야 物價高騰之獘를 塞ᄒᆞᆯ거시요 錢幣加計之患을 祛ᄒᆞᆯ지니 비록 金錢을 不鑄ᄒᆞ여도 엇지 元貨를 無케 ᄒᆞ리요 請컨ᄃᆡ 試思之ᄒᆞ라

039

1899년 4월 15일 제39호 2면 1단 論說

요약 러시아 시베리아 철도의 만주・요동 지역 연장과 그로인한 러시아의 세력 확장을 경계한 글이다. 논자는 지난 역사에서 중국이 아시아의 중심이었지만, 최근에는 러시아를 비롯한 서구 열강들의 침탈이 이어져 분열될 것을 경계하였다. 중국의 분열은 곧 아시아의 중심이 해체되는 것임을 주장하고 있다.

痛哭中華[1]

現今 世界地球를 中分ᄒᆞ야 二半球를 劃ᄒᆞ니 東曰 東半球요 西曰 西半球라 東西全球之中에 又 六大洲 曰**歐羅巴洲**[2] 曰**阿弗利加洲**[3] 曰**大洋洲**[4]는 東半球之四大世界요 曰**北亞美利加洲**[5] 曰**南亞美利加**[6]는 西半球之二大世界니 此中에 惟**亞洲**[7] 最大ᄒᆞ야 地面之積이 爲一億八千二百六十四萬二千一百餘方里요 其 邦國의 區劃ᄒᆞᆫ바는 曰**大韓**[8]**支那**[9]**日本**[10]**安南**[11]**暹羅**[12]**緬甸**[13]**印度**[14]**西藏**[15]**波斯**[16]等 諸國이니 盖 支那一片은 土地最大ᄒᆞ야 全洲三分之二를 據ᄒᆞ니 其 地面之積이 九十餘萬方里에 至ᄒᆞ고 其 人口之衆이 四億餘萬口의 多ᄒᆞ니 其 疆土를

지 2 유럽주(the Continent of Europe)
3 아프리카주(the Continent of Africa)
4 오세아니아주(the Continent of Oceania)
5 북아메리카주(the Continent of North America)
6 남아메리카주(the Continent of South America)
7 아시아주(the Continent of Asia)

국 1 중국(中國)
8 대한제국(大韓帝國)
9 중국(中國)
10 일본(日本)

11 베트남(Vietnam)
12 태국(Thailand)
13 미얀마(Myanmar)
14 인도(India)
15 티베트(Tibet)
16 페르시아(Persia)

인 19 복희씨(伏犧氏)
20 황제헌원(黃帝軒轅) · 전욱고양(顓頊高陽) · 제곡고신(帝嚳高辛) · 당 제요(唐 帝堯) · 우 제순(虞 帝舜)
21 하 우왕(夏 禹王) · 은 탕왕(殷 湯王) · 주 문왕(周 文王) · 주 무왕(周 武王)

지 17 서양(西洋)
18 아시아주(the Continent of Asia)
27 서양(西洋)
29 시베리아(Siberia)
30 만저우(滿洲)
31 랴오둥(遼東)

국 22 한(漢)
23 당(唐)
24 송(宋)
25 명(明)
26 수(隋)
28 러시아(Russia)

計ᄒᆞ며 其 人口를 總ᄒᆞ건ᄃᆡ **歐美**[17]列國도 除其呑轄ᄒᆞ면 敢히 與齒ᄒᆞᆯ 者無ᄒᆞ니 若以如玆土地人口로 苟能精神을 奮勵ᄒᆞ며 事業을 振起ᄒᆞᆫ즉 可히써 駕歐凌美에 橫行天下ᄒᆞᆯ지어늘 奈何로 春夢에 酣豢ᄒᆞ고 時日을 牽補ᄒᆞ니 彼耽耽然虎視者와 闖闖然狼噬者와 封豕之衝突者와 猛獸之猗吃者이 盤蹲環踞ᄒᆞ야 方將染指嘗臠코져 ᄒᆞ니 未知原中之鹿이 誰手에 竟死ᄒᆞ며 俎上之犬이 何口에 致呑ᄒᆞᆯᄂᆞᆫ지 嗚乎思之及此에 令人痛哭無地요 噫라 我**亞細亞**[18]之中華一片은 自**伏羲**[19]書契以來로 **五帝**[20]**三王**[21]과 **漢**[22]**唐**[23]**宋**[24]**明**[25]을 歷ᄒᆞ야 今日에 至于ᄒᆞ니 五千餘年之間에 興亡盛衰ᄂᆞᆫ 固千百其變이로ᄃᆡ 其一得一失과 一廢一立은 實노 我黃種人物에 不外ᄒᆞᆫ 故로 雖其法令制度ᄂᆞᆫ **隨**[26]代損益ᄒᆞ나 惟五千年相傳之人紀天綱과 風教禮樂은 傳守ᄒᆞᆷ이 固自如ᄒᆞ더니 奈何 近代에 至ᄒᆞ야는 寥寥히 一個英雄이 無ᄒᆞ야 以五千年傳守之好疆土好人物로 束縛待奪於**泰西**[27]之人이 其可乎아 否아 試思之ᄒᆞ라 我今日衣服飮食이 何國으로붓터 肇ᄒᆞ며 我今日綱常彛倫이 何國으로붓터 明ᄒᆞ며 我今日詩書禮樂이 何國으로붓터 出ᄒᆞ며 我今日教化文物이 何國으로붓터 起ᄒᆞ엿난고 若 中華人士로ᄒᆞ여곰 歐美의 版籍에 一入ᄒᆞ면 我風教倫綱이 掃地盡矣리니 嗚乎思之及此에 寧不痛哭一場이리요 噫라 今見歐洲人氏의 支邦帝國 分裂論 則 日 支邦帝國이 分裂之患을 到底不能避라 ᄒᆞ고 又曰 老大帝國分裂ᄒᆞᆷ에 土地奪略上最好位置를 占ᄒᆞᆫ 者ᄂᆞᆫ 實노 **露西亞**[28]인ᄃᆡ **西比利亞**[29]鐵道이 延長ᄒᆞ야 **滿洲**[30]**遼東**[31]에 橫斷ᄒᆞ면 實支邦分裂ᄒᆞᆯ 根源이니 露西亞의 支

邦北方을 呑食ᄒᆞᄂᆞᆫ거슬 誰敢防遏ᄒᆞᆯ 者이며 其望蜀ᄒᆞᆯ 慾을 向ᄒᆞ야 吾人이 果然如何ᄒᆞᆫ 備를 爲ᄒᆞᆯ지 다ᄆᆞᆫ 二策이 有ᄒᆞ니 其一은 即露西亞가 北方을 侵略ᄒᆞᄂᆞᆫ 間에 我ᄂᆞᆫ 南方地를 略ᄒᆞ야 各各速히 分轄ᄒᆞᆷ이 可ᄒᆞ고 其二ᄂᆞᆫ 各國이 互相協同ᄒᆞ야 若或 **清國**[32]의 政府를 新케 共히 合力하야 支邦를 救濟ᄒᆞᆷ이 可ᄒᆞ나 支邦現政府가 支邦害毒에 最ᄒᆞᆫ 者인즉 頑冥不靈ᄒᆞ야 改善ᄒᆞᆯ 意ᄂᆞᆫ 無ᄒᆞ고 貪饕淫慾으로 腐敗ᄒᆞᆷ이 膏肓의 既入ᄒᆞ니 現政府를 依ᄒᆞ야 支那의 保全ᄒᆞᆷ을 不能ᄒᆞᆯ거시니 吾人이 須覺悟ᄒᆞᆷ이 可ᄒᆞᆯ지라 又曰 若第一策을 依ᄒᆞ야 露西亞의 南下ᄒᆞᆷ을 拒ᄒᆞ고 支那를 分轄ᄒᆞᆯ진ᄃᆡ **英國**[33]은 **上海**[34]漢江으로 到ᄒᆞ아 **楊子江**[35]岸ᄭᆞ지 占領ᄒᆞ고 **米國**[36]은 **福州**[37]나 **廈門**[38]이나 取ᄒᆞ고 日本은 **天津**[39]과 直隷地步를 占고ᄒᆞ 三國이 同盟聯合ᄒᆞ야 **露國**[40]을 向ᄒᆞ면 其 野心을 挫折ᄒᆞ기 不難ᄒᆞ다 ᄒᆞ엿스니 噫라 奚特 此三國분이리요 現에 **德國**[41]은 膠州[42]灣에셔 沂州[43]府로 派兵占據ᄒᆞᆫ다 ᄒᆞ고 至於**意太利**[44]**丁抹**[45]**白耳義**[46]等小小諸邦도 ᄯᅩᄒᆞᆫ 乘機伺隙에 張牙無瓜而進ᄒᆞ니 嗚乎라 **中國**[47]은 其無人焉이로다 然則 將次 五千餘年傳守ᄒᆞ든 帝王疆土와 **華夏**[48]文物로 ᄒᆞ여곰 瓜分豆裂ᄒᆞ야 或 歐或美의 分轄ᄒᆞᆷ을 任他ᄒᆞᆫ즉 其緬甸印度安南西藏等諸國은 固無擧論ᄒᆞ고 東洋諸邦에 將次第下手ᄒᆞ야 一片乾淨之土이 無ᄒᆞᆯ커시니 嗚乎 思之及此에 令人氣奮如山이라 엇지 放聲大哭지 아니ᄒᆞ리요 噫라 今에 哭殺**董卓**[49]ᄒᆞ기 不能ᄒᆞᆫ 則 다만 哭之라도 無益이요 思之ᄒᆞ면 徒奮이라 寧廢書不讀ᄒᆞ거ᄂᆞ 焚筆不寫ᄒᆞ거ᄂᆞ ᄒᆞᆫ즉 可乎아 更思之ᄒᆞ니 大抵陰이 雖壯ᄒᆞ

인 **49** 동탁(董卓)

지 **34** 상하이(上海)
35 창강(長江)
37 푸저우(福州)
38 샤먼(廈門)
39 톈진(天津)
42 자오저우(膠州)
43 이저우(沂州)

국 **32** 청(清)
33 영국(United Kingdom)
36 미국(United states of America)
40 러시아(Russia)
41 독일(Germany)
44 이탈리아(Italy)
45 덴마크(Denmark)
46 벨기에(Belgium)
47 중국(中國)
48 중국(中國)

책 50 『주역(周易)』

여도 陽이 盡消홀 理가 無흔 故로 周易[50]에 剝이 盡ᄒ면 復이 生ᄒᄂ니 我 蒼蒼ᄒ신 老天이 昭昭히 在上ᄒ샤 仁愛로써 監下ᄒ시니 寧肯以五千年文明古國에 億萬口教化生靈으로 頓然히 水火之中에 付之ᄒ샤 救濟ᄒ시지 아니ᄒ리요 且其 明神地祇도 쏘흔 其柴望精秩之享을 廢코져 아니홀 듯ᄒᄂ니 是로 以ᄒ야 自解ᄒ노라

040

1899년 4월 17일 제40호 2면 1단 論說

요약 농지 분배제도에 대한 글이다. 원나라 유학자 왕정의 구획하는 방법을 상세히 소개하고 있다. 밭을 어떻게 나누는지에 대해서 그치지 않고, 각 가구의 식구 수와 경작 능력에 따라 배분하는 것까지 상세하게 설명하고 있는 논설이다. 이는 박지원(朴趾源) 〈전제(田制)〉(「과농소초(課農小抄)」『연암집(燕巖集)』 卷17)의 내용을 요약한 것이다. 박지원의 농지 개혁안을 통하여 균등한 토지 분배와 경영의 중요성 등을 강조했다고 볼 수 있다.

田制區田之利

元[1]儒王禎[2]이 曰 按舊說에 區田地一畝에 濶一十五步요 每步五尺이니 計七十五尺이요 每一行에 占地一尺五寸ᄒᆞ면 該分五十行에 長十六步니 計八十尺이요 每行一尺五寸과 該分五十行長濶相乘ᄒᆞ면 通二千七百區니 空一行은 種ᄒᆞ고 於所種行內에 隔一區ᄒᆞ야 種一區ᄒᆞ면 隔空을 除ᄒᆞᆫ 外ᄂᆞᆫ 可種이 六百七十五區요 每區에深一尺이니 熟糞一升을 用ᄒᆞ야 與區土로 相和ᄒᆞ야 布穀에 匀覆케 ᄒᆞ고 以手按實ᄒᆞ야 令土種으로 相着케 ᄒᆞ고 苗出ᄒᆞ거든 稀稠를 看ᄒᆞ야 希留ᄒᆞ고 鋤不厭頻ᄒᆞ며 旱則澆灌하고 結子時ᄂᆞᆫ 鉏土로 其根을 深擁ᄒᆞ야

인 2 왕정(王禎)

국 1 원(元)

인 5 은 탕왕(殷 湯王)
6 이윤(伊尹)
7 가사협(賈思勰)

책 3 『범승지서(氾勝之書)』
4 『무본서(務本書)』

以大風의 撓拔홈을 防ᄒᆞᄂᆞ니 古人이 依此布種ᄒᆞ면 每區에 收穀이 一斗요 每畝에 六十六石을 可收ᄒᆞ거늘 今人은 學種ᄒᆞ면 可히 折半으로 計ᄒᆞ리라 又叅考**氾勝之書**[3]와 及**務本書**[4]흔즉 謂**湯**[5]有七年之旱이어늘 **伊尹**[6]이 區田을 作ᄒᆞ야 糞種홈을 教民ᄒᆞ고 負水澆稼ᄒᆞ야 諸山陵傾坂과 及峻城上에도 皆可為홀만ᄒᆞ니 其區를 當於間時에 先掘下ᄒᆞ야 正月은 春麥을 種ᄒᆞ고 二三月은 山藥과 芋子를 種ᄒᆞ고 三四月은 粟及大小豆를 種ᄒᆞ고 八月은 二麥豌豆를 種ᄒᆞ야 節次為之ᄒᆞ되 貪多홈은 不可ᄒᆞ니 夫 豐儉이 不常홈은 天의 道라 故로 君子ᄂᆞᆫ 思慮ᄒᆞ야 預防홈을 貴케 ᄒᆞᄂᆞ니 竊謂古人種區之法이 本是 禦間濟時를 為홈이나 如 山郡은 土地高仰ᄒᆞ니 歲歲如此히 種播흔즉 可히 常熟홀지ᄂᆞ 惟近家瀕水ᄒᆞ면 為上ᄒᆞ니 其種은 牛犂를 不煩ᄒᆞ고 但鍬鉏으로 墾掘ᄒᆞ니 又貧艱에 便흔지라 大抵 一家五口이 一畝를 可種ᄒᆞ면 已自足食홀 거시오 家口이 多흔 者ᄂᆞᆫ 隨數增加ᄒᆞ야 男女兼作ᄒᆞ되 婦人과 童稚ᄂᆞᆫ 量力分工ᄒᆞ야 課業을 定為ᄒᆞ고 精勤을 各務ᄒᆞ되 若糞治홈이 得法ᄒᆞ고 沃灌홈이 以時로ᄒᆞ야 人力이 既到ᄒᆞ면 地利가 自饒ᄒᆞ야 雖遇災라도 損耗ᄒᆞ기 不能홀지니 用省而功倍ᄒᆞ고 田少而取多ᄒᆞ야 全家歲計를 指期可必ᄒᆞ리니 此救貧之捷法이요 備荒之要務라 **賈思**[7]曰 區田은 以糞氣로 為美ᄒᆞ고 非必良田을 須홀지니 諸山陵近邑에 高危傾坂及他城上에 皆為區田ᄒᆞ면 區田은 傍地를 不耕ᄒᆞ고도 地力을 庶盡홀지라 凡區種은 治地를 不先ᄒᆞ고 荒地로 為ᄒᆞ되 以畝為率ᄒᆞ야 今一畝之地가 長十八丈廣四十八尺을 當横分十八丈ᄒᆞ야 十

五町을 作ᄒᆞ고 町間에 十四道를 分ᄒᆞ야ᄡᅧ 人行을 通ᄒᆞ되 道廣은 一尺五寸이요 町은 皆廣一尺五寸이요 長四丈八尺이니 町에다 溝를 作ᄒᆞ되 濶이 一尺이요 深亦一尺이요 穰를 溝間에 積ᄒᆞ되 相去이 亦一尺이니 恒常 一尺地積穰을 相受치 勿케 ᄒᆞ고 二尺地를 弘作ᄒᆞ야 積穰으로 溝間에 禾黍를 種ᄒᆞ되 夾溝ᄒᆞ야 兩行으로 ᄒᆞ며 去溝兩邊에 各二寸半式ᄒᆞ고 中央으로 相去ᄂᆞᆫ 五寸이요 兩行相去도 亦五寸이요 一溝에 四十四株를 容케 ᄒᆞ면 一畝에 合이 萬五千六百五十株요 禾黍를 種ᄒᆞ고 ᄒᆞ여곰 上으로 一寸土이 有케 ᄒᆞ되 ᄯᅩᄒᆞᆫ 過ᄒᆞᆷ은 不可ᄒᆞ니 凡區에 種麥은 令相去二寸이요 一行一溝에 容五十二株ᄒᆞ면 一畝에 凡四萬五千五百五十株니 麥이 上土ᄒᆞᆷ를 令厚二寸ᄒᆞ고 凡 區種大豆ᄂᆞᆫ 令相去一尺二寸이요 一溝에 九株를 容케 ᄒᆞ면 一畝에 六千四百八十株요 區種荏은 令相去三尺이요 胡麻ᄂᆞᆫ 相去一尺이니 區種을 天旱이거든 常漑之ᄒᆞ면 一畝에 收百斛ᄒᆞ리니 上農夫는 區方深이 各六寸이요 間相去九寸이니 一畝에 三千七百區니 一日에 千區를 作ᄒᆞ고 區種粟二十粒을 美糞一升으로 合土和之ᄒᆞ야 畝에 二升을 用種ᄒᆞ면 秋收는 區三升粟ᄒᆞ리니 畝收百斛이요 丁男壯女은 治十畝니 畝收千石ᄒᆞ면 歲食三十六石이니 二十六年을 支ᄒᆞᆯ 거시오 中農夫ᄂᆞᆫ 區方九寸이요 深六寸이요 相去二尺이니 一畝에 千二十七區라 一升을 用種ᄒᆞ면 收粟五十一石이니 一日에 作三百區ᄒᆞ고 下農夫ᄂᆞᆫ 區方九寸深六寸이요 相去二尺이니 一畝五百六十七區라 六升을 用種ᄒᆞ면 二十八石을 收ᄒᆞᆯ지니 一日에 二百區를 作ᄒᆞᆯ지라 (未完)

041

1899년 4월 19일 제41호 2면 1단 論說

요약 1899년 4월 17일 자(제40호)에 이어 박지원 〈전제〉(「과농소초」『연암집』 卷17)의 내용을 간추려 소개했다. 앞서 제40호에서는 토지제도를 이야기하고 있다. 이 글의 초반부는 조선 중기 문신인 이상진의 농법을 소개하였으며, 후반부에서는 화전(火田)의 폐해를 이야기하였다.

인 1 이상진(李尙眞)

田制二區田之利(前號續)

區田之法은 不獨墝瘠之地만 宜行홀분이라 凡於膏沃之土에도 尤善ᄒᆞ며 不獨旱田에 爲宜라 雖水田이라도 亦好ᄒᆞ니 世傳故相**李公尙眞**[1]氏의 未第홀 時에 家貧突寒ᄒᆞ야 三餘工課를써 爲資홀 슈 업더니 土校田東屹者이 親善ᄒᆞᆫ 人으로 悶然히 녁여 乾支山下에 有人의 廢田半日耕地를 以錢五十文으로 爲買ᄒᆞ고 方秋樹木津盛홀 時에 相與其枝柯可腕大者를 折取ᄒᆞ야 橛推數千枝를 作ᄒᆞ야 其田中의다가 遍히 椎揷ᄒᆞ엿더니 翌年春에 至ᄒᆞ야 其橛을 拔ᄒᆞ고 以熟土一掬으로 其科에 盈케 ᄒᆞ고 粟數粒을 卜ᄒᆞᆫ 後更以熟土로 覆ᄒᆞ엿더니

及秋에 粟五十石을 得ᄒᆞ니 盖木橛이 土中에 入ᄒᆞ야 經冬ᄒᆞᆫ즉 雪水에 木津과 土液이 相凝ᄒᆞ고 橛皮ᄂᆞᆫ 杇爛ᄒᆞ야 亭毒ᄒᆞᆷ이 自然糞壤을 成ᄒᆞ야 地氣가 堅實ᄒᆞ미 所以大熟을 能致ᄒᆞᄂᆞ니 耒耜를 不煩ᄒᆞ고 只 一小椎 一尺木橛로 能히 千斗粟을 得ᄒᆞ고 負薪치 아니ᄒᆞ야도 數千橛이 三冬을 足煖ᄒᆞ니 此ᄂᆞᆫ 又 區種의 別法이라 가쟝 窮儒의 刀이 能히 躬耕負薪치 못ᄒᆞᄂᆞᆫ 者의 效를 爲ᄒᆞᆯ만 ᄒᆞ되 美談을 空傳ᄒᆞ고 맛참 行ᄒᆞᄂᆞᆫ 者 無ᄒᆞ니 진실노 可慨惜ᄒᆞᆫ지라

田制三

我國田名이 有方田 直田 句股田 梯田 圭田之等ᄒᆞ니 此ᄂᆞᆫ 以形面이 不皆正方ᄒᆞᆫ 故이라 打量之初에 隨形立名ᄒᆞ야써 其境界丈尺을 紀ᄒᆞᆫ 바요 有曰 垈田 浦田 坪田 火田 洞沓 洑沓 堰沓 反音(翻)沓之名ᄒᆞ니 此則 以其山野江海處地의 不同ᄒᆞᆷ으로 隨制異名ᄒᆞᆫ 거시라 今에 元[2]儒王禎[3]의 田制譜로써 叅之則 圍田 櫃田 塗田 沙田이 我國 江海之間에 固多有之ᄒᆞ니 名雖不同而制則略似ᄒᆞᆫ지라 域內에 山은 多ᄒᆞ고 野이 少ᄒᆞ므로 梯山爲田이 所在에 皆是라 無論水種旱播ᄒᆞ고 膏沃ᄒᆞᆷ이 或 平野보담 勝ᄒᆞ고 其 峭峰峻坂에 烈火로 燒菑ᄒᆞᄂᆞᆫ 거ᄉᆞᆫ 梯級도 不成ᄒᆞ고 偏跪以耕ᄒᆞ며 一年種粟ᄒᆞ고ᄂᆞᆫ 去又他之ᄒᆞᄂᆞᆫ 者를 名曰 山火田이라 此는 梯田 永業과 與ᄒᆞ야 不同ᄒᆞ고 其 山腰以上에 在ᄒᆞ면 國典에 有禁ᄒᆞ기로 故處士柳

인 3 왕정(王禎)

국 2 원(元)

인 4 유형원(柳馨遠)

馨遠[4]氏가 以爲可히 恒田을 作ᄒᆞᆯ 者 外에는 凡諸山望에 皆當禁其焚耕이라 ᄒᆞ니 此 其意ᄂᆞᆫ 民이 能히 恒田에 服勤ᄒᆞ면 猶足히써 力을 食ᄒᆞᆯ만 ᄒᆞ거ᄂᆞᆯ 不此之爲ᄒᆞ고 이에 廣作을 務ᄒᆞ아 近効를 邀ᄒᆞ니 此ᄂᆞᆫ 農家之中에도 亦有捨本趨末之弊와 左右壟斷之賤故로 所以深惡而欲抑之ᄒᆞ야 ᄒᆞ여곰 其恒田에 專力케 ᄒᆞᆷ이요 實노 禁ᄒᆞᆷ은 아니라 峽民이 雖愚ᄒᆞᄂᆞ 能히 ᄉᆞᄉᆞ로 土宜를 相ᄒᆞ야 土性의 堅實ᄒᆞᆷ과 天陽을 多受ᄒᆞᄂᆞᆫ 地를 擇ᄒᆞ야 明年에 將墾ᄒᆞᆯ진ᄃᆡ 今秋에 預於所占ᄒᆞᆫ 區에 伐木刈草ᄒᆞ야 其土에 鋪覆ᄒᆞ엿다가 臨耕에 其枯柴를 燔ᄒᆞᄂᆞ니 此ᄂᆞᆫ 火田의 恒規요 若其土氣가 虛脆ᄒᆞ야 受風散漫之處則耒鋤가 初不入ᄒᆞᄂᆞᆫ 故로 其耕墾을 曾經ᄒᆞᆫ 地ᄂᆞᆫ 雖長霖暴雨라도 一沙이 不汰ᄒᆞ고 曾히 一墾도 未ᄒᆞᆫ 者ᄂᆞᆫ 乃是從古可耕치 못ᄒᆞᆯ 地라 余가 嘗行峽中ᄒᆞ더니 宿霧彌谷ᄒᆞᆯ 時에 叱牛之聲이 聞ᄒᆞ되 天上에셔 出ᄒᆞ고 丁寧 懇惻ᄒᆞᆷ이 稚子를 訓誡ᄒᆞᄂᆞᆫ 言과 如ᄒᆞ더니 向晛霧收에 始見ᄒᆞ니 兩山에 峻壁이 揷天ᄒᆞᆫᄃᆡ 耕者이 雙牛를 齊駕ᄒᆞ고 白雲을 猶帶ᄒᆞ여 犁ᄒᆞ니 杳然히 一望ᄒᆞᄆᆡ 體栗心寒ᄒᆞᆷ을 不覺ᄒᆞ니 盖 危殆ᄒᆞ미 如此라 盡日토록 行ᄒᆞ되 處處이 皆然ᄒᆞᆫ즉 彼는 廣作을 務ᄒᆞᆷ이 아니요 其 實山峽農地가 至狹ᄒᆞ야 焚耕之事를 賴ᄒᆞ지 아니ᄒᆞ면써 食力ᄒᆞᆯ 슈 無ᄒᆞ니 非特收多稅輕ᄒᆞᆯ 분이라 利가 恒田보담 博ᄒᆞᆯ 而已나 此는 不必勸而作之ᄒᆞ여도 民自勸矣요 又不必禁絕之ᄒᆞᆯ거시요 ᄯᅩᄒᆞᆫ 禁ᄒᆞ여도 命을 從치 아니ᄒᆞᆯ지라 (未完)

042

1899년 4월 21일 제42호 2면 1단 論說

요약 1899년 4월 19일 자(제41호)에 이어 박지원 〈전제〉(「과농소초」『연암집』 卷17)의 내용을 간추려 소개했다. 이미 예전부터 토지를 구획하고 균등하게 나누는 제도가 있었음을 상고하였다. 그 기원이 기자임을 밝히고 있다. 이런 제도가 지금은 시행되지 않고 있지만, 다시금 정비하여 시행해야 함을 주장하고 있다. 아울러, 연암 박지원의 농지 개혁안을 제시하였다. 농지 개혁안을 소개함으로써, 균등한 토지 분배와 경영이 중요함을 강조하고 있다.

田制四 箕子[1]井田之制(前號續)

自夫 井田이 一廢로 天下耒耟의 所入이 古先王均地畫野之制를 無處可見이나 獨我國平壤城[2]外 方田이 乃是太師의 遺畫이라 其制는 井을 不爲ᄒᆞ고 田字를 爲ᄒᆞ야 橫縱이 各 四田이요 四四로 爲田者 十六이요 每田之內 各四區요 八八而區를 爲ᄒᆞᆫ 者 六十四요 區를 界ᄒᆞ야 徑이 有ᄒᆞ니 其廣이 六尺이요 田을 界ᄒᆞ야 路이 有ᄒᆞ니 其廣은 三之요 四田之外路는 面城門이니 其廣은 九之요 每區方八十三步二尺이니 實積이 爲七十畝라 久奄[1)]韓氏[3]以爲 正合于孟子[4] 所謂 殷[5]人七十而助 是也라 ᄒᆞ고 界田之首에 必對竪望石ᄒᆞ야 以爲四標

인 1 자서여(子胥餘)
3 한백겸(韓百謙)
4 맹가(孟軻)

지 2 평양성(平壤城)

국 5 상(商)

인 7 하 우왕(夏 禹王) · 은탕왕(殷 湯王) · 주 문왕(周 文王) · 주 무왕(周 武王)
10 하 우왕(夏 禹王)
11 주 무왕 희발(姬發)

국 8 하(夏)
9 주(周)

책 6 『우서(宇書)』
12 『서경』「주서(周書)」

ᄒᆞ니 土人이 呼爲法首라 ᄒᆞ며 村閭面勢가 莫不正直者ᄂᆞᆫ 徑路을 準ᄒᆞᆷ이요 籬落門巷이 莫不整齊者ᄂᆞᆫ 面勢ᄅᆞᆯ 効ᄒᆞᆷ이요 列樹行直이 少無叅差者ᄂᆞᆫ 籬落을 肖ᄒᆞᆷ이니 一正田而庶事正也라 **宇書**[6]曰 田은 四口ᄅᆞᆯ 象ᄒᆞ고 十者는 阡陌의 制라 ᄒᆞ니 **三王**[7]出治의 大法이 莫不田制에 本ᄒᆞᆫ즉 **夏**[8]人五十殷人七十**周**[9]人百畝가 其經界區劃이 大小之異가 當有ᄒᆞ나 田之四口와 井之九區이 其爲均分則 一也라 故로 譬如碁局之有道ᄒᆞ야 十井을 幷看ᄒᆞ면 摠是田字요 四田을 相比ᄒᆞ면 井이 其中에 在ᄒᆞᄂᆞ 特이 徑道之間에 細大洫溝之限이 有ᄒᆞ고 廣狹으로 經界ᄅᆞᆯ 爲ᄒᆞ므로 此爲田形이요 彼爲井劃이라 故로 吾以爲成周之井田이 箕子의계 出ᄒᆞ엿다 ᄒᆞ노니 九疇ᄂᆞᆫ 卽 井田이라 **大禹**[10]의 地平天成이 罔非土事田功而數起於一ᄒᆞ야 九에 止ᄒᆞᆫ즉 所以畫野分州도 亦惟九이요 苐田 成賦도 亦惟九이니 太師推類衍之ᄒᆞ야 **武王**[11]을 授ᄒᆞᆷ이니 此 一王之大法이라 엇지 田制에 不本ᄒᆞ리요 故로 **洪範**[12]一篇에 自初一至次九가 罔非稼穡의 極致나 獨不言田者ᄂᆞᆫ 其制九疇에 畢具ᄒᆞ미라 噫라 夫 箕田十六區ᄂᆞᆫ 天下에 所無요 吾東에 獨有ᄒᆞ야 至今 數千年來形制가 宛然ᄒᆞ고 區劃이 分明ᄒᆞ여 足히 古聖人心法遺畫이 是田之中에 在ᄒᆞᆷ을 見ᄒᆞᆯ지라 此乃千古에 至寶요 百世의 良法인 則 其寸畦尺町을 可히 猥增減ᄒᆞᆯ슈업거늘 愚民들이 一畝半疇의 大路에 犯耕ᄒᆞ야 私自附益ᄒᆞᆷ이 不無ᄒᆞ고 所謂 法首之石도 田間에 偃仆埋沒ᄒᆞᆫ 者多ᄒᆞ니 若

1) 구암(久菴)의 오기.

歲久益侵혼 則 識別ᄒᆞ기 難得홀 거시니 맛당이 道臣으로 ᄒᆞ여곰 躬自看審ᄒᆞ고 按舊踏量ᄒᆞ여 一一査正ᄒᆞ고 阡陌의 凌夷者를 增築ᄒᆞ며 區劃의 漫渙者를 疏鑿ᄒᆞ며 徑域의 田內에 冒入者를 表而出之ᄒᆞ야 舊界를 悉復케 ᄒᆞ면 竊謂 **岐陽**[13]之石鼓와 **洛邑**[14]之禹鼎이 此寶에 加ᄒᆞ기 不能홀뜻 ᄒᆞ노라

按**燕巖朴氏趾源**[15]曰 國家於東西兩郊에 法田을 置ᄒᆞ되 一以箕田으로 爲式ᄒᆞ고 深曉農理者를 擧ᄒᆞ야 ᄒᆞ여곰 田師를 作케 ᄒᆞ고 四方力田子弟數十百人으로 與之耕作호ᄃᆡ 必按古方ᄒᆞ며 益求便利可行於今者ᄒᆞ야 使各其法을 畵得ᄒᆞ여 効를 灼見혼 後에 歸之ᄒᆞ야 俾各一鄕一邑之師를 作케 ᄒᆞ고 又從ᄒᆞ여 以考試之政을 董勸혼즉 民이 無不興起樂業而農之學을 始可大明矣라 ᄒᆞ고 又曰 自**興仁門**[16]至旺十里方十里에 適爲十井之地요 自**崇禮門**[17]至西江方十里에 亦足以畫井田十六區라 ᄒᆞ니 迨此量地之日ᄒᆞ야 此言을 採用ᄒᆞ면 또혼 國計에 有補홀가ᄒᆞ노라 (完)

인 15 박지원(朴趾源)

지 13 치양(岐陽)
14 뤄이(洛邑)
16 흥인문(興仁門)
17 숭례문(崇禮門)

043

1899년 4월 23일 제43호 2면 1단 論說

요약 나라가 탄탄해진 후에 항시(港市)를 열어야 함을 주장하는 글이다. 화폐 가치가 안정됨은 부강함과 연결된다. 나라가 부강하게 되면 다른 나라의 침탈을 받지 않게 된다. 이를 통해, 백성들도 학문에 충실할 수 있게 된다. 상업 또한 발달하여 여러 나라와 무역할 수 있다. 이렇게 되면, 공업 부문에서는 배와 수레 등 기기문물도 자체 생산도 이뤄진다. 농업 부문에서는 곡식과 면화 등을 충분히 갖출 수 있다. 이런 조건이 갖춰졌을 때 항시를 열어야 이익이 생길 수 있다. 지금 대한제국은 그런 조건이 충족되지 않기 때문에, 항시를 늘리는 것을 신중하게 결정해야 함을 밝히는 글이다.

港市開設利害關係

夫 港市를 開設홈은 實노 全國財政의 關係와 生民營業의 捐益에 極히 重大훈 利害가 有호니 萬若其國에 貨幣의 元補가 均適호고 富强의 資業이 充贏호야 他邦의 凌侮홈을 受치 아니홀만 호고 쏘 其人民도 學術이 裕餘호고 智巧가 發達호야 商務의 貿易홈이 能히 萬國之貨를 輸運호며 四海之利를 籠絡호야 舟車器械를 外人의 手에 藉雇치 아니호여도 足히 自力으로 充備홀만 호고 又 其工師는 技巧를 殫호야 能히 物品을 製造홀만 호고 其農戶는 地力을 盡호야 穀絲를 充溢홀만 훈 然後에야 港市를 開設호고 內外를 交通훈

즉 可히 其生業을 滋利케 ᄒᆞ며 商務를 興旺게 ᄒᆞ야 海關의 稅入은 足히 國計에 有補ᄒᆞ고 外邦의 利源은 足히 我産에 取裕케 ᄒᆞ나니 港市의 關係가 如斯히 重大ᄒᆞ거니와 若或 不然ᄒᆞ야 其國의 貨幣가 麁惡ᄒᆞ고 形勢貧弱ᄒᆞ야 **公法**[1]을 能히 施行치 못ᄒᆞ고 約章을 ᄯᅩᄒᆞᆫ 確定치 못ᄒᆞ야 其犯禁違越之弊와 凌侮侵蔑之患을 敢히 阻遏치 못ᄒᆞ고 且 其人民은 學術이 鹵莽ᄒᆞ고 知識이 闇劣ᄒᆞ야 商賈의 貿易은 海外一寸地를 越ᄒᆞ야 輸運ᄒᆞᆯ 슈 無ᄒᆞ고 舟車器械는 專혀 他人의 手下에 仰ᄒᆞ야 出入遲速을 能히 自便치 못ᄒᆞ며 其 工人製造ᄂᆞᆫ 一件도 他邦에 輸去ᄒᆞ여 殖利ᄒᆞᆯ 것 無ᄒᆞ고 其農戶ᄂᆞᆫ 至貧極艱ᄒᆞ야 一歲所作이 僅히 其 衣食之用을 支過치 못ᄒᆞ다가 歲或歉을 値ᄒᆞ면 便流離轉徙ᄒᆞ난 境에 至ᄒᆞ야 反히 他邦의 穀을 恃ᄒᆞ니 如此ᄒᆞᆫ 國은 港市를 開設ᄒᆞᆯ진ᄃᆡ 損害이 極大ᄒᆞ야 漸漸生業에 病되ᄂᆞ니 其緣故를 言ᄒᆞᆯ진ᄃᆡ 盖 如此ᄒᆞᆫ 國은 其品物의 精巧ᄒᆞᆫ 製造ᄂᆞᆫ 他邦에 專資ᄒᆞ야 我의 工師ᄂᆞᆫ 自然製造ᄒᆞᆷ이 無價ᄒᆞ니 是ᄂᆞᆫ 工師의 病되미요 本邦의 輸出ᄒᆞᄂᆞᆫ 貨物은 穀絲에 不過ᄒᆞᆫ즉 開港이 多ᄒᆞᆯᄉᆞ록 全邦의 穀을 細細히 貿收ᄒᆞᆯ 거시니 然則 貧民은 尤貧ᄒᆞ고 外商은 尤利ᄒᆞᆯ 거시라 此ᄂᆞᆫ 農民의 病되미요 彼物品穀絲之類를 盡히 外商의 利를 做ᄒᆞᆫ즉 我商은 自然病되난 거시요 ᄯᅩᄒᆞᆫ 貨幣가 不善ᄒᆞ야 錢價이 日日下落ᄒᆞᆫ즉 我人의 買入ᄒᆞᄂᆞᆫ 物價는 踊ᄒᆞ고 他商의 籠利ᄒᆞᄂᆞᆫ 策은 長케 ᄒᆞᆯ 거시니 全國의 病源이 如此ᄒᆞᆫ즉 國家의 損害ᄂᆞᆫ 何如오 海關의 稅額은 비록 增加ᄒᆞᆯ지나 此ᄂᆞᆫ 可謂肉을 割ᄒᆞ야 腹을 充ᄒᆞᆷ이니 엇지 其可

책 1 『만국공법(萬國公法)』

지 4 시모노세키 항구(馬關港)

국 2 대한제국(大韓帝國)
3 일본(日本)
5 초(楚)
6 조(趙)

ᄒᆞ리요 今에 我韓[2]에 貨幣의 元補가 均適ᄒᆞ며 人民의 學術이 裕餘ᄒᆞ야 能히 他邦의 侮蔑을 不受ᄒᆞ고 萬國의 利源을 交通ᄒᆞ야 工師의 物品과 農戶의 絲穀이 또ᄒᆞᆫ 精巧ᄒᆞ며 充溢ᄒᆞ여 商賈의 貿易이 興旺ᄒᆞ다 ᄒᆞᆯ 슈는 업스니 然則 其港市를 開設ᄒᆞᆷ이 得計라 謂ᄒᆞᆯ는지 今에 日本[3]馬關港[4]의셔 我韓貿易狀況을 略聞ᄒᆞᆫ 則 輸出額이 七萬六千四百二十八元零이요 輸入額이 十六萬一千四百二十六元零이니 此는 現 三月中 打算ᄒᆞᆫ 帳目이라 總計ᄒᆞ면 二十三萬七千八百五十四元零이니 昨年 三月에 比ᄒᆞ면 四萬五千餘元이 更爲膨脹ᄒᆞ엿다니 此는 不但 其商業의 日興月進ᄒᆞᆷ을 艶歎ᄒᆞᆯ뿐 而已라 且 我國의 商業을 顧察ᄒᆞ면 感慨ᄒᆞᆷ이 弸鬱ᄒᆞ니 是는 我國港市를 增開ᄒᆞ야 外商의 福田은 徒藉ᄒᆞ고 我民의 病竇를 添啓ᄒᆞ미니 今六港도 亦已多矣라 ᄒᆞ거늘 又何 三四를 增闢ᄒᆞ니 恐ᄒᆞ건ᄃᆡ 是는 實노 楚[5]를 爲ᄒᆞ고 趙[6]를 爲ᄒᆞᆷ은 아닐가 ᄒᆞ노라

044

1899년 4월 25일 제44호 2면 1단 論說

요약 세계의 종교에 대한 개론과 종교생활을 함에 있어서 지녀야 할 덕목을 강조한 글이다. 유교, 불교, 동방 정교회(希臘敎), 예수교, 천주교, 이슬람교(回回敎) 등의 종교의 특징에 대해 소개하였다. 이어서 각 종교를 믿는 사람들이 자기 종교만을 강요해선 안 된다고 하였다. 각기 믿는 종교의 가르침을 주는 대상(공자, 맹자, 예수 등)을 본받아 말과 행동이 일치되는 종교생활을 해야 함을 주장하고 있다.

宗教

夫宗教者는 何오 所宗尙ᄒᆞᄂᆞᆫ 教를 謂홈이니 天地間에 何國이던지 各其 服從ᄒᆞᄂᆞᆫ 宗教이 有ᄒᆞ니 今에 天下의 宗教를 槪論홀진ᄃᆡ 曰 **儒教**[1]ᄂᆞᆫ 卽**孔孟**[2]之道니 吾東與**中國**[3]의 所尊尙ᄒᆞᄂᆞᆫ 教라 是教ᄂᆞᆫ **中庸**[4] 曰 天命之謂性이요 率性之謂道요 修道謂之教라 ᄒᆞ시니 道를 修ᄒᆞᄂᆞᆫ 方法으로ᄡᅧ 人民의 德性을 成就ᄒᆞᄂᆞᆫ 根本이라 盖人의 生홈은 陰陽五行之氣를 稟ᄒᆞ여 健順五常之理를 具ᄒᆞ니 其與禽蟲草木의 類와는 大異ᄒᆞᆫ지라 然이ᄂᆞ 其人人마다 氣稟이 淸厚ᄒᆞ고 才德이 神聖ᄒᆞ야 雖教를 不由ᄒᆞ여도 自然生知ᄒᆞ야 人道를 踐行ᄒᆞ기 不

인 2 공구(孔丘)・맹가(孟軻)

국 3 중국(中國)

책 4 『중용(中庸)』

단 1 유교(儒教)

能ᄒᆞᆫ 故로 古昔聖賢이 惟是를 爲憂ᄒᆞ샤 其爲人ᄒᆞᆫ 道를 行하계 ᄒᆞᄂᆞ니 是를 教라 謂홈이요 또ᄒᆞᆫ 其 道란 者ᄂᆞᆫ 道路에 譬ᄒᆞ야 如砥如矢ᄒᆞᆫ지라 人人마다 是道에 由홈을 人의 行路와 如ᄒᆞ야 他坑塹邪曲에 陷入홈을 避ᄒᆞᄂᆞᆫ 者니 是道ᄂᆞᆫ 譬ᄒᆞ건ᄃᆡ 日月之明이 天에 麗홈과 嶽海之大가 地에 載홈과 如ᄒᆞ야 天地를 窮ᄒᆞ며 宇宙에 亘ᄒᆞ여도 能히 變改ᄒᆞᆯ 슈 無ᄒᆞ며 能히 消磨ᄒᆞᆯ 슈 無ᄒᆞᄂᆞ니 萬若 或 變改ᄒᆞ며 消磨ᄒᆞᆯ 時가 有ᄒᆞ면 是ᄂᆞᆫ 日月이 晦冥ᄒᆞ고 嶽海가 夷堙ᄒᆞ야 天地가 天地되기 不能ᄒᆞ고 人生이 人生되기 不能ᄒᆞ리니 엇지 大치 아니ᄒᆞ리며 엇지 久치 아니ᄒᆞ리요 是ᄂᆞᆫ 自**三皇**[5]**五帝**[6]以來로 常存不滅ᄒᆞ야 人이 存ᄒᆞ면 道도 俱存ᄒᆞ고 人이 亡ᄒᆞ면 道도 俱亡ᄒᆞ리니 斯道의 存亡은 人과 與ᄒᆞ야 共히 存亡ᄒᆞᆯ 者요 曰 **佛教**[7]ᄂᆞᆫ **釋伽**[8]氏의 教니 其法이 **印度**[9]諸國에 起ᄒᆞ야 **漢明帝**[10]時에 中國으로 始入ᄒᆞᆫ 者니 輪廻因果之說노 專혀 清淨寂滅之理를 主ᄒᆞ야 世人의 慾火情根을 消除코져ᄒᆞᄂᆞᆫ 教요 曰 **希臘教**[11]ᄂᆞᆫ **希臘國**[12]의 尊崇ᄒᆞᄂᆞᆫ 者니 虛荒恠異ᄒᆞᆫ 事蹟을 專主ᄒᆞ야 十二天神을 敬奉ᄒᆞ나니 一年四祭日이 有ᄒᆞ야 犧牲酒果로 禱祀ᄒᆞᄂᆞᆫ 風俗이요 曰 **耶蘇教**[13]ᄂᆞᆫ **歐米**[14]諸國에 通行ᄒᆞᄂᆞᆫ 者니 西歷一千八百九十九年前에 **亞細亞洲**[15] **猶太國**[16]에셔 **耶蘇**[17]氏가 始生ᄒᆞ니 **漢哀帝**[18]丁巳年間이라 其教曰 上帝가 天下의 無道홈을 矜憫ᄒᆞ샤 其子를 送ᄒᆞ야 教를 設ᄒᆞᆯᄉᆡ 上帝가 自己의 精氣를 **童女馬頼**[19]의계 降ᄒᆞ야 人道의 感이 無ᄒᆞ고 孕이 有ᄒᆞ야 一子를 生ᄒᆞ니 即 耶蘇라 是教를 服從ᄒᆞᄂᆞᆫ 者는 死後에 天堂으로 升ᄒᆞ야 福祿을 享ᄒᆞ고

인
- 5 복희씨(伏犧氏)·신농씨(神農氏)·여와씨(女媧氏)
- 6 황제헌원(黃帝軒轅)·전욱고양(顓頊高陽)·제곡고신(帝嚳高辛)·당 제요(唐 帝堯)·우 제순(虞 帝舜)
- 8 고타마 싯다르타(Gautama Siddhārtha)
- 10 한 명제 유장(劉莊)
- 17 예수 그리스도(Jesus Christ)
- 18 한 애제 유흔(劉欣)
- 19 마리아(Saint Maria)

지
- 14 서양(西洋)
- 15 아시아주(the Continent of Asia)

국
- 9 인도(印度)
- 12 그리스(Greece)
- 16 유태국((Israel)

단
- 7 불교(佛教)
- 11 동방정교회(東方正教會)
- 13 기독교(基督教)

背馳ᄒᆞᄂᆞᆫ 者ᄂᆞᆫ 地獄에 入ᄒᆞ야 苦楚를 受ᄒᆞᆫ다 ᄒᆞ야 其 大權을 上帝의 主宰에 歸ᄒᆞ니 耶蘇ᄂᆞᆫ 天을 代ᄒᆞ야 道를 行ᄒᆞᆫ다 ᄒᆞᄂᆞᆫ 故로 其教ᄂᆞᆫ 專혀 天을 尊奉ᄒᆞ고 鬼神은 皆虛誕ᄒᆞ다 ᄒᆞ야 祭祀之禮를 虛事라 ᄒᆞ나니 但其徒衆이 太蕃ᄒᆞᄆᆞ로 國君의 猜嫌을 被ᄒᆞ야 十字牌上에 釘殺ᄒᆞᄂᆞᆫ 禍를 當ᄒᆞ나 是ᄂᆞᆫ 耶蘇가 禍를 當홈 아니요 世人의 罪惡을 洗滌ᄒᆞ기 爲ᄒᆞ야 代死홈인 故로 死後 四十日에 甦起ᄒᆞ야 天上에 升ᄒᆞ다 ᄒᆞ니 其教의 中國에 入홈은 **明**[20]**清**[21]之際나 **康熙帝**[22]時에 至ᄒᆞ야 **法國**[23]宣教師가 帝의 寵遇를 得ᄒᆞ야 搢紳間에 盛行ᄒᆞ야 教會堂을 **北京**[24]各處及各大府에 建設ᄒᆞ고 **金得鎭**[25]에 會堂을 宏築ᄒᆞ엿더니 **雍正帝**[26]時에 會堂을 毁壞ᄒᆞ고 教師를 皆逐送ᄒᆞ엿고 **天主教**[27]ᄂᆞᆫ 卽 耶蘇教니 教皇을 抗拒ᄒᆞᄂᆞᆫ 黨은 耶蘇教요 服從ᄒᆞᄂᆞᆫ 黨은 天主學이라 名ᄒᆞ며 服從黨은 **舊教**[28]라 稱ᄒᆞ고 抗拒黨은 **新教**[29]라 謂ᄒᆞᄂᆞ니 其 **聖母麽理耶**[30]가 厥初有孕홀 時에 有罪無罪二說로 至今數百年을 議論이 未定ᄒᆞ더라 曰 **回回教**[31]ᄂᆞᆫ 卽 **馬合墨教**[32]니 **波斯**[33]**土耳其斯坦**[34]等國의 崇信ᄒᆞᄂᆞᆫ 바라 噫라 其教의 誰正誰邪와 誰虛誰實은 覽者의 自知홀 바닌 즉 不必論辨ᄒᆞ려니와 各 其國의 服從崇信홈은 一般닌즉 今에 儒教人이 耶蘇教人을 不必强迫ᄒᆞ야 爾의 所尙을 棄ᄒᆞ고 吾의 道에 入ᄒᆞ라 홈도 不可ᄒᆞ고 ᄯᅩ 耶蘇教人이 儒教人을 抑制로 驅迫ᄒᆞ야 其教를 從ᄒᆞ라 홈도 不可ᄒᆞ니다만 爾曰 斯邁어든 我曰 斯征ᄒᆞ야 各其 所宗을 力行홀 거시ᄂᆞ 但 可慨者ᄂᆞᆫ 儒教를 崇ᄒᆞᆫ 者ㅣ 孔孟의 道를 能行치 못ᄒᆞ며 耶蘇를 服ᄒᆞᆫ 者ㅣ 耶蘇의 戒를 能從치 못ᄒᆞ

인 22 청 강희제 애신각라 현엽(愛新覺羅玄燁)
26 청 옹정제 애신각라 윤진(愛新覺羅胤禛)
30 마리아(Saint Maria)

지 24 베이징(北京)
25 금득진(金得鎭)

국 20 명(明)
21 청(淸)
23 프랑스(France)
33 페르시아(Persia)
34 투르키스탄(Turkistan)

단 27 천주교(天主教)
28 천주교(天主教)
29 개신교(改新教)
31 이슬람교(the religion of Islam)
32 이슬람교(the religion of Islam)

ᄂᆞᆫ 者ㅣ 多ᄒᆞ니 是ᄂᆞᆫ 皆 其敎의 賊이라 엇지 敎徒라 謂ᄒᆞ리요 近日을 試觀ᄒᆞ건ᄃᆡ 儒道를 學ᄒᆞᆫ다 稱ᄒᆞ고 其口에다만 **詩書論孟**[35]의 文字는 能言ᄒᆞᄂᆞ 其事行을 夷考ᄒᆞ건ᄃᆡ 一絲半毫도 孔孟과 相符ᄒᆞᆷ이 無ᄒᆞᆫ즉 是ᄂᆞᆫ 孔孟의 罪人이요 耶蘇敎徒라 託ᄒᆞᆫ 者ㅣ 다만 每日曜에 頂手禮拜ᄒᆞ며 口誦數句而已요 其本意를 詳察ᄒᆞ면 不過히 徒黨의 勢力을 藉ᄒᆞ야 不義不法을 恣行코져 爲ᄒᆞᆫ 主意 故로 每或 擾端을 惹起ᄒᆞ야 辱이 其 敎師神甫의게 及ᄒᆞ게ᄒᆞ고 敎主도 ᄯᅩᄒᆞᆫ 毁罵ᄒᆞᆷ을 遭케ᄒᆞ니 是ᄂᆞᆫ 耶蘇의 罪人이요 敎師의 賊徒라 如此ᄒᆞᆫ 人은 맛당히 鼓를 鳴ᄒᆞ고 攻ᄒᆞ며 戈를 操ᄒᆞ고 逐ᄒᆞᆯ지라 엇지 敎徒라 稱ᄒᆞ리요

책 35 『시경(詩經)』·『서경(書經)』·『논어(論語)』·『맹자(孟子)』

045

1899년 4월 27일 제45호 2면 2단 論說

요약 연암 박지원의 「한민명전의(限民名田議)」를 요약 정리한 글이다. 정전제가 폐지되어 토지제도가 문란해진 것을 비판하였다. 한전론(限田論)을 실현할 것을 주장한다. 과거 동중서(董仲舒)를 비롯한 유자(儒子)들의 주장을 근거하여 조선에서도 토지 법제를 개혁해야 함을 주장하는 글이다.

限民名田

自夫 井田이 一廢ᄒᆞ고 阡陌이 始開ᄒᆞ므로 田制紊亂ᄒᆞ고 經界不正ᄒᆞ야 豪强의 兼幷之患이 生ᄒᆞ고 民産에 不均之弊가 滋ᄒᆞ야 國賦公稅가 此로 以ᄒᆞ야 其 中正홈을 失ᄒᆞ고 田結民戶도 此로 以ᄒᆞ야 其隱漏홈을 致ᄒᆞ니 此ᄂᆞᆫ 千古志士의 慨恨ᄒᆞᄂᆞᆫ 바라 昔漢[1]之極盛에 墾田 八百二十七萬五百三十六頃을 定ᄒᆞ엿스니 元始二年戶千二百二十三萬三千을 據ᄒᆞᆫ즉 每戶에 合得田이 六十七畝四十二步有奇니 可謂 人多地小ᄒᆞ야 甚히 不敷ᄒᆞᆫ지라 然이나 董生[2]이 言曰 井田은 雖猝復ᄒᆞ기 難ᄒᆞ나 宜小近古ᄒᆞ야 限民名田이라 ᄒᆞ고 建平[3]初에

인 2 동중서(董仲舒)
3 한 애제 유흔(劉欣)

국 1 한(漢)

인 4 사단(史丹)
5 공광(孔光)
6 하무(何武)
7 수 문제 양견(楊堅)
8 수 문제 양견(楊堅)
9 당 현종 이융기(李隆基)
10 당 고조 이연(李淵)
11 丁明(정명)·傅喜(부희)·동현(董賢)
12 장횡거(張橫渠)

史丹[4]이 又建議ᄒᆞ여 民田을 限케 ᄒᆞᄌᆞ ᄒᆞ며 **孔光**[5]**何武**[6]等이 皆 其議를 覆ᄒᆞ야 請令諸王侯公主와 及吏民名田을 皆三十頃에 無過ᄒᆞ고 三年으로 期盡ᄒᆞ야 犯者는 官에 沒入이라 ᄒᆞ니 是는 必以當時의 田으로 與民數相較ᄒᆞ야 其分을 得ᄒᆞᆫ바요 **隋開皇**[7]中에 墾田이 千九百四十萬四千二百六十七頃이요 戶總은 八百九十萬七千五百三十六이니 每戶合得田이 二頃餘나 然이나 史稱**文帝**[8]發使四出ᄒᆞ야 天下田을 均케ᄒᆞᆯ식 其狹鄕은 每丁에 纔二十畝에 至ᄒᆞ고 老少는 又少焉ᄒᆞ니 此는 何故오 是必豪富의 占ᄒᆞᆫ 田이 以實노 不ᄒᆞ고 吏法이 壅蔽ᄒᆞᆫ 비 有ᄒᆞ미라 **唐天寶**[9]中에 至ᄒᆞ야 以戶計田ᄒᆞᆫ즉 合得이 一頃六十餘畝요 **武德**[10]定制에 凡 天下의 丁男은 田一頃式給ᄒᆞ고 其 廢疾寡妻는 口分有差나 其所爲鉅室의 防閑無過케 ᄒᆞᆷ인즉 其定數이 有ᄒᆞᆷ을 未聞ᄒᆞ엿스니 大抵 歷世以來로 從ᄒᆞ야 人多地少之患은 未聞이요 惟法制의 未盡ᄒᆞᆷ과 與法이 必行치 못ᄒᆞᆷ을 患ᄒᆞᄂᆞᆫ 거시니 夫 三十頃의 限이 可謂己厚ᄒᆞ며 三年의 期ᄒᆞᆷ도 可謂不迫ᄒᆞ거ᄂᆞᆯ 然而**丁傅董賢**[11]輩는 猶以爲不便ᄒᆞ다ᄒᆞᆫ 則 貴戚近習이 何代에 無ᄒᆞ며 溪壑之慾이 亦何厭之有리요 噫라 **橫渠張子**[12]常慨然有志於井田이나 猶其富人의 田을 亟奪ᄒᆞᆷ으로 嫌ᄒᆞᄂᆞ 然이나 夫 帝王은 率土의 主라 其本을 究ᄒᆞᆫ즉 孰의 所有며 孰能專之ᄒᆞ리요 苟利民澤物之志가 無ᄒᆞᆫ 則已어니와 若是志가 有ᄒᆞᆫ즉 均之云乎언정 엇지 奪取ᄒᆞ미 有ᄒᆞ리요 迨此田土測量之際ᄒᆞ야 誠能限制를 立爲ᄒᆞ야 曰 自幾年幾月以後로는 此限에 多ᄒᆞᆫ 者가 有加ᄒᆞᆷ을 不得케 ᄒᆞ고 其 令前에 在ᄒᆞᆫ 者ᄂᆞᆫ 雖連阡跨陌이라도 姑

勿問ᄒᆞ되 其 子孫支庶이 有ᄒᆞ야 分코져 ᄒᆞᄂᆞᆫ 者ᄂᆞᆫ 其便을 聽ᄒᆞ고 其或 隱不以實과 及令後에 加占ᄒᆞ야 限에 過ᄒᆞᆫ 者ᄂᆞᆫ 民이 發ᄒᆞ면 該民을 給ᄒᆞ고 官이 發ᄒᆞ면 該官에 沒ᄒᆞ야 如此ᄒᆞ면 數十年을 不踰ᄒᆞ여셔 國中의 田을 可히 均ᄒᆞᆯ 거시오 生民의 産을 可制ᄒᆞᆯ 거시니 此**蘇老泉**[13] 所謂 朝廷之上에 端坐ᄒᆞ야 天下에 一令으로 民을 驚치 아니ᄒᆞ며 衆을 動치 아니ᄒᆞ며 井田之利를 獲한다 ᄒᆞ미라

인 13 소순(蘇洵)

046

1899년 4월 29일 제46호 2면 2단 論說

요약 연암 박지원의 〈양반전〉을 발췌 수록하였다. 정선군에 한 가난한 양반이 살고 있었다. 이 양반이 너무 가난하여 환곡을 갚지 못하는 곤란한 지경에 빠졌다. 이에, 이웃의 부자가 양반에게 환곡을 갚아주는 대신, 양반 계급을 파는 것을 제안한다.

인 1 박지원(朴趾源)

지 2 정선군(旌善郡)

兩班傳 燕巖 朴趾源[1]

兩班이란 者는 士族의 尊稱이라 旌善郡[2]에 一兩班이 有ᄒᆞ니 賢ᄒᆞ고 讀書를 好ᄒᆞ야 每양 郡守가 新至ᄒᆞ면 必其廬에 親造ᄒᆞ야 禮之ᄒᆞᄂᆞ 然家貧ᄒᆞ야 歲로 郡糴를 食ᄒᆞ더니 歲로 積ᄒᆞ야 千石에 至ᄒᆞᆫ지라 觀察使가 郡邑에 巡行ᄒᆞ야 糶糴을 閱ᄒᆞ다가 大怒ᄒᆞ여 曰 何物兩班이 軍儲를 乃乏케 ᄒᆞᄂᆞ요 ᄒᆞ고 其兩班을 命囚ᄒᆞᆫᄃᆡ 郡守의 意에 其兩班이 貧ᄒᆞ여 無以爲償ᄒᆞᆷ을 哀히 녁니여 囚之ᄒᆞᆷ을 不忍ᄒᆞᄂᆞ 亦無可奈何라 兩班이 日夜로 泣ᄒᆞ되 計의 出ᄒᆞᆯ 바를 不知ᄒᆞ더니 其妻罵曰 平生에 子 讀書를 好ᄒᆞ되 懸官의 糴의는 無益ᄒᆞ니

咄咄ᄒᆞ다 兩班아 兩班이 一錢에 不直ᄒᆞᆫ가 其里의 富人이 有ᄒᆞ야 私相議曰 兩班은 雖貧이ᄂᆞ 常尊榮ᄒᆞ고 我는 雖富ᄂᆞ 常卑賤ᄒᆞ야 敢히 馬를 騎ᄒᆞ지 못ᄒᆞ고 兩班을 見ᄒᆞᆯ 時 즉 跼蹴屛營ᄒᆞ고 匍匐庭拜하며 曳鼻膝行ᄒᆞ야 我常其耻辱ᄒᆞᆷ을 如此ᄒᆞ니 今兩班이 貧ᄒᆞ야 能히 糴을 償치 못ᄒᆞ고 方大窘ᄒᆞ니 其勢誠其兩班을 保ᄒᆞ기 不能ᄒᆞᆯ지라 我가 且買而有之ᄒᆞ리라 ᄒᆞ고 遂其門에 踵ᄒᆞ야 其糴을 請償ᄒᆞ니 兩班이 大喜許諾ᄒᆞ거늘 於是에 富人이 於官에 其糴을 立輸ᄒᆞᆫᄃᆡ 郡守 大驚異之ᄒᆞ야 躬히 自往ᄒᆞ야 其兩班을 慰勞ᄒᆞ고 且償糴ᄒᆞᆫ 狀을 問ᄒᆞᆫᄃᆡ 兩班이 氈笠短衣로 伏道謁ᄒᆞ며 小人을 稱ᄒᆞ고 敢히 仰視치 못ᄒᆞ거늘 郡守가 愈益大驚下扶曰 足下何自貶辱若是오 兩班이 益恐懼頓首俯伏曰 惶悚ᄒᆞ외다 小人이 敢히 己를 自辱ᄒᆞᆷ이 아니라 임의 其兩班을 鬻ᄒᆞ야 以償糴이온즉 里之富人이 乃兩班이라 小人이 復安 敢히 其 舊號를 冒ᄒᆞ야 自尊ᄒᆞ오릿가 郡守歎曰 君子哉라 富人이요 兩班哉라 富人이여 富而不吝은 義也요 急人之難은 仁也요 惡卑而慕尊은智也니 此眞兩班이로다 雖然이나 私自交易ᄒᆞ고 劵을 不立ᄒᆞ면 訟의 端이라 我與汝로 郡人을 約ᄒᆞ야 証之ᄒᆞ고 劵을 立ᄒᆞ야 信之케 ᄒᆞ고 郡守가 當自署押호리라 (未完)

047

1899년 5월 1일 제47호 2면 1단 論說

요약 1899년 4월 29일 자(제46호)에 이어 연암 박지원의 〈양반전〉을 발췌 수록하였다. 부자가 양반계급을 사려고 하다가 양반으로서 해야 할 일과 하지 말아야 할 것들을 듣는다. 그 번거로움에 양반을 하지 않겠다고 하였다. 글의 말미에 평(評)을 첨부하여 양반으로 대표되는 특권신분층에 대한 비판을 더욱 강하게 표현하고 있다.

兩班傳(前續號)

於是 郡守府에 歸ᄒᆞ야 郡中의 士族과 及農工商賈를 悉召ᄒᆞ여 官庭에 皆至ᄒᆞ거늘 富人은 鄕所의 右에 坐ᄒᆞ고 兩班은 公兄之下에 立ᄒᆞ야 乃爲立券ᄒᆞ야 曰 某年某月某日에 右明文段은 兩班을 放賣ᄒᆞ야 官穀을 爲償ᄒᆞ니 其直이 千斛이라 維厥兩班은 名謂多端ᄒᆞ니 讀書曰 士요 從政爲大夫요 有德爲君子니 武階는 列西ᄒᆞ고 文秩은 序東ᄒᆞ니 是爲兩班이라 爾의 所從을 任ᄒᆞ고 鄙事를 絶棄ᄒᆞ며 希古尙志ᄒᆞ되 五更에 常起ᄒᆞ야 點硫燃脂ᄒᆞ며 目視鼻端ᄒᆞ고 會踵支尻ᄒᆞ야 東萊博議는 誦如氷瓢ᄒᆞ고 忍饑耐寒ᄒᆞ되 口不說貧ᄒᆞ고 齒를

叩ᄒᆞ며 腦를 彈ᄒᆞ고 細漱呑津ᄒᆞ며 袖는 刷毛ᄒᆞ며 冠은 拂塵ᄒᆞ며 生波에 盥ᄒᆞ되 擦拳치 말며 口를 漱ᄒᆞ여 臭가 無케ᄒᆞ며 長聲으로 喚婢ᄒᆞ며 緩步로 曳履ᄒᆞ며 **古文眞寶**[1]와 **唐詩品彙**[2]는 抄寫ᄒᆞ되 如荏ᄒᆞ고 一行百字式ᄒᆞ며 手에 錢을 執치 勿ᄒᆞ며 米價를 不問ᄒᆞ며 暑ᄒᆞ여도 跣襪치말며 飯ᄒᆞᆯᄯᅵ 徒髻치 말며 生葱을 餌치 말며 飮酒에 粘鬚치 말며 吸烟에 輔孔치 말며 忿ᄒᆞ여도 妻를 毆치 말며 怒ᄒᆞ여도 器物을 破치 말며 拳으로 女兒를 毆ᄒᆞ지 말며 奴僕을 死詈치 말며 牛馬를 叱ᄒᆞ되 鬻主를 辱ᄒᆞ지 말며 病드러도 巫祝을 招ᄒᆞ지 말며 祭ᄒᆞ여도 齋僧치 말며 爐에 煑手치 말며 語時齒唾치 말며 犬豕를 親屠치 말며 鬪錢을 賭ᄒᆞ지 말지니 凡 此百行에 有違ᄒᆞ면 兩班이 此文記를 持ᄒᆞ고 官에 下正ᄒᆞᆯ 事라 ᄒᆞ고 城主旌善郡守는 押ᄒᆞ고 座首別監은 證筆로 署ᄒᆞ니 於是에 通引이 踏印錯落ᄒᆞᆫ지라 戶長이 讀畢에 富人이 暢然久之曰 兩班이 只此面已耶아 吾聞 兩班은 神仙과 如ᄒᆞ다 ᄒᆞ엿더니 진실노 如是ᄒᆞᆯ진ᄃᆡ 太乾沒이로다 願컨ᄃᆡ 可利ᄒᆞᆫ 거스로 改爲ᄒᆞ소셔 於是 乃更作券曰 維天生民에 其民 維四요 四民之中에 最貴者ㅣ 士니 稱以兩班이면 利莫大矣라 不耕不商ᄒᆞ고 文史나 粗涉ᄒᆞ면 大則文科오 小或 進士니 文科紅牌ᄂᆞᆫ 二尺에 不過ᄒᆞ여도 百物이 備具ᄒᆞ야 維錢之庫이요 進士三十이면 依例初仕라도 猶爲名蔭ᄒᆞ야 傘風에 耳白ᄒᆞ고 鈴諾에 腹皤ᄒᆞ며 窮士가 居鄕이라도 猶能武斷ᄒᆞᄂᆞ니 隣牛로 先耕ᄒᆞ고 里丁을 借耘이ᄂᆞ 孰敢慢我오 汝鼻에 灰灌ᄒᆞ며 拔髻汰鬢이라도 敢히 怨咨치 못ᄒᆞ나니라 富人이 其券을 操ᄒᆞ

책 1 『고문진보(古文眞寶)』
2 『당시품휘(唐詩品彙)』

고 張口日 已之已之ᄒᆞ오 孟浪哉로다 將使我로 盜를 爲코져 ᄒᆞᄂᆞ야 ᄒᆞ고 掉頭而去ᄒᆞ야 終身토록 다시 兩班의 事를不言ᄒᆞ더라 (完) 評曰 諺云 我國之兩班과 **淸國**[3]之女子와 **日本**[4]之僧釋은 天下之最貴者라 ᄒᆞ니 此傳을 觀ᄒᆞᆯ진ᄃᆡ 中古兩班之名이 實貴莫貴焉이ᄂᆞ 至近日ᄒᆞ야는 又無價矣라 雖一錢이라도 買者가 恐無ᄒᆞᆯ쓰 **朴公**[5]은 當世 華閥貴族而猶作此傳ᄒᆞ니 盖 病世刺時之論歟

인 5 박지원(朴趾源)

국 3 청(淸)
4 일본(日本)

048

1899년 5월 3일 제48호 2면 1단 論說

요약 방례(邦禮)는 국가의 기초를 세우는 예식(禮式)이다. 예로부터 천자와 제후, 대부의 각 등급이 정해져 있었으며, 일찍이 성왕이 만든 제도임을 말하고 있다. 또한 예(禮)에 따른 등급이 바로 서지 못하면 사회가 혼란해질 것이다. 그러므로, 예를 지키는 것이 매우 중요하다. 하지만, 최근에는 부국강병을 위한 방법만 논하고 있는 현실을 개탄하고 있다. 연속하여 방례에 대한 5편의 논설에서 차례대로 교사제(郊祀制), 추상존호(追上尊號), 책력(冊曆), 복색(服色), 도량권형(度量權衡) 등을 상세하게 다룰 것임을 예고하고 있다.

邦禮第一(具序文)

邦禮者ᄂᆞᆫ 何오 邦國之禮也라 何以曰 邦國之禮라 ᄒᆞᄂᆞᆫ고 盖 天子之禮를 謂홈이니 夫禮가 隆殺之節이 有ᄒᆞ며 輕重之別이 殊ᄒᆞ야 諸候ㅣ 敢히 天子의 禮를 僭치 못ᄒᆞ고 大夫ㅣ 敢히 諸候의 禮를 僭치 못ᄒᆞᄂᆞ니 其 序次秩秩ᄒᆞ고 等級이 斬斬ᄒᆞ야 截然히 違越ᄒᆞ기 不可ᄒᆞᆫ 故로 書[1]에 曰 天叙有秩ᄒᆞ며 天秩有當이라 ᄒᆞ니 此ᄂᆞᆫ 其尊卑貴賤과 高下輕重이 定分이 確有ᄒᆞ야 셔로 紊亂치 못홈을 謂홈이니 若 諸候ㅣ 天子의 禮를 僭ᄒᆞ거나 天子ㅣ 諸侯의 禮를 循ᄒᆞ거나 ᄒᆞ면 其過與不及을 倶謂失禮라 ᄒᆞ나니 昔者에 聖王이 禮經[2]을 制ᄒᆞᆯ

책 1 『서경(書經)』
2 『예기(禮記)』

제 情文을 參酌ᄒᆞ며 輕重을 分別ᄒᆞ야 譬ᄒᆞ건ᄃᆡ 權과 衡이 物을 稱量홈과 如ᄒᆞ야 絲毫라도 其間에 低昂ᄒᆞ기 不敢케 ᄒᆞᄂᆞᆫ 故로 傳에 曰 治國之道ᄂᆞᆫ 莫急於禮라 ᄒᆞ나니 盖 禮라 ᄒᆞᄂᆞᆫ 者ᄂᆞᆫ 所以邪亂之萌을 未形ᄒᆞᆫ 前에 禁制ᄒᆞ며 所以敎化之本을 未治ᄒᆞᆫ 初에 維持ᄒᆞᄂᆞᆫ 바이니 曷請其然고 禮ᄂᆞᆫ 人情을 限制ᄒᆞ야 當分을 各守케 홈이요 若或 禮로 以ᄒᆞ야 限制홈이 無ᄒᆞᆫ 則 臣이 必其君을 不君홀 거시오 子이 必其父를 不父홀 거시오 婦가 其夫를 不夫홀 거시오 長幼朋友에 以至ᄒᆞ여도 皆 長幼朋友되기 不得ᄒᆞ리며 且 若祭祀之禮를 廢ᄒᆞᆫ 則 報本追遠之義가 無홀거시오 朝覲燕享之禮를 撤ᄒᆞᆫ 則 上下交孚之誠과 尊君親上之道이 滅홀 거시오 至於士農工商의 愚夫愚婦라도 如其禮制로 限節홈이 無ᄒᆞᆫ 則 皆其倫綱을 保有ᄒᆞ기 不能ᄒᆞ며 其營業을 成就ᄒᆞ기 不得홀지라 故로 禮에 曰 人情은 聖王之田이니 禮耘而義耨之라 ᄒᆞᄂᆞ니 禮之効 豈不誠大矣哉아 然이ᄂᆞ 現今에 時務를 談ᄒᆞᄂᆞᆫ 者ㅣ 輒謂ᄒᆞ기를 禮之化는 迂遠倉古ᄒᆞ니 姑且一▣에 權閣ᄒᆞ고 但富强之術을 先講究ᄒᆞ야 國富兵强ᄒᆞ고 法律이 嚴明ᄒᆞ면 禮敎之化가 雖無ᄒᆞ야도 政治를 可爲라 ᄒᆞ니 不佞이 亦現世界中人이라 豈現世界의 要務를 不度ᄒᆞ리요마는 富强之術을 不切之務라고 謂ᄒᆞᄂᆞᆫ 거시 아니요 但 不佞의 所論은 아모리 富强之術을 鍊究ᄒᆞ더ᄅᆡ도 且 其富强을 長久히 保全홀 根本을 兼資ᄒᆞ기를 必要ᄒᆞᄂᆞᆫ 注意오 富强은 專然히 遺落ᄒᆞ고 禮制만 徒尙ᄒᆞ라 謂홈은 아니라 且 或이 言호ᄃᆡ 禮節은 皆繁文이라 禮繁則亂ᄒᆞ고 文勝則獘ᄒᆞ되 現 玆天下萬國이 實際를

俱務ᄒᆞ야 無不以富强으로 雄을 爭ᄒᆞ고 奇를 遲ᄒᆞᄂᆞ니 我國은 獨以浮辭虛文으로 此艱弊에 劇ᄒᆞ거늘 矯救之力을 盍思ᄒᆞ고 禮文之繁을 更衍ᄒᆞ니 切非時措之論이라 ᄒᆞ니 此는 僕의 所述ᄒᆞᆫ 大旨를 不諭ᄒᆞ고 但其浮虛繁瑣之弊를 患ᄒᆞ야 幷與其大經大法ᄭᅡ지 排斥ᄒᆞ미니 엇지 其可타 謂ᄒᆞ리요 噫라 不佞이 素以南莽孤陋之學으로 焉敢히 邦國之禮를 妄論ᄒᆞ리요마는 曾年에 史禮局直員之任을 濫竿ᄒᆞ야 於典禮編摩ᄒᆞᄂᆞᆫ 役에 從事ᄒᆞᆫ지 有年인 故로 凡於邦國之禮에 聞解ᄒᆞᆷ이 粗有ᄒᆞᆫ지라 竊嘗於皇朝禮制에 闕失이 有ᄒᆞᆷ을 慨然히 녁여 僭妄을 不揆ᄒᆞ고 敢히 自로 邦禮論五篇을 著述ᄒᆞ니 其一은 郊祀配祖之禮요 其二은 追上祖宗之禮요 其三은 正朔이요 其四는 服色이요 其五은 正律度量衡이니 此皆帝王報本尊親之大典이요 行政出治之大本인 則 豈可曰 繁文이며 豈可曰 瑣節이라 ᄒᆞ야 置之不問이 其可乎哉아

原文見次號

049

1899년 5월 5일 제49호 2면 1단 論說

요약 방례의 가장 중요한 것은 보본반시(報本反始)다. 일찍이 역대 제왕들이 하늘과 조상에 대한 제사를 지냈음을 말하고 있다. 진(秦)나라 때 예서(禮書)를 모두 불태운 뒤로 하늘에 제사를 지내는 교사제(郊祀制) 대신 사시(四時)에 맞춰 제사를 지냈다. 이후 한(漢)나라는 진(秦)의 제도를 답습했을 뿐 아니라 흑제(黑帝)에 대한 제사를 더하였다. 이는, 성왕이 만든 옛 제도가 크게 무너지게 된 것임을 지적한 것이다. 한나라 광무제가 한 고조에 대한 제사를 지내는 등의 예시를 들었다. 하늘에 제사를 지내는 것에 대해 강조하는 글이다.

邦禮第一(前號續)

愚난 按 天子之禮는 事天에 莫重ᄒᆞ고 帝王之孝ᄂᆞᆫ 尊祖에 莫大ᄒᆞᄂᆞ니 故로 傳에 云 物은 於天에 本ᄒᆞ고 人은 於祖에 本ᄒᆞ니 此所以로 上帝의계 配ᄒᆞ야 報本反始를 大게 ᄒᆞᆷ이라 ᄒᆞ고 祭法에 曰**有虞氏**[1]ᄂᆞᆫ **黃帝**[2]를 褅ᄒᆞ고 **嚳**[3]으로 郊에ᄒᆞ며 **夏后氏**[4]ᄂᆞᆫ **鯀**[5]으로 郊에 ᄒᆞ며 **殷**[6]人은 **冥**[7]으로 郊에 ᄒᆞ며 **周**[8]人은 **稷**[9]으로 郊에 ᄒᆞᆫ다 ᄒᆞ니 盖 褅와 郊ᄒᆞᄂᆞᆫ 禮ᄂᆞᆫ 實天子의 大祭니 郊는 以祀天ᄒᆞᄂᆞᆫ 바이라 天을 祀ᄒᆞ되 祖로써 配ᄒᆞᆷ은 **虞**[10]**夏**[11]**商**[12]周로 自ᄒᆞ야 其 從來ᄒᆞᆫ바이 尙矣라 **孝經**[13]에 曰**周公**[14]이 后稷으로 郊에 祀ᄒᆞ야 以配天ᄒᆞᆷ은 所以報本

인 1 우 제순(虞 帝舜)
2 황제헌원(黃帝軒轅)
3 제곡고신(帝嚳高辛)
4 하 우왕(夏 禹王)
5 하 우부(夏 禹父)
7 상 진부(商 振父)
9 후직(后稷)
14 주공 희단(姬旦)

국 6 상(商)
8 주(周)
10 우(虞)
11 하(夏)
12 상(商)

책 13 『효경(孝經)』

反始之義를 重홈이라 ᄒᆞ니 自古로 聖王의 郊配之禮에 誠을 致ᄒᆞᄂᆞᆫ 바이 是와 如ᄒᆞ계 重且大ᄒᆞ거늘 **秦氏**[15]로 自ᄒᆞ야ᄂᆞᆫ 禮書를 燔滅ᄒᆞ므로 郊祀之禮를 廢ᄒᆞ고 四時之祀를 立ᄒᆞ니 ■西戎에 陋俗이어늘 而**漢**[16]이 又仍蹈ᄒᆞ야 黑帝之祀를 衍增ᄒᆞ니 盖足히 論홀거시 無ᄒᆞ거니와 **光武中興**[17]에 至ᄒᆞ야 始以**高祖**[18]로 泰一에 配ᄒᆞ고 晉氏以降으로 由ᄒᆞ야ᄂᆞᆫ 或 以祖配ᄒᆞ고 或 以考配而歷至今無廢ᄒᆞᆫ 者라 維我**大皇帝陛下**[19]ᄂᆞᆫ 祖宗積累之業을 承ᄒᆞ시고 邦命維新之運을 膺ᄒᆞ샤 大寶之位에 誕陞ᄒᆞ시고 不顯之烈을 克恢ᄒᆞ샤 **圜丘**[20]를 煥設ᄒᆞ시고 祀天之禮를 昭擧ᄒᆞ신 則配享之典을 不容不亟行이나 顧其事體重大ᄒᆞ야 草草히 議擧ᄒᆞ기 誠難ᄒᆞᆫ 故로 于玆三載를 草草未遑ᄒᆞ오나 然이나 竊以爲禮者ᄂᆞᆫ 政敎命令의 由ᄒᆞ야 本ᄒᆞᆫ 所라 是故로 **記**[21]에 曰 治人之道ᄂᆞᆫ 莫急於禮ᄒᆞ고 禮莫重於祀天이라 ᄒᆞ니 祀天者ᄂᆞᆫ 所以報本之大者也온 況我列聖祖以來로 深仁厚澤이 淪肌洽體ᄒᆞ야 五百有餘載를 垂ᄒᆞ도록 國脉을 維持ᄒᆞᄂᆞᆫ 바ᄂᆞᆫ 他道가 無焉이요 禮敎의 化에 專由홀 而已니 顧此更張ᄒᆞᄂᆞᆫ 初에 民志가 靡定ᄒᆞ고 基礎가 未確ᄒᆞ야 譬ᄒᆞ건ᄃᆡ 洪波汎濫ᄒᆞ야 湞決無當홈과 如ᄒᆞ니 若其大本을 先明ᄒᆞ고 趨嚮을 先定치 못ᄒᆞᆫ 則豈不誠■■乎殆矣哉아

인 15 진 시황 영정(嬴政)
17 한 광무제 유수(劉秀)
18 한 고조 유방(劉邦)
19 고종 이재황(李載晃)

지 20 환구단(圜丘)

국 16 한(漢)

책 21 『예기(禮記)』

050

1899년 5월 7일 제50호 2면 1단 論說

요약 일찍이 성왕이 예법을 제정한 뒤 문왕을 추왕하는 예를 행한 까닭은 존친의 예를 다하기 위함이었다. 진한 시절 즈음에 이르러서 황묘를 세우고 황조 이상을 추존하지 못하게 하였다. 전한 광무 당시에 특별히 사친묘를 남양에 세웠음을 말하고 있다. 그리고 송과 명 등 역대 왕조에서 사묘를 세워 존친의 예를 다하였던 점을 강조하고 있다.

인 1 주 무왕 희발(姬發)
3 주 태왕 고공단보(古公亶父)
4 주 왕 희계력(姬季歷)
5 주 문왕 희창(姬昌)
7 증삼(曾參)

국 2 상(商)

책 6 『운장예기집설(雲莊禮記集說)』

邦禮第二(前號續)

愚는 按古者에 聖王이 情을 因ᄒᆞ야 禮를 制ᄒᆞ며 文을 因ᄒᆞ야 情을 制ᄒᆞ시니 夫禮라 ᄒᆞᄂᆞᆫ 者는 治國化民의 大範이요 天理人紀의 當經이라 是故로 傳에 有言호ᄃᆡ **武王**[1]이 克商[2]ᄒᆞ시고 天下諸侯를 率ᄒᆞ야 豆■을 執ᄒᆞ고 奔走를 駿히 ᄒᆞ야 **太王**[3] **王季**[4]**文王**[5]을 追王ᄒᆞ시니 不以卑로 臨尊也라 ᄒᆞ고 **陳氏集註**[6]에 云ᄒᆞ되 不以卑로 臨尊이라 ᄒᆞᆷ은 不以諸侯之卑號로 天子의 尊에 臨ᄒᆞ지 못ᄒᆞ미라 ᄒᆞ니 盖 武王이 牧野蒼黃之除를 當ᄒᆞ야 金革을 未解ᄒᆞ고 奔走을 駿히 ᄒᆞ야 追王ᄒᆞᄂᆞᆫ 禮를 疾行ᄒᆞᆫ즉 此는 實로 聖人의 於尊親之禮에 急히 녁인 然故라 **曾子**[7] ㅣ

曰 大孝ᄂᆞᆫ 尊親이라 ᄒᆞ시니 聖人之孝가 엇지 尊親보담 加大ᄒᆞᆷ이 有ᄒᆞ리요 此는 所謂 天下의 至情을 極ᄒᆞ며 天下의 至文을 備ᄒᆞ야 萬世帝王家의 不易ᄒᆞᆯ 當典을 爲ᄒᆞᆷ이라 夫 秦[8]漢[9]之際에 逮ᄒᆞ야는 綿蕞ᄒᆞᆫ 野儀가 草創多缺ᄒᆞᆫ 故로 高祖[10]十年에 郡國에 詔ᄒᆞ야 太上皇廟를 始立ᄒᆞ라 ᄒᆞ되 其 皇祖以上은 嘗히 追王치 못ᄒᆞ고 光武中興[11]ᄒᆞ야는 別노히 四親廟를 南陽[12]에다 立ᄒᆞ고 父南頓君[13]과 祖鉅鹿都尉[14]와 曾祖鬱林太守[15]와 高祖春陵節候[16]를 祀ᄒᆞ야 皆歲時로 郡縣이 侍祀ᄒᆞᆯ 而已요 尊號追加ᄒᆞᆷ을 未得ᄒᆞᆫ 者는 以承統ᄒᆞᆫ 宗廟에 壓을 受ᄒᆞᆫ 故■■■■의 缺ᄒᆞᆫ 禮ᄂᆞᆫ ■取法ᄒᆞ기 不足ᄒᆞ고 ■■魏[17]晉[18]之代로 其禮가 寢具矣라가 唐高祖武德[19]元年에 至ᄒᆞ야는 皇父는 曰代祖元皇帝[20]라 ᄒᆞ고 皇祖는 曰太祖景皇帝[21]라 追尊ᄒᆞ엿더니 高宗咸享[22]五年에 懿王[23]을 改尊ᄒᆞ야 懿祖光皇帝[24]를 爲ᄒᆞ고 宣簡公[25]으로 獻祖宣皇帝[26]를 爲ᄒᆞ야 四廟를 長安[27]에 立ᄒᆞ엿더니 其後에 又高祖의 七世祖凉武昭王暠[28]을 追尊ᄒᆞ야 興聖皇帝[29]라 爲ᄒᆞᆫ 則又不止四代而已요 宋祖太建隆[30]元年에 皇高祖以下四世廟號를 追上ᄒᆞ여 曰 僖祖[31]와 順祖[32]와 翼祖[33]와 宣祖[34]인ᄃᆡ 皇帝가 崇元殿[35]에 御ᄒᆞ사 遺使奉冊ᄒᆞ샤 四廟誕號를 上ᄒᆞ엿다ᄒᆞᆫ 則冊寶之儀는 又是에 至ᄒᆞ야 實備馬이라 明太祖洪武[36]元年四月에 德[37]과 懿[38]와 僖[39]와 仁[40]의 四祖의 廟號를 追尊ᄒᆞ시고 我國朝[41]太祖康獻大王[42]元年壬申七月丙申에 于壽昌宮[43]에셔 則位ᄒᆞ시고 立卽四祖의 尊號를 追上ᄒᆞ시니 噫라 越自武王으로 有明[44]ᄭᅡ지 曁ᄒᆞ고 國朝에 至ᄒᆞ도록 所以于祖宗의게 致孝ᄒᆞ시미 豈不誠至矣哉리요 (未完)

인
- 10 한 고조 유방(劉邦)
- 11 한 광무제 유수(劉秀)
- 13 한 남돈군 유흠(劉欽)
- 14 한 거록도위 유회(劉回)
- 15 한 울림태수 유외(劉外)
- 16 한 용릉절후 유매(劉買)
- 19 당 고조 이연(李淵)
- 20 당 원황제 이병(李昞)
- 21 당 경황제 이호(李虎)
- 22 당 고종 이치(李治)
- 23 당 광황제 이천석(李天錫)
- 24 당 광황제 이천석(李天錫)
- 25 당 선황제 이희(李熙)
- 26 당 선황제 이희(李熙)
- 28 당 흥성황제 이고(李暠)
- 29 당 흥성황제 이고(李暠)
- 30 송 태조 조광윤(趙匡胤)
- 31 송 희조 조조(趙朓)
- 32 송 순조 조정(趙珽)
- 33 송 익조 조경(趙敬)
- 34 송 선조 조홍은(趙弘殷)
- 36 명 태조 주원장(朱元璋)
- 37 명 덕조 주백륙(朱百六)
- 38 명 의조 주사구(朱四九)
- 39 명 희조 주초일(朱初一)
- 40 명 인조 주세진(朱世珍)
- 42 태조 이성계(李成桂)

지
- 12 난양(南陽)
- 27 시안(西安)
- 35 숭원전(崇元殿)
- 43 수창궁(壽昌宮)

국
- 8 진(秦)
- 9 한(漢)
- 17 위(魏)
- 18 진(晉)
- 41 조선(朝鮮)
- 44 명(明)

051

1899년 5월 9일 제51호 2면 1단 論說

요약 앞선 글에서 추존의 예를 설명하는 내용들이 있었다. 현재 대한제국에서 고종의 황제 즉위에도 이런 추존이 이뤄져야 된다. 이 추존과 관련되어 예가 필요함을 주장하고 있다. 여러 고사를 제시하여 그 당위성을 강조하고 있다.

인 1 태조 이성계(李成桂)

국 2 당(唐)
3 송(宋)

邦禮第二(前號續)

然則 我皇上以遠孝之思로 前聖之當經을 法ᄒᆞ시고 太祖[1]之成典을 遵ᄒᆞ샤 建元之日에 追尊之禮를 宜時刻을 不越ᄒᆞᆯ지여늘 因循稽此者는 何歟오 特廷臣의 未及ᄒᆞᆫ 思耳라 藉曰事鉅禮重ᄒᆞ야 固非艱虞之際에 所敢容易議擧云爾則試以已上에 陳ᄒᆞᆫ바 唐[2]宋[3]以來諸朝之蹟으로 觀之컨ᄃᆡ 其追尊奉冊之典이 皆御極之元年에 不踰ᄒᆞᆫ 則 其時에 天下가 猶未平定ᄒᆞ야 或 干戈搶攘之際에 在ᄒᆞ며 或 王業草創之始에 在ᄒᆞ야 其艱虞ᄒᆞᆫ 狀이 진실노 卒卒히 靡遑ᄒᆞ야도 猶且 此禮를 先行ᄒᆞᄂᆞᆫ 者는 盖 戯王의 駿奔疾擧之義를 法ᄒᆞ야 誠以禮가 尊親

之大에 莫急ᄒᆞ고 孝가 報本之義에 莫先ᄒᆞ미니 此豈容緩至此者歟아 況乎我太祖以來로 聖神이 繼作ᄒᆞ시고 治敎休明ᄒᆞ샤 德化功烈이 羣生의계 衣被ᄒᆞ야 可以軼隆於殷廟[4]周室[5]則又豈但與唐宋諸祖의 無德而受尊으로 可히 同年ᄒᆞ야語ᄒᆞ리요 彼公卿士大夫之揚歷顯仕者도 如一資를 陞ᄒᆞ거ᄂᆞ 一品을 進ᄒᆞ거나 ᄒᆞ면 必也榮贈之典을 其父祖의계 加홈을 思ᄒᆞᄂᆞ니 於爲君尊祖宗ᄒᆞᄂᆞᆫ 禮인즉 但苟且泯默而已乎면 於君을 事ᄒᆞᄂᆞᆫ 義에 果何加哉아 且往年圜丘[6]卽位之日에 天地와 宗廟와 社稷에 祭告ᄒᆞ시고 自是以後로는 凡於享祀之節과 祝冊之式을 一應히 隆改ᄒᆞ야 以天子之禮로 用ᄒᆞᆫ 故로 國社國稷을 陞ᄒᆞ야 太社太稷을 爲ᄒᆞ시고 風雲雷雨와 嶽鎭海瀆의 位를 陞ᄒᆞ샤 圜丘之級에 從享ᄒᆞ시고 至於公厲小鬼ᄒᆞ야도 亦陞之以泰厲라ᄒᆞᆫ 則 天地神祇와 與人鬼가 莫大改陞位號而獨於祖宗之廟에 尙未及ᄒᆞ시니 엇지 皇朝之欠典이 아니며 聖孝의 未安이 無ᄒᆞ리요 且不以卑臨尊之義로 推之ᄒᆞ건ᄃᆡ 尤爲失禮之大者也니 嗚乎라 豈可遷延乎時月也哉아 (完)

지 6 환구단(圜丘)

국 4 상(商)
5 주(周)

052

1899년 5월 11일 제52호 2면 1단 論說

요약 먼저 역법이 제대로 마련되어야만 나라의 근본이 바로 서고 질서가 안정됨을 말하여 책력의 중요성을 강조하고 있다. 또한 예로부터 동양의 역법이 중국의 하(夏), 은(殷), 주(周) 시절 각각 인통(人統), 지통(地統), 천통(天統)에 따라 정삭(正朔)이 정해졌다. 일찍이 우리나라는 주 왕실에서 만든 천통의 예시를 따라 책력을 사용하였다. 최근에는 서구에서 들어온 역법을 사용하게 되어 약간의 혼동이 생기게 되었음을 말하고 있다.

국 2 주(周)

책 1 『춘추(春秋)』
3 『서경』「우서(虞書)」

邦禮第三(前號續)

愚는 按 **春秋**[1]에 元年春王正月이라 大書홈은 卽**周**[2]正建子之月이니 周王의 正朔이 天下에 行홈을 明홈이라 **虞書舜典**[3]에 曰 協時月正日이라 ᄒᆞ니 夫 正朔者는 王政之始也라 天은 四時가 有ᄒᆞ고 時는 三月이 有ᄒᆞ고 月은 大小가 有ᄒᆞ야 十二個月三百六旬五日零을 積ᄒᆞ면 一歲를 成ᄒᆞ고 六十歲를 週ᄒᆞ면 一紀를 成ᄒᆞᄂᆞ니 帝王은 天을 代ᄒᆞ야 物을 理ᄒᆞᄂᆞᆫ 故로 天의 道를 軆ᄒᆞ야 王의 政을 行ᄒᆞᄂᆞ니 建元正朔은 譬ᄒᆞ건ᄃᆡ 天의 四時月日이 有ᄒᆞ야 歲를 成홈과 如ᄒᆞᆫ지라 故로 春秋之法에 以日繫月ᄒᆞ며 以月繫時ᄒᆞ며 以時繫年ᄒᆞ미

요 自漢[4]以後로는 年號를 期立ᄒᆞ야써 正朔의 標準을 作ᄒᆞ며써 帝王의 大統을 明ᄒᆞᄂᆞ니 若 正朔이 不行ᄒᆞᆫ 則 君綱이 不振ᄒᆞ고 君綱이 不振ᄒᆞᆫ 則 敎化淩夷ᄒᆞ며 法令이 紊亂ᄒᆞ야 國이 國되기 不得ᄒᆞᄂᆞᆫ지라 是故로 朱子綱目[5]之例와 先儒作史之論에 凡 其正朔이 不行ᄒᆞ며 君綱이 不振ᄒᆞᆫ 者는 皆不以正統으로 歸之ᄒᆞ고 其年號를 書치 아니ᄒᆞᄂᆞ니 盖 頒朔之制가 三統이 有ᄒᆞ니 所謂 夏[6]得人統ᄒᆞ며 殷[7]得地統ᄒᆞ며 周得天統이라 ᄒᆞᄂᆞᆫ 者ㅣ 是也오 若 外此而建朔則非統之正故로 先儒氏以爲 秦[8]은 無統이라 ᄒᆞ니 盖 以其建亥로 正朔을 爲ᄒᆞᆫ 故也라 噫라 我邦이 自新羅[9]高麗[10]로 其或 改正建元之事이 有ᄒᆞᄂᆞ 此ᄂᆞᆫ 不過 夜郞自大ᄒᆞᆯ 而已요 至我國朝[11]ᄒᆞ야ᄂᆞᆫ 禮樂文明이 遍出千古ᄒᆞᆯ샏더러 猗歟奉天承運大皇帝陛下[12]確立自主之基ᄒᆞ시고 克陞大寶之位ᄒᆞ샤 國名과 年號와 正朔을 首改ᄒᆞ샤 一王之制를 於變ᄒᆞ시니 於不休哉아 然其歲朔之頒이 雖周正天統之例를 倣ᄒᆞ나 實노 歐西[13]曆法을 參用ᄒᆞᆫ 故로 與堯典[14]所謂 以閏月定四時之法에 稍有異同ᄒᆞᆫ지라 於是國內에 曆書가 有二ᄒᆞ야 除公家大小文牒之外의ᄂᆞᆫ 加祭祀朝會慶節燕饗之儀와 與小民日用文書祭享之式을 尙히 舊曆을 循用ᄒᆞ야 互相外錯ᄒᆞ고 且尤可慨者ᄂᆞᆫ 彼鄕曲齊民은 固勿論ᄒᆞ고 至公卿大夫之家의도 其享祀祝狀等을 亦不知光武年月之用ᄒᆞ니 嗚乎 正朔之行이 有加此哉아 我國公私祝狀에 不書年號ᄂᆞᆫ 實肇自仁廟[15]丙丁以後而今에 旣建堂堂大韓[16]之年號則何故로 年號를 不書ᄒᆞ리요 (未完)

인 12 고종 이재황(李載晃)
15 인조 이종(李倧)

지 13 서양(西洋)

국 4 한(漢)
6 하(夏)
7 상(商)
8 진(秦)
9 신라(新羅)
10 고려(高麗)
11 조선(朝鮮)
16 대한제국(大韓帝國)

책 5 『자치통감강목(資治通鑑綱目)』
14 『서경』「우서(虞書)」

053

1899년 5월 13일 제53호 2면 1단 論說

요약 예로부터 해, 달, 별의 움직임과 세차(歲差) 현상 및 이십팔수 등을 고려하여 역법(曆法)을 만들었으나 좋은 책력이 없었다. 만력 연간에 서광계(徐光啓)와 탕약망(湯若望) 등이 서양인들의 계산법을 활용하여 『시헌역서(時憲曆書)』를 만들었다. 『시헌역서』는 음력 계산법으로써 태양역서와 다르다. 한 달을 31일 또는 30일로 나누고 특별히 2월은 29일로 나눈다. 그리고 4년에 한 번 주기로 윤달로 정하는 책력임을 설명하고 있다. 아울러 이 『시헌역서』는 서양 연구자의 노력에 의한 결과물이다. 선왕 시절부터 내려온 책력을 서로 참고하면서 사용해야 함을 주장하였다. 역법이 확실해야 나라의 정사가 바로 설 수 있음을 강조하고 있다.

「방례 제4」는 복색과 관련된 것이다. 제31호(3월 30일), 제32호(4월 1일)에 실린 '申白衣之禁'의 내용을 참고하라는 설명이 붙어 있다.

邦禮第三(前號續)

且以曆法으로 言之ᄒᆞ야도 古之帝王이 勤勤히 於重黎義相之職에 致愼ᄒᆞ샤 曰 敬授人時라 ᄒᆞ며 曰考時月定日이라 ᄒᆞ니 盖 天子ㅣ 端本出治에 授時가 爲大ᄒᆞᆫ지라 周天之度ㅣ 二百六十五度四分度之一이 有ᄒᆞ야 以其日月星辰所行ᄒᆞᄂᆞᆫ 度數로 推測ᄒᆞ야 一歲之曆을 造成ᄒᆞᄂᆞ 然其所行度數이 遲速先後가 不能無ᄒᆞᆫ 故로 歲差之法을 立ᄒᆞ며 中星之步를 考ᄒᆞ

ᄂᆞ니 如洛下宏唐一行何承天虞喜等諸法이 歷代로 隨改ᄒᆞ야 良法을 未得이라가 西人利氏之筭이 一出에 至ᄒᆞ야ᄂᆞᆫ 至巧至密ᄒᆞ야 可히 深透精奧라 謂ᄒᆞᆯ지라 故로 **明神宗萬曆**[1]末에 至ᄒᆞ야 **徐光啓**[2]**湯若望**[3]等諸人이 局을 設ᄒᆞ고 法을 取ᄒᆞ야 **時憲曆書**[4]를 爲ᄒᆞ니 卽 現行陰曆의 法이요 沂代 所謂 太陽曆書ᄂᆞᆫ 又別是一法이라 以三百六十五日로 一歲에 分排ᄒᆞ야 一歲氣盈之數를 充足케 ᄒᆞᄂᆞᆫ 故로 每月에 大盡은 三十一日이요 小盡은 三十日인ᄃᆡ 特히 二月은 二十八日로 平行之限을 立ᄒᆞ고 每四年에 一歲零數를 合筭ᄒᆞ야 閏日을 置ᄒᆞ되 只二月에 加ᄒᆞ야 二十九日을 成ᄒᆞᄂᆞ니 然則日로 以ᄒᆞ야 月을 易ᄒᆞᆷ은 殊非先王의 古制나 亦**堯典**[5]所稱ᄒᆞᆫ 朞三百有六旬有六日之義에ᄂᆞᆫ 甚相乖戾ᄒᆞᆷ이 無ᄒᆞᆫ 則其法이 ᄯᅩᄒᆞᆫ 不善ᄒᆞᆷ은 아니요 况其推測之法이 西士의 積苦硏究ᄒᆞ야 精微之奧에 極致ᄒᆞᆫ 빅니 엇지 地로 以ᄒᆞ야 法을 廢ᄒᆞ리요 今에 宜目該部로 觀象諸官을 命ᄒᆞ야 新舊兩法을 參互ᄒᆞ야 一定ᄒᆞᆫ 成規를 立ᄒᆞ야 天下에 頒佈ᄒᆞ야 遵行케 ᄒᆞᆷ을 確定ᄒᆞᆫ 然後에 曆法이 始正ᄒᆞ고 正朔이 乃嚴ᄒᆞ야 庶可紊亂之患을 免ᄒᆞᆯ지니 엇지 細故少妨에 歸之ᄒᆞ야 講明치 아니ᄒᆞ리요 (完)

邦禮第四

右ᄂᆞᆫ 服色一篇이니 曾往에 已載ᄒᆞᆫ 故로 今不疊錄ᄒᆞ니 見**本報**[6] 第三十一號論說ᄒᆞ니라

인 1 명 신종 주익균(朱翊鈞)
2 서광계(徐光啓)
3 아담 샬(Adam Schall)

책 4 『시헌력서(時憲曆書)』
5 『서경』「우서(虞書)」

매 6 『시사총보(時事叢報)』

054

1899년 5월 15일 제54호 2면 1단 論說

요약 예로부터 천자(天子)가 순행하면서 도량권형(度量權衡)의 어긋남을 바로잡고 쉽게 고치지 못하게 하였다. 특히 우리나라는 세종대왕께서 예악문물과 전장법도를 마련한 뒤 삼분손익법으로 십이율을 완성하였다. 그리고 아악(雅樂)을 바로잡아 비로소 도량권형과 곡식과 포(布)의 단위가 제도가 분명해지게 되었다. 이런 내용은 『경국대전』, 『국조오례의』, 『악학궤범』 등에 상세하게 기록되어 있음을 설명하고 있다. 그런데 지금은 그러한 도량형 단위가 제대로 지켜지지 않고 있다. 다시 옛 제도를 따를 수 있도록 각 관사에 도량법 서적을 배포한 뒤 이를 지키지 않는 이들을 엄중하게 처벌해야 함을 강조한다. 특히, 정약용이 『국조오례의』에 나온 도량법을 활용하여 공정하게 일을 처리한 사례를 들고 있다.

국 2 조선(朝鮮)

책 1 『서경』「우서(虞書)」

邦禮第五(前號續)

愚ᄂᆞᆫ 按 **尚書舜典**[1]에 曰 同律度量衡이라 ᄒᆞ니 夫度와 量과 衡은 即 禮樂制度의 所由以定者也오 斗斛升尺의 所由以生者也라 是故로 古者에 天子ㅣ 邦國에 巡行ᄒᆞ샤 必使同而正之ᄒᆞᄂᆞ니 所以使天下之人으로 皆知有一王之定制ᄒᆞ야 變易ᄒᆞ기 不敢함을 示함이라 其爲王政之關係豈曰 小哉아 然이ᄂᆞ 必其邦國好利之徒가 法制를 踰越ᄒᆞ야 變改不一한 故로 天子ㅣ 於巡行之歲에 考較釐正ᄒᆞᄂᆞᆫ 비라 維我**國朝**[2]ᄂᆞᆫ 猗

欸 **世宗大王**[3]이 以天纔ᄒᆞ신 聖姿로 日親ᄒᆞ신 學問을 兼ᄒᆞ샤 禮樂文物과 典章法度를 粲然俱具ᄒᆞ시니 實로 千古에 度越ᄒᆞ시고 百王에 卓冠ᄒᆞ신지라 于是에 磬石이 **南陽**[4]에 出ᄒᆞ고 巨黍이 **海州**[5]에 産한지라 **朴堧**[6]暮莫等을 爰命ᄒᆞ샤 雅樂을 制造ᄒᆞ실ᄉᆡ 其法이 以黑黍一粒으로 一分을 爲ᄒᆞ고 十粒을 累하야 寸法을 爲하고 以九寸으로 黃鍾之長을 爲하야 三分損益으로 十二律을 以成하니 於是 雅樂이 得正하고 度量權衡과 斗斛升尺之制가 始明한지라 其制가 於**經國大典**[7] **五禮儀**[8]**樂學軌範**[9]等書籍에 詳說하엿거니와 現今에 金石이 ■■하고 ■■이 ■隳ᄒᆞ여 一市之間에 升尺의 長短大小이 異制하고 一郡之內에 量衡의 輕重高下이 不齊하야 增減을 恣意하고 損益을 任慾하야 至於權勢富家之家에 斗斛之大小並行하고 巧商奸賈之肆에 升尺之長短이 各殊ᄒᆞ야 橫恣濫越에 無所顧忌ᄒᆞ고 蔑法籠利에 罔有限制ᄒᆞ니 嗚乎라 世道至此에 寧不寒心이리요 今於典章改定之日에 宜考先王之舊典ᄒᆞ야 度量權衡等器를 定式을 一依ᄒᆞ야 各地方에 頒下ᄒᆞ되 凡自官司로 以至於場市閭閻히 一應行用을 依式施行케호ᄃᆡ 如違越이 有ᄒᆞ거던 重律로 以科ᄒᆞ며 且 其頒式은 另自官司로 依式製造ᄒᆞ야 烙印으로 爲準ᄒᆞ야 令甲을 嚴立ᄒᆞ되 烙印이 不有한거슨 一切勿施ᄒᆞ라 ᄒᆞ며 每歲에 自官司로 一次式 考較驗察케 ᄒᆞ야 天下의 人人으로 國典을 違越ᄒᆞ기 不敢케ᄒᆞ면 非但 政治의 綱을 立ᄒᆞᆯ 분이라 貨物의 價를 均平케 ᄒᆞᄂᆞᆫ 一道일듯 ᄒᆞ노라 嘗見**牧民心書**[10]에 云 **茶山丁公若鏞**[11]氏가 谷出郡에 莅ᄒᆞᆯ 時에 吏가 軍布를 民의계 徵收ᄒᆞᆯᄉᆡ 尺制

인 3 세종 이도(李祹)
6 박연(朴堧)
11 정약용(丁若鏞)

지 4 충남 남양(忠南 南陽)
5 해주(海州)

책 7 『경국대전(經國大典)』
8 『국조오례의(五禮儀)』
9 『악학궤범(樂學軌範)』
10 『목민심서(牧民心書)』

가 甚長한지라 丁公이 五禮儀를 命取ᄒᆞ야 布帛尺制度을 依ᄒᆞ야 準驗한즉 一寸餘가 加長한지라 於是에 依式製造ᄒᆞ야 軍布取한거슬 尺之한 則每疋에 五六尺이 零한지라 一一斷零ᄒᆞ야 該民에계 還給ᄒᆞ엿다 ᄒᆞ니 此一例를 推見ᄒᆞ면 其他를 可知요 且眉叟記言云今三陟府에 始世宗朝頒賜ᄒᆞ신 銅尺이 有ᄒᆞ니 今布帛尺度보담 三分이 弱이라 ᄒᆞ니 尺度長短의 不齊함이 如是한지라 엇지 可慨치 아니ᄒᆞ리요

055

1899년 5월 17일 제55호 2면 1단 論說

요약 이름(名)과 명분의 중요성에 대해 강조한 연암 박지원의 글로, 『연암집』 소재 글(「명론(名論)」)을 그대로 실었다. 여러 고사들을 통해 이름(명분)이라는 것의 중요성을 강조하는 글이다. 제55호의 이 글에서는 이름의 중요성과 더불어, 나아가고 물러나는 염치와 절개를 동시에 길러야 한다고 주장하고 있다.

名

夫天下란 者ㄴ 洞然훈 大器라 何以持之오 曰 名이니 然則 何以導名고 曰 欲이요 何以養欲고 曰 耻니 萬物의 易散ᄒᆞ여 可히써 相屬ᄒᆞ지 못ᄒᆞᄂᆞᆫ 거슬 名으로써 留之케 ᄒᆞ고 五倫에 易悖ᄒᆞ여 可히써 相親ᄒᆞ지 못ᄒᆞᄂᆞᆫ 것도 名으로써 係之케 ᄒᆞ나니 夫 然後에야 彼大器者를 其能充實完好케 ᄒᆞ야 攲覆破缺之患이 無ᄒᆞᄂᆞ니 天下에 爵祿으로 可以爲善者를 遍賞홀 슈 업슨 則 君子ᄂᆞᆫ 可히 名으로 以ᄒᆞ야 勸케 홀지며 天下의 刑罰로 可以爲惡훈 者를 遍懲홀 슈 업슨 則 小人은 可히 名으로 以ᄒᆞ야 愧케 홀지니 今夫於暮夜之中에 璧을

投ᄒᆞ면 莫不按鈒而待之者ᄂᆞᆫ 何也오 名이 無因ᄒᆞ야 可히써 爲悅치 못할 줄노 知ᄒᆞᆷ이니 而况天下의 大器乎아 於朝堂之上에셔 委裘ᄒᆞ면 莫不攝領而趨之者ᄂᆞᆫ 何也오 名이 有在ᄒᆞ야 可히 써 相踰치 못할 줄노 知ᄒᆞᆷ이니 而况忠孝의 實과 惻▣의 際乎아 是故로 **周**[1]之衰季를 當ᄒᆞ야 於强大ᄒᆞᆫ 諸侯之上에셔 虛器만 徒擁ᄒᆞ야도 敢히 無禮로써 先히 加ᄒᆞ지 못ᄒᆞᆫ 者ᄂᆞᆫ 오히려 其空名을 憚ᄒᆞ미라 鹿과 馬의 形이 相似ᄒᆞ여도 其名을 一亂ᄒᆞᆫ 則 天下에 其君을 弑ᄒᆞᄂᆞᆫ 者이 有ᄒᆞ니 嗟乎라 彼鹿과 馬의 名이 天下의 存亡에 何與이완ᄃᆡ 猶一日이라도 無辨ᄒᆞ기 不可ᄒᆞ거든 而况善惡의 不同ᄒᆞᆫ 것과 榮辱의 判ᄒᆞᆫ 거시야 混淪ᄒᆞ미 其可ᄒᆞ리요 夫天下之禍가 泊然히 無欲ᄒᆞᄂᆞᆫ데 莫慘ᄒᆞᆫ지라 先王이 其將次怠惰崩弛ᄒᆞ야 一於退而無進ᄒᆞᆯ줄 知ᄒᆞ고 ▣▣藻繪章黼를 爲之ᄒᆞ야 써 其目을 導케 ᄒᆞ고 鍾鼓琴瑟笙鏞을 爲之ᄒᆞ야써 其耳를 導케 ᄒᆞ고 圭組와 軒駟로써 其身을 導케 ᄒᆞ고 囊異旌惠와 刻勒咏歎으로써 其志氣를 導케 ᄒᆞ야 天下之衆으로 ᄒᆞ야곰 莫不奮發淬礪ᄒᆞ야써 그 可히 欲ᄒᆞᆯ만 ᄒᆞ고 退託自阻之心이 無케 ᄒᆞ믈 興起ᄒᆞ미나 然이나 一於進而無退ᄒᆞᆫ 則 天下之禍가 又恬然히 無耻ᄒᆞᄂᆞᆫᄃᆡ 莫慘ᄒᆞᆫ 故로 先王이 束帛에 加壁ᄒᆞᆷ을 爲之ᄒᆞ야써 高尙ᄒᆞᆷ을 養케 ᄒᆞ며 慰諭敦勉으로써 其退讓ᄒᆞᆷ을 養케 ᄒᆞ며 威武로 屈ᄒᆞ기 不能ᄒᆞᆫ 거스로써 其節을 養케 ᄒᆞ며 上大夫ᄂᆞᆫ 不刑ᄒᆞᄂᆞᆫ 거스로써 其廉을 養케 ᄒᆞ고 黥劓流殛으로 又從而其傷慘矜恤之意를 示ᄒᆞ야 天下之衆으로 ᄒᆞ야곰 莫不貞介自守케 ᄒᆞ야 將次不爲ᄒᆞᆯ 바이 有케 ᄒᆞᄂᆞ니 (未完)

국 1 주(周)

056

1899년 5월 19일 제56호 2면 1단 論說

요약 1899년 5월 17일 자(제55호) 글에 이어 이름(名)의 중요성을 강조하는 글이다. 의(義)를 위해 명(名)을 얻는 것은 공변되면서도 큰 것이고, 명(名) 그 자체를 위해 명(名)을 얻는 것은 사사로우면서도 비루하다고 말하며, 명(名) 그 자체를 좇아 거짓된 행동을 하면 안 되고, 진심으로 힘써 인의(仁義)를 행하는 태도를 보여야 함을 강조하고 있다.

名(前號續)

故로 人之所欲이 富貴에 莫甚ᄒᆞ건마는 其所欲이 反히 於富貴보담 甚홈이 有ᄒᆞᆫ 則 爵祿도 可辭홀지요 人之所耻가 刑戮에 莫大ᄒᆞ건마ᄂᆞᆫ 其 所耻가 反히 於刑戮보담 大홈이 有ᄒᆞᆫ 則 白刃도 可蹈홀지니 是는 孰使之然哉오 豈非所謂名耶아 由是觀之컨ᄃᆡ 刑賞으로써 政을 爲ᄒᆞ면 有窮ᄒᆞᆫ 道이요 勵名홈으로써 治를 爲ᄒᆞᆫ 者ᄂᆞᆫ 方이 無ᄒᆞᆫ 道이라 何者오 人이 或 有爲善而不待賞者ᄂᆞᆫ 則是爵祿으로 足히써 其爲善홈을 勝ᄒᆞ지 못ᄒᆞ고 亦有爲惡而不忌刑者ᄂᆞᆫ 則是榎楚로 足히써 其爲惡홈을 勝치 못ᄒᆞᄂᆞ니 此必有賞을 不待ᄒᆞ여도 勸ᄒᆞ

고 刑을 不待ᄒᆞ여도 愧ᄒᆞᆯ지니 勃然히 可欲而莫之能禦者耳라 曰 義之爲名也ᄂᆞᆫ 公而大ᄒᆞ고 名之爲名也ᄂᆞᆫ 私而鄙ᄒᆞ니 子의 論과 如ᄒᆞᆯ진ᄃᆡ 將次 天下를 率ᄒᆞ야 僞를 爲ᄒᆞᆯ 者이로다 凡曰 所謂虛名을 惡ᄒᆞᆫ다 ᄒᆞᄂᆞᆫ 者ᄂᆞᆫ 盖 一人의 好名ᄲᅮᆫ이라 其蔽也騃ᄒᆞᄂᆞ니 猶將矜莊自愛ᄒᆞ야 汚ᄒᆞ여 隨俗沈浮ᄒᆞᄂᆞᆫ ᄃᆡ는 至치 아니ᄒᆞᄂᆞ니 今에 好名ᄒᆞᄂᆞᆫ 人이 雖有ᄒᆞ야도 猝然이 以過情ᄒᆞᆫ 譽로 被之ᄒᆞ면 彼도 ᄯᅩᄒᆞᆫ 將退然而謙辭ᄒᆞ고 惕然而不自居ᄒᆞᆯ지니 夫何相率ᄒᆞ야 爲僞ᄒᆞᆷ을 患ᄒᆞ리요 苟 使天下之人으로 是皆君子也면 亦於名에 奚事ᄒᆞ리요 如其勉强ᄒᆞ여 就之ᄒᆞᆫ 則 仁義之行을 可以欲으로써 導之ᄒᆞᆯ거시요 不義之事도 可以名으로써 愧之ᄒᆞᆯ거시니 假使 天下의 大衆으로 漠然히 好名之心이 無ᄒᆞᆫ 則 先王之所以長民禦世之具와 忠孝仁義之實이 擧將廓然히 空器가 爲ᄒᆞᆯ지니 其將安所託而自行乎리요

057

1899년 5월 21일 제57호 2면 1단 論說

요약 법률의 필요성에 대해서 이야기하는 글이다. 1894년 12월 고종의 조칙(1894년 12월 13일 반포된 조칙)에서 언급한 것처럼 법률의 제정이 필요하며, 구법을 참조하여 형법을 제정할 것을 주장하고 있다. 이는 당시 논의되었던 황제권 강화를 위한 법률 제정에 필요한 교정소 설치와 관련한 논의다. 황제권 강화를 위해 법률 제정이 필요하며, 그 주체는 황제가 되어야 함을 이야기하고 있다.

法律

夫 法律者ᄂᆞᆫ 帝王之大權也라 所以立邦國之綱紀ᄒᆞ야 備敎化之不及ᄒᆞ나니 法律이 不立則國不得爲國이오 君不得爲君ᄒᆞ리니 是故로 古昔聖王이 物理를 權衡ᄒᆞ며 人情을 參酌ᄒᆞ야 以天下公平之道로 立一代金石之典ᄒᆞ야 使斯民으로 莫相犯ᄒᆞᄂᆞᆫ 界域을 明定ᄒᆞ며 無相奪ᄒᆞᄂᆞᆫ 科條를 嚴立ᄒᆞ야 倫紀를 是正ᄒᆞ며 俗趨를 是糾ᄒᆞᄂᆞ니 然而世代變遷에 習尙殊異則 或 宜於古者ㅣ 有不宜於今ᄒᆞ고 或 適於彼者ㅣ 有不適於此故로 雖其大經大法은 無懸殊越異之理나 至科條細目ᄒᆞ야는 不可不因時適宜ᄒᆞ야 斟酌損益故로 歷代之有天下者ㅣ 必參

인 3 고종 이재황(李載晃)

국 1 조선(朝鮮)

책 2 『경국대전(經國大典)』

古今而定立一王之典ᄒᆞ야 使擧邦國으로 遵而行之케 ᄒᆞᄂᆞ니 如法律이 一定則王者ᄂᆞᆫ 但其大權만 總ᄒᆞᆯ 而已오 其奉期行之者ᄂᆞᆫ 諸司冠司敗之職이 是已니 官吏가 定法이 有ᄒᆞᆷ을 知ᄒᆞᆫ 則 恪遵毋越ᄒᆞ고 人民이 定法이 有ᄒᆞᆷ을 知ᄒᆞᆫ 則 相戒畏犯ᄒᆞᄂᆞ니 然則 一定章而天下之治具畢張矣니 豈不公平而更逸哉아 維我 **國朝**[1]ᄂᆞᆫ 自 祖宗以來로 參酌古今ᄒᆞ시고 因時損益ᄒᆞ샤 定爲一王之成法ᄒᆞ야 行之四五百年에 無弊矣러니 至于近代ᄒᆞ야ᄂᆞᆫ 形勢異古ᄒᆞ고 俗趨殊前ᄒᆞ야 **祖宗金石之典**[2]이 非不公平明確이로ᄃᆡ 行之於今則不能無齟齬枘鑿之患故로 維我**大皇帝陛下**[3]確然改圖ᄒᆞ샤 百度更張ᄒᆞ실ᄉᆡ 開國 五百三年 十二月에 詔勅을 下ᄒᆞ샤 曰 非法이면 不底汝于刑于殺이요 非律이면 不賦汝取汝리니 惟汝命汝產을 一用法律是護라 ᄒᆞ셧스니 大哉 皇言이여 政府諸臣이 宜奉體 聖意ᄒᆞ야 參互損益에 制定法律을 不容稽緩이어ᄂᆞᆯ 因循至今에 尙無有明定之擧ᄒᆞ야 每於照律之際에 司法官吏가 眩於檢擬ᄒᆞ고 疲於搜閱ᄒᆞ야 致使訟案積滯ᄒᆞ며 囚徒淹延ᄒᆞ고 且又 地方官吏ᄂᆞᆫ 每一判決에 茫然儻恍ᄒᆞ야 罔知攸處故로 或 擅行臆斷이거ᄂᆞ 或 苟且彌縫이거ᄂᆞ ᄒᆞ야 往往致錯擬濫決之弊ᄒᆞ고 至於國內民人ᄒᆞ야도 矇然不知法律之如何限制而罪犯之如何輕重ᄒᆞ니 嗚乎라 豈立綱紀正俗趨之本意歟아 爲今之計컨ᄃᆡ 宜特設一局하고 凡於典章之未備者를 刻期釐正而至於刑法一款은 尤爲重要者也則參互先王之典ᄒᆞ며 量度今時之宜ᄒᆞ야 確成一書ᄒᆞ야 頒布遵行케 ᄒᆞᆫ 然後에 國可爲矣요 綱乃矣立리라 (未完)

058

1899년 5월 23일 제58호 2면 1단 論說

요약 동양과 서양의 풍토와 습속이 다르므로 법률을 제정하는데 있어서 조선의 실정에 적합한 법률을 제정해야 함을 주장하고 있다. 아울러, 제정된 법률을 잘 운용하여 외국인에게도 적용해야 할 것도 주장하고 있다. 논설 말미에 작성자의 평을 붙였다. 그에 따르면, 현재 법률이 참고한 것이 『대전통편』, 『대명률』뿐이다. 거기에 더해 정약용의 『흠흠신서』도 참고하고 신재영과 경훈의 법률서도 참조하여 만들고 배포하고 가르쳐야 함을 주장하고 있다.

法律(前號續)

今之舒新者之設이 謂諸凡治平富强之術이 莫善於歐米[1]則法律規制도 亦宜取用西人之術이라 ᄒᆞ니 是豈確論也哉아 西人之術之善者ᄂᆞᆫ 取而行之ᄒᆞ고 其不善者ᄂᆞᆫ 捨而去之ᄂᆞᆫ 可也어니와 如不論彼我之長短便否ᄒᆞ고 一以西人之術로 爲善而取之焉則是ᄂᆞᆫ 罔知爲治之道者也니 就以歐米諸邦以言之라도 英[2]之法制未必與法盡同ᄒᆞ고 米[3]之法制亦未必與英皆同이온 而況於東洋絶遠之城에 其風土俗習이 與彼懸殊者乎리요 夫法律者ᄂᆞᆫ 其民俗과 國制에 適合ᄒᆞᆫ 然後에 始可謂公平之大道니 蓋制法之本意ᄂᆞᆫ 不過使人民으로 其正直ᄒᆞᆫ 道를 勸ᄒᆞ

지 1 서양(西洋)

국 2 영국(United Kingdom)
3 미국(United states of America)

인 4 당 제요(唐 帝堯)·우 제순(虞 帝舜)
5 언고요(偃皐陶)
12 장석지(張釋之)
13 한 무제 유철(劉徹)
14 이원기(李元紀)
16 정약용(丁若鏞)

국 6 상(商)
7 주(周)
8 진(秦)
9 한(漢)

책 10 『경국대전(經國大典)』
11 『대명률(大明律)』
15 『대전통편(大典通編)』
17 『흠흠심서(欽欽心書)』

며 寃枉ᄒᆞᆫ 事를 伸ᄒᆞ야 世道의 風紀를 維持ᄒᆞ며 公衆의 患害를 除防코져 ᄒᆞᆷ이요 非故設刑戮ᄒᆞ야 以待民之抵觸者也라 是故百之聖王이 先以敎化로 導其民ᄒᆞ다가 不幸有眚災之犯則其情을 參原ᄒᆞ야 肆赦之典이 有ᄒᆞ고 如其奸莠兇慝이 濫越故犯之患이 有ᄒᆞᆫ 則 不得已ᄒᆞ샤 刑戮을 用ᄒᆞ샤ᄃᆡ 欽哉欽哉ᄒᆞ야 惟刑之恤哉라 ᄒᆞ시니 是故**堯舜**[4]之世에 **皐陶**[5]爲士ᄒᆞ야 寬平之典을 務從ᄒᆞ고 慘酷之刑은 不用ᄒᆞ더니 **商**[6]**周**[7]以降으로 敎化가 漸紊에 法律이 愈煩ᄒᆞ야 至**嬴秦**[8]之苛政에 極矣라 由是로 民皆怨叛離散이라가 **漢祖**[9]入關에 首定三章之寬法ᄒᆞ니 於是天下之民이 莫不心悅而誠服之ᄒᆞ야 卒能成四百年基業ᄒᆞ니 然則 一苛一寬에 天下之興亡이 立■ᄒᆞ니 可不愼哉며 可不悅哉아 維我**國朝金石之典**[10]도 參酌**大明律**[11]例ᄒᆞ야 一依公明寬平之制故로 式至今日而保養國脈者也니 今於典章校定之際에 法律制度를 亦宜袪其煩苛ᄒᆞ고 務從寬平ᄒᆞ야 一定之後에ᄂᆞᆫ 委任任於司法之官ᄒᆞ야 確遵無替然後에 法乃行矣리니 古人이 云法律이 一定이면 君不得以私其所愛而屈其法ᄒᆞ고 臣不得以怨其所惡而濫其法이라 ᄒᆞᄂᆞᆫ 故로 **張釋之**[12]ᄂᆞᆫ 不奉**武帝**[13]死刑之詔ᄒᆞ고 **李元紀**[14]ᄂᆞᆫ 有此判不可改之語ᄒᆞ니 然則 人君은 總其大權而已요 司法은 奉而行之ᄒᆞ야 不得撓奪伸屈於其間也 明矣요 惟一遵定法之如何而已라 今官吏之恣意操縱이 豈不由定法之現無歟아 外國之人이 笑我曰 爾邦은 無法律之國이라 ᄒᆞ니 吁其痛哉로다 (完) 現法律之參考者ᄂᆞᆫ 惟**大典通編**[15] 大明律諸書而已요 其外有**丁茶山若鏞**[16]氏所著**欽欽心書**[17]一帙은 考遽甚博하고 搜採亦精而

近日**申叅書載永**[18]氏와 **慶進士勳**[19]兩氏의 所編法律一書도 亦頗精備하야 便於供覽云하니 合衆書而叅酌總載하야 編完一書하야 定爲開和하야 置之王府하며 頒行天下하야 使遐士儒士로 一開卷에 瞭然具知케 하고 又令 政府로 別立專門之學하야 使其學徒로 卒業於是書케 ᄒᆞᆫ 然後에 始許選用하며 至於外國人하야도 由我法律之未定하야 恣行濫越에 無所顧忌하야 至於橫奪罪人하며 自行懲辦하니 其侮蔑我極矣어ᄂᆞᆯ 不知耻之하니 慣哉로다

인 18 신재영(申載永)
19 경훈(慶勳)

059

1899년 5월 25일 제59호 2면 2단 論說

요약 아편을 비롯해, 취하기 쉬운 중독물에 대해 이야기하는 글이다. 아편 중독으로 인한 폐단을 여러 방면으로 설명하고 있다. 한번 맛보면 중독되어 모든 것을 놓아버리는 행위에 대해 경계하고 있다. 아편뿐만 아니라, 중독될 수 있는 것은 다양하다. 돈, 관리, 권세의 중독도 아편 못지않으니, 이런 중독에 대해서도 경계해야 한다고 주장하는 글이다.

不特鴉烟有蚵

鴉片者ᄂᆞᆫ 鶯粟花之津也니 本英[1]人이 製之ᄒᆞ야 藥用을 以供ᄒᆞ더니 其物이 淸國[2]에 流入ᄒᆞ야 淸人은 取之ᄒᆞ야 吸烟을 以供ᄒᆞᄂᆞ니 謂之鴉片烟이라 ᄒᆞᄂᆞᆫ 者ㅣ 是也라 一自鴉片吸烟ᄒᆞᆫ 以後로 往往히 其 産業을 蕩盡ᄒᆞ며 其妻子를 顚連케 ᄒᆞ며 其 性命을 覆敗케 ᄒᆞ야도 朦然이 悔ᄒᆞᆯ줄 不知ᄒᆞᄂᆞ니 其故ᄂᆞᆫ 何也오 盖鴉片이 所謂 蚵이란 者이 有ᄒᆞ야 服之旣久ᄒᆞ면 蚵이 輒生ᄒᆞᄂᆞ니 是蚵也ㅣ 其爲性이 甚毒ᄒᆞ야 使人으로 情神을 昏迷케 ᄒᆞ며 血氣를 衰弱케 ᄒᆞ며 世間에 甲子를 忘케 ᄒᆞ며 人民에 生業을 失케 ᄒᆞᄂᆞ니 若又斷定코 不服코

국 1 영국(United Kingdom)
2 청(淸)

져 ᄒᆞᆫ즉 蚓이 ᄯᅩ 毒을 肆ᄒᆞ야 其肢體를 養蘮케 ᄒᆞ며 神心을 朦朧케 ᄒᆞ야 偃然ᄒᆞᆫ 一死屍를 做ᄒᆞᄂᆞ니 是故로 雖賣家販庄ᄒᆞ며 鬻妻棄子라도 吸烟을 準備ᄒᆞ야 服之不斷ᄒᆞ다가 家貲이 底竭ᄒᆞ고 軀命이 隨亡ᄒᆞᄂᆞ니 噫라 蚓之毒이여 然而世人이 只知鴉烟之蚓이 有毒ᄒᆞ고 不知鴉烟之外에 又有蚓毒之甚焉者ᄒᆞ니 何也오 曰 錢蚓이며 曰 仕宦蚓이며 曰 權勢蚓이니 何以曰 錢蚓고 盖人이 見錢則慾動ᄒᆞ고 慾動則一片丹田이 如銅爐鼓鑄之樣ᄒᆞ야 錢蚓이 生焉ᄒᆞᄂᆞ니 此毒이 一生이면 耳之所聽과 目之所視와 口之所味와 鼻之所臭에 無往而非錢也라 雖其兄弟親戚이라도 見其有錢則有攫取之心ᄒᆞ며 雖其白晝大都之中이라도 有剽奪之欲ᄒᆞ야 擧天下之錢而充吾之溪壑이라도 猶有未慊也리니 盖 仁義禮節이 都沒於錢孔ᄒᆞ고 惟錢是知ᄒᆞ며 惟錢是求ᄒᆞ다가 往往錢不得而災先隨ᄒᆞ야 被靑袴而編役者ㅣ 有之ᄒᆞ며 脫赤手而流乞者ㅣ 有之ᄒᆞ야도 寞然不知爲戒ᄒᆞ니 慘哉라 錢蚓之毒이여 何以曰 仕宦蚓고 盖 好名利ᄂᆞᆫ 人之惰也로ᄃᆡ 人苦不知足ᄒᆞ야 欲盡其無窮之惰故로 於足熱火熾中ᄒᆞ야 炤炤炎炎타가 ■蚓이 一萌이면 如中風狀ᄒᆞ야 四肢拘攣ᄒᆞ고 百體柔軟ᄒᆞ야 繩營狗苟ᄒᆞ며 風附蟻行ᄒᆞ야 沓且其步ᄒᆞ고 囁嚅其語ᄒᆞ야 脅肩諂笑에 阿諛求容ᄒᆞ야 乞匄勢家之腥涎ᄒᆞ고 希圖機門之狎褻ᄒᆞ야 辱身而不知耻ᄒᆞ고 喪性而不知反ᄒᆞ야 日夜奔趨ᄒᆞ며 朝暮巧佞이라가 如其不得則汲汲如狂ᄒᆞ며 哀哀如訴ᄒᆞ야 以至衰頹枋敗而不知止ᄒᆞ다가 有陷身於刀山鈒水ᄒᆞ며 墮命於阿鼻拔舌ᄒᆞ야 致受無窮之黑業ᄒᆞ니 哀哉其毒이여 何以曰 權勢蚓고 曰 是蚓也

ᄂᆞᆫ 最大而至毒者也라 其爲物이 無形無影ᄒᆞ며 無臭無聲ᄒᆞ야 或 伏於至近至密之境ᄒᆞ며 或 隱於至細至微之域ᄒᆞ야 閃忽罔象에 變化不測ᄒᆞ다가 遇人而輒中之ᄒᆞ나니 其毒이 一肆ᄒᆞ면 君不能以制之ᄒᆞ며 父不能以奪之ᄒᆞ야 結黨樹援에 城狐社鼠라 擠陷異已ᄒᆞ며 排軋殊途ᄒᆞ야 觸之則金石이 破碎ᄒᆞ고 抵之則鬼蜮이 彈射ᄒᆞ야 呴呴噓噓에 雜雜沓沓ᄒᆞ야 骨肉之親이 變爲仇讐ᄒᆞ고 同堂之密이 化爲異域ᄒᆞ야 或 覆敗其家宗ᄒᆞ며 或 殄滅其軀命ᄒᆞ고 以至於禍及邦家ᄒᆞ며 毒流生靈하야 至死而靡悔焉하나니 嗚乎라 蚓之禍ㅣ 至此而極矣라 彼鴉片之物은 固國法之攸禁則其害未必滋大也로ᄃᆡ 以外諸種之毒은 害物이 尤大ᄒᆞ니 此 王法之所宜痛禁也라 ᄒᆞ노라

060

1899년 5월 27일 제60호 2면 3단 論說

요약 절경을 그린 그림이 비록 정교하나, 실제로는 쓸데 없어져서 버려지는 것을 예시로 하여, 개화의 명분이 분명해야 함을 강조한 글이다. 고금을 서로 참고하고 피아를 참작하여 단점은 제거하고 장점은 취하여 인지를 발달시키고 문명을 점차 발전시키는 것이 개화의 본질이라고 하였다. 하지만, 그럼에도 불구하고 개화의 허명만 난립하고 있다는 것을 개탄하고 있는 글이다.

似是而非

近有一畫師ᄒᆞ야 廬山瀑布圖를 畵할ᄉᆡ 靑山白總之勢를 爲ᄒᆞ고 其傍에는 一童子이 香爐를 捧ᄒᆞ엿ᄂᆞᆫᄃᆡ 霏霏ᄒᆞᆫ 紫焰之烟이 噴ᄒᆞᄆᆞᆯ 畵ᄒᆞ엿거ᄂᆞᆯ 問其故則曰 **李太白**[1]之詩를 不見乎아 日照香爐生紫烟니 是也라 ᄒᆞᆫᄃᆡ 聞者ㅣ 絶倒曰 是ᄂᆞᆫ **香爐峰**[2]名也오 非眞有其貝也라 子ㅣ 誤矣로다 又赤壁汎舟圖를 畵ᄒᆞᆯᄉᆡ 長線을 爲ᄒᆞ야 數幅에 橫亘ᄒᆞ되 或 斷或 續ᄒᆞ야 連絡▣差한지라 問其故則曰 **蘇東坡**[3]之賦를 不見乎아 江流有聲ᄒᆞ고 斷岸千尺이 是也라 聞者ㅣ 掩鼻曰非是之謂也라 秋水旣落에 江岸이 遍峙故로 有若千尺之斗絶也오 非實有斷續之

인 1 이백(李白)
3 소식(蘇軾)

지 2 향로봉(香爐峰)

岸이 橫亘其長也라 子ㅣ 錯矣로다 於是에 其畵雖工이나 卒無用而棄之ᄒᆞ니 噫라 今之所謂語稱開化之模倣者ㅣ 亦何以異是리요 夫 開化之名이 甚大ᄒᆞ니 開物成務하며 化民成俗之謂也오 非天地間別有一種神奇鬼恠之物事어늘 彼其好之者ᄂᆞᆫ 徒尙便捷輕薄之態而强欲自同於外邦之人이나 叩其中則空空然無一學一技之與彼相似ᄒᆞ고 彼其不好之者ᄂᆞᆫ 動輒指斥曰是夷狄戎蠻之俗이오 非中華[4]之文物이라 ᄒᆞ야 頑然强項에牢不可破ᄒᆞ니 嗚乎라 然則 開化之名이 豈不寃哉아 夫 開化者ᄂᆞᆫ 凡 政敎命令을 確然奮勵ᄒᆞ며 斷然擧措ᄒᆞ야 其陳獘煩瑣之政은 袪之ᄒᆞ고 其濫冗淆雜之制ᄂᆞᆫ 汰之ᄒᆞ야 一徒通明公平之術과 便利簡易之務ᄒᆞ야 叅互古今ᄒᆞ며 酌商彼我ᄒᆞ야 矯獘而措宜ᄒᆞ며 捨短而就長ᄒᆞ야 務令人智發達에 日漸文明이是眞開化之道也니 如堯舜湯武[5]ᄂᆞᆫ 開化之善者也어늘 今之所謂開化者ᄂᆞᆫ 徒假借虛名而實則有千萬里之相殊ᄒᆞ니 其與畵師之畵廬山畵赤壁而半爲無用之棄物者로 奚以異哉아

인 5 당 제요(唐 帝堯) · 우 제순(虞 帝舜) · 은 탕왕(殷 湯王) · 주 무왕(周 武王)

국 4 중국(中國)

061

1899년 5월 29일 제61호 2면 1단 論說

요약 황제(고종 즉위 이후)의 권위와 국가를 다스리는 것에 대한 것을 논한 글이다. 꿈속에서 태허선생과 영령이 대화하는 몽유록계 서사라 볼 수 있다. 여러 고사들을 인용하여 황제권의 강화를 주장하고 있다.

嶽靈問對

太虛先生이 游於**三角山**[1]之北漢浮屠러니 見有一古祠ᄒᆞ니 額曰 **北漢山**[2]神之祠라 ᄒᆞ엿거늘 先生이 入其宇ᄒᆞ야 指其像而責曰 此山은 京都之主鎭也오 東邦之甲獄也라 春秋降香幣祝冊ᄒᆞ샤 皇帝遣官致祭ᄒᆞ샤 曰 峻極于天鐵我邦基享我種祀介以純麻라 ᄒᆞ시고 **祀典**[3]에 載在中祀ᄒᆞ시니 精種之禮可謂備矣오 牲醴之享이 亦已久矣니 爲獄之職은 鎭我邦基ᄒᆞ야 護我 宗社ᄒᆞ며 蓄泄雲雨ᄒᆞ야 膏澤以施ᄒᆞ며 蕃生草木하야 材用以需하며 儲精蓄氣하야 鍾生人傑이 實獄之職也어늘 今旱魃이 肆虐에 炎威酷烈ᄒᆞ야 麥旣萎黃ᄒᆞ고 秧亦枯白ᄒᆞ야

지 1 삼각산(三角山)
2 북한산(北漢山)

책 3 『사전(祀典)』

歲將判歎에 衆生이 敖敖ᄒᆞᄆᆡ 聖上이 深憂ᄒᆞ샤 閔我亦子라 爰命諸臣ᄒᆞ샤 爰擧圭壁ᄒᆞ시고 虔誠芊禱ᄒᆞ샤 冀獲靈應ᄒᆞ샤ᄃᆡ 嶽惟冥頑ᄒᆞ야 無意膚寸ᄒᆞ고 去益果爆에 枯我蒼生ᄒᆞ니 嶽之不職이 一也오 惟石巖巖에 草木이 不蕃ᄒᆞ고 岡瘦谷瘠에 濯濯如童하야 無一祀一梓之可充棟樑之用하며 無一蔘一木之可供藥餌之材ᄒᆞ고 屹然擘空에 何補何益고 嶽之不▣이 二也오 惟我 國朝以來로 賢相良將과 名公鉅卿이 生于京師者ㅣ 代不乏人ᄒᆞ야 無不輝赫宇宙ᄒᆞ고 驚動天地ᄒᆞ야 管葛之材略과 良平之智慮와 **程朱**[4]之道德과 **班馬**[5]之文章이 皆功垂百代하고 澤流一邦ᄒᆞ야 蔚然爲國家之緽幹이요 宗社之柱石矣러니 奈何 近年以來로 寥寥無聞也오 抑有之而不顯歟아 若有之而不顯則 現今 聖明이 在上ᄒᆞ샤 搜羅嚴穴에 靡賢不擧ᄒᆞ며 靡材不用ᄒᆞ시니 豈有隱遁而自晦之理也리요 此必嶽之不職也 三矣니 賢이 不其職인데 奚爲而徒受牲幣之享歟오 竊爲嶽不取也ᄒᆞ노라 ᄒᆞ고 歸而宿方丈이러니 是夜에 一朱衣使來ᄒᆞ야 曰 大王이 奉邀라 ᄒᆞ고 前扶後衛에 如風擁去ᄒᆞ야 至一府ᄒᆞ니 榜曰 中嶽之府라 ᄒᆞ얏거늘 自念曰 必嶽靈也라 ᄒᆞ고 待之少頃에 朱衣傳命曰 隨入ᄒᆞ라 ᄒᆞ고 扶至一殿ᄒᆞ니 有一王者ㅣ 金冠龍袍로 儼然陞座라가 命陞堂賜座ᄒᆞ고 問曰 予ᄂᆞᆫ 即中嶽之靈也라 昨日 先生이 責我以不職ᄒᆞ니 予實不職이라 責之固當也로ᄃᆡ 竊有所區區願佈者ᄒᆞ야 敢屈尊駕ᄒᆞ니 先生은 怒之ᄒᆞ라 於是 先生이 復起再拜曰 山野鄙人이 妄言觸犯ᄒᆞ니 幸乞恕罪ᄒᆞ소서 靈王이 笑曰 有何罪犯이리요 讀聞予言ᄒᆞ라 夫膏澤施ᄒᆞ며 村用需ᄒᆞ며 人傑鍾 此三者ᄂᆞᆫ 實

인 4 정호(程顥)·정이(程頤)·주희(朱熹)

5 반고(班固)·사마천(司馬遷)

嶽之職也나 然이ᄂᆞ 夫 一雨一陽은 陰陽之化也라 陰陽이 和則雨陽이 均ᄒᆞ고 陰陽이 愆和則雨陽이 不均ᄒᆞᄂᆞ니 此ᄂᆞᆫ 天地之變氣也라 雖以堯湯[6]之聖으로도 未免水旱之災則非不欲盡職이나 其於逆天에 何오 此所以膏澤之不能以施也오 至於村用之需ᄒᆞ야는 巖石突兀에 不蕃草木은 天性然也요 且 此惟衆山之職而非嶽之所與有也어니와 精氣之儲蓄而鍾於人傑者ᄂᆞᆫ 實當職也라 稽自國初로 至于近代히 輒佐賢遠之項背相望者果如先生之言而至干近日ᄒᆞ야 寥寥無聞者ᄂᆞᆫ 嗚乎라 豈眞無人也哉리요 古人이 謂天地生此人에 自足了一世之事라ᄒᆞ니 世豈無人也哉며 山川精氣之所蓄에 豈有堅秘而不發人之理也리오마는 特以其時之不同과 命之窮通으로 晦滅於山澤城市之間而不顯焉ᄒᆞ니 先生이 如不信커든 試折叢桂之樹而歌招隱之操ᄒᆞ라 彼熊熊然瑞彩之團結者는 非藍田之玉英乎며 勝勝然紫焰之直射者ᄂᆞᆫ 非豐城之實▣乎아 先生은 幸歸而思之ᄒᆞ라 於是 先生이 起而又拜曰賤生之冒犯龍威가 罪實万死언마는 賤生之發此言이 亦豈徒然哉릿가 靈王이 爲之噓噫曰 己喩之矣라 以先生之材로 何不能作大旱之霖雨와 支廈之東梁ᄒᆞ고 乃反歷落於風埃ᄒᆞ니 旴不惜哉아 ᄒᆞ고 命之酒어늘 方數盃에 忽欠伸而覺ᄒᆞ니 晨鍾一聲에 明月이 橫窓矣러라

인 6 당 제요(唐 帝堯) · 은 탕왕(殷 湯王)

062

1899년 5월 31일 제62호 2면 1단 論說

요약 『한성신보』에서 기재한 종로 전차 방화사건에 대한 글이다. 전차를 부정적으로 생각하는 무리들이 전차 기관사를 폭행하고 방화한 사건에 대해 개탄하고 있다. 또한 철도의 확장도 필요하다고 주장하고 있다. 이는 곧 전차로 대표되는 개화문물의 필요성과 중요성을 강조하는 것이라고 할 수 있다.

지 2 종로 거리(鍾街)

매 1 『한성신보(漢城新報)』

讀漢城新報[1]

漢城新報에 目前鍾街[2]에서 民人이 電氣車破壞燒火ᄒᆞᆫ 事件을 論說에 記載ᄒᆞᆫ거슬 見ᄒᆞᆫ 則 其言 如左ᄒᆞ니 漢城電氣鐵路를 開運ᄒᆞᄆᆡ 城內의셔 奇觀이라 ᄒᆞ야 冠童이 ▣聚ᄒᆞ얏난ᄃᆡ 無心ᄒᆞᆫ 兒童輩가 其危禍에 陷ᄒᆞᆷ이 將次不少ᄒᆞᆯ지라 是로 以ᄒᆞ야 世上의셔 일으되 電氣鐵路로 因ᄒᆞ야 天이 不雨ᄒᆞᆷ이라 ᄒᆞ니 皆虛誕迷信之說이라 然이나 去卄六日朝에 偶然이 ᄯᅩ 一兒가 曳殺ᄒᆞᆷ을 被ᄒᆞᄆᆡ 迷信之徒가 ▣然이 聚ᄒᆞ야 電車를 亂擊ᄒᆞ니 鐵路技手▣이게오 身을 逃去ᄒᆞ얏다 ᄒᆞ니 迷信之禍ㅣ ᄯᅩᄒᆞᆫ 甚치 아니ᄒᆞ야 又曰 夫 電力으로 以ᄒᆞ야 輪來

輪去홀 則 開化國의 가쟝 簡便훈바라 然漢城[3]市民等이 指目ᄒ되 天災의 魔鬼가 有ᄒ다 ᄒ니 是는 진실노 國家面目을 汚ᄒ는 者라 만일 該兒鬼가 誤ᄒ야 壓殺ᄒ믈 被ᄒ면 其父兄者須問其罪後賠償을 要ᄒ미 可ᄒ고 告訴ᄒ미 ᄯ훈 可ᄒ거늘 該兒의 誤홈은 問치 아니ᄒ고 同類를 聚ᄒ야 ■仇的 暴行을 擧ᄒ니 其父 맛춤ᄂ 可히 ■■을 免키 難ᄒ리니 人情이 可히 實노 悲ᄒ도다 五年前에 日本[4]西京[5]의셔 電氣鐵路를 開設ᄒ얏는ᄃ 數十死傷이 有홈을 不免ᄒ니 世上에 일즉 這般暴害가 有홈을 聞치 못훈지라 然ᄒ나 韓國[6]帝都의 士民이 迷說을 流布ᄒ야 暴害되미 何等恠■耶아 ■之■■ ■明進■와 ■이요 ■■■는 者인 則 진실노 可히 國家의 耻辱과 損害를 招ᄒ는 者라 謂홀지라 右 漢城記者의 立論훈 바라 其言이 一起一伏ᄒ며 一激一揚ᄒ야 無限한 ■諷을 含有ᄒ엿스니 진실노 國家面目을 汚辱ᄒ는 者라 謂홀지로다 噫라 夫 國家의셔 一政一令을 行ᄒ며 一器一械를 設홈은 專혀 生民을 保護ᄒ며 營業을 便利케 홀 ᄯ름이라 萬若 其生民을 損害ᄒ고 營業을 望碍케 ᄒ고도 其外에 國家政治의 富强之術이 有ᄒ다 ᄒ면 是豈成說이리요 今 所謂 保護便利之術이 果能盡善而盡備어늘 惟欠電車之一■歟아 抑 保護便利之術이 雖不盡善而盡備라도 惟一電車運行則萬事充足而爲富强之術歟아 然則 京仁[7]京釜[8]京義[9]之間에 何不盡國之力而敷設鐵道也오 抑國家之財力이 未敷ᄒ야 不能經紀其遠且大者故로 許令外人專利ᄒ고 姑且試手於其近且小者乎아 然而其近且小者도 亦■許多資金而抑將■何而設也오 欲便利於商民

지 3 서울(京)
5 교토(西京)
7 서울(京) · 인천(仁川)
8 서울(京) · 부산(釜山)
9 서울(京) · 의주(義州)

국 4 일본(日本)
6 대한제국(大韓帝國)

之運輪歟아 欲便利於行客之來往歟아 欲便利於國家歟아 欲便利於民生歟아 抑姑且論設ᄒᆞ야 以供游人之代脚而已耶아 如曰 欲便利於商民行客則彼東西二十里之內에 未知運輪者ㅣ 何物이며 來往者ㅣ 何人고 是可謂國家生民之計歟아 如欲只供游人之代脚而已則非但▣無益之物이라 反有傷害而已矣리니 然則 彼至愚而神者ㅣ 目擊其無益之物而徒然傷害人命ᄒᆞ니 惡得無號怨之精也리요 然而至於突起亂擊에 毁破焚燒之▣則▣罪矣라 在法에 ▣有▣▣之▣可矣라 今寄謝於電車社諸員▣▣▣이 ▣▣▣▣ᄒᆞ야 敷設鐵路ᄒᆞ며 製造電車ᄒᆞ야 始行我帝國所未有之創▣者ᄒᆞ야 欲使▣癡之民으로 知開化國之有此神奇不測之物ᄒᆞ니 凡我民人도 觀此等物品ᄒᆞ고 各其格致硏究ᄒᆞ야 發達智慧ᄒᆞ며 製造便利케 ᄒᆞᄂᆞᆫ 主意則誠甚著也로ᄃᆡ 但攬▣功業ᄒᆞ며 增此股金ᄒᆞ야 使京仁京釜京義之間으로 不令外國人着手明白之則議全國之福也니 若然則雖曰轢十兒라도 民何敢怨憾也리요 奈何로 受外人之議諷而不知察之也오 寧不愧哉며 寧不痛哉아

063

1899년 6월 2일 제63호 2면 3단 論說

요약 송축의 내용을 담은 글이다. 오랜 가뭄이 생겨 농사가 제대로 되지 못하는 상황이 되어, 이것을 염려한 대한제국 천자가 직접 종묘사직에 정성스럽게 기도하였다. 이에 비가 내리자 온 나라 백성들이 기뻐하며 천자의 은덕을 칭송한다는 내용이다. 글 말미에 한문으로 송축의 뜻을 담은 수사적 표현을 부기하고 있다.

喜雨幷序說

維我聖天子建元之三年己亥夏五月에 天이 勤雨ᄒᆞ샤 自春徂夏히 旱魃이 肆虐ᄒᆞ야 三農이 俱病ᄒᆞ니 諸路觀察使以民債馳報者日騰于內部라 於是 天子是憂ᄒᆞ샤 命掌禮臣ᄒᆞ사 攷據己例ᄒᆞ시고 特遣宰臣ᄒᆞ샤 爰擧圭璧ᄒᆞ시니 自獄讀山川으로 以及社稷宗廟히 靡不虔誠祈禱ᄒᆞ샤ᄃᆡ 靈應이 尙寂일ᄉᆡ 天子ㅣ 愈益憂慮ᄒᆞ샤 乃命續次別雩ᄒᆞ샤ᄃᆡ 親傳香祝ᄒᆞ샤 以示虔禱之意ᄒᆞ시니 凡依式者ㅣ 五요 親傳者ㅣ 一이라 將又備法駕行親傳之禮ᄒᆞ샤 遣大臣行祈宗廟러니 是日에 天이 乃雨ᄒᆞ샤 至翌日始霽ᄒᆞ시니 於是에 萬物이 咸庶ᄒᆞ고 衆生이

인 2 소식(蘇軾)

국 1 송(宋)

恰悅ᄒᆞ야 街巷之丁男愚婦도 相與歌笑而蹈舞ᄒᆞ야 莫不感戴我聖天子仁愛之澤하니 於乎休哉라 宋[1]臣蘇軾[2]이 有言호ᄃᆡ 使天이 雨珠라도 寒者ㅣ 不得以爲衣오 使天이 雨玉이라도 飢者ㅣ 不得以爲食이라 ᄒᆞ니 使天으로 不雨是雨런덜 彼懷珠而被玉者ㅣ 寧能衣衣而食食也哉아 今天이 幸雨雨ᄒᆞ샤 使寒者飢者로 得以衣食之케 ᄒᆞ시니 天之仁恤我生民이 誠至矣라 嗚乎 因此而竊有感焉ᄒᆞ노니 我 皇上仁恤之心이 與天同至則其欲膏澤我生民이 豈有極已哉아마는 未知左右輔弼之臣이 用能體皇上如天之心而霖雨我民生을 如商之說宋之琦者乎아 今國家艱虞之勢ㅣ 有甚於今玆之旱하야 不止於三農之病而已則其雲霓之望이 日急一日ᄒᆞ니 我皇上憂悶之衷이 當復如何哉아 宜今日執政者之汲汲然沛下之不容少緩然後에야 國可保矣요 民乃濟矣리니 彼感戴而歡舞者ㅣ 亦豈止喜雨之爲喜歟아 於是 謹拜稽首而獻頌曰 猗我聖后仁愛洽物 如日如雲化囿弘博煦濡涵育 羣品藝藝 二氣五行迭運冥邈 變化靡均 或愆爲旱或戾爲潦 災眚由分 堯遭九洪湯被七旱 匪政伊運 然惟德珥災不爲災 職此恤悶 維亥之春天勤其雨 毒魃肆焰 青苗萎黃川澤枯竭 歲將判歉 天子悶雨丙枕靡安 其憂其念 迺滅珍膳迺疏囚案 冀動天感 迺命太常爰考己例 圭壁卒擧 屹屹北嶽 滔滔漢水 山川以曁 太社之檀祖宗之廟 誕擧牲幣 虔誠致禱靈應斯寂 聖衷彌慮 迺親香祝迺重其禮 日爾宰臣 爾惟體朕克敬克誠 毋污明神 祖宗垂祐皇天感應 是日卽雨 始也廉纖終焉脉沐遂及普土 飛甘漉膏滋潤萬物 動植咸囿 黃童白叟歡天喜地 相率蹈舞 衣我食我 生我育我 咸曰我聖 仁化及物如斯其捷 於乎

王政 如旱望霓如枯仰沛 民於邦國 商傳宋韓霖雨其姿 用被膏澤 我弼維良我政維仁 神祇感德 風調雨順民和物阜 災何干慝 我后堯舜稷契其輔 於不休哉 珠玉非寶 維豊爲瑞 優哉游哉

064

1899년 6월 4일 제64호 2면 1단 論說

요약 5월 31일자 글(「독한성신보(讀漢城新報)」)에 대한 추가 내용이다. 한성신보의 기사 내용을 탓하는 것이 아니라 방화사건을 저지를 국민의 민도가 낮음을 개탄하였다. 그에 대한 반성과 개화문물을 받아들이는 것이 필요함을 이야기하고 있다.

지 3 서울(京) · 인천(仁川)
4 서울(京) · 강릉(江陵)

매 1 『한성신보(漢城新報)』

관 2 시사총보사(時事叢報社)

辯漢城新報[1]

本社[2]의셔 日前의 漢城新報의 所論ᄒᆞᆫ 電車燒毀事件에 對ᄒᆞ야 辯論을 略加ᄒᆞᆷ은 漢城의 記者를 ▣斥ᄒᆞᆷ이 非也라 特히 我國을 慨歎ᄒᆞᆫ 바이라 如此開化에 便利한 器物을 製造ᄒᆞ야 運行ᄒᆞᆫ진ᄃᆡ 京仁[3]이나 京江[4]이나 商業에 便利ᄒᆞᆷ은 經營치 못ᄒᆞ고 車馬駢塡ᄒᆞᆫ 都市中에 等閑이 兒戱와 如ᄒᆞ계 敷設ᄒᆞᆷ이 人情에 未洽ᄒᆞ므로 該電車社 社員을 責ᄒᆞᆫ 注意요 鐵路를 攻擊ᄒᆞ거나 燒毁者를 辯護ᄒᆞᆷ이 아닌쥴은 其文意를 閱覽ᄒᆞ면 不解ᄒᆞᆯ 者ㅣ 無ᄒᆞᆯ거시어늘 今에 漢城記者의 答論ᄒᆞᆫ 說을 見ᄒᆞᆫ 則 一場大憾恚를 含蓄ᄒᆞ야 打擊을 肆加ᄒᆞ니 誠未

曉훌 事이로다 其列擧훈 趣旨 第一第二눈 前日論說이 自在훈니 不必更辨이요 第三條 所記훈바눈 曰 凡百排外行爲눈 吾儕가 最甚히 不可라 爲훌 비로다 훈얏시니 **本報**[5]눈 다만 公平훈 旨意로 我國體를 衛護훈며 生民을 開明케훌 目的이요 쏘훈 其在共濟之義에 엇지 排外行爲가 有훈리요 雖然이나 若外國人이라도 或我國是를 動搖훈거나 暴行을 妄加훌진데 엇지 畏縮緘默훌 理가 有훈리요 又曰 足下눈 猥濫히 他人之面上을 向훈야 醜惡훈 文字를 弄훈지 勿훈라 我新聞社눈 다만 一黨派之下에 保護훈 私社가 非也로다 右項은 卽 漢城新報의 所載훈 言이라 本社에셔 有何醜惡之文字로 加諸漢城者乎아 甚是恠訝之說이나 此눈 猶不足深辨이로딕 至其結尾에 黨派下保護훈 私社란 句語눈 未知何爲而發此也로다 抑或 人이 疑漢城記者於保護黨派之私社故로 向此而自明歟아 抑未知我國內新聞社內에 有保護黨派之私社故로 爲彼而自明歟아 此눈 本社之所不可曉者니 其所謂濫向他人之面上훈야 勿弄醜惡之文字者를 恐不必責之於■人이요 只可自反而思之훈며 自■而改之則隣社之幸也 ᄅ가 훈노라

매 5 『시사총보(時事叢報)』

065

1899년 6월 6일 제65호 2면 2단 論說

요약 지방 행정에 대한 조언을 담은 글이다. 호남 지방은 나라에서 물산이 풍부한 지역이나 지방관이 부패로 인한 폐단이 심하여 백성들이 곤란을 겪고 있다. 그러므로 정부에서는 관리를 파견해 호남 지방의 부정부패를 척결해야 함을 주장하고 있다. 또한 체포한 11명을 모두 처벌하여 지역을 안정시켜야 함을 주장하고 있다.

지 1 전라도(全羅道)

湖南[1]土匪

湖南一方은 我 國家의 外府라 其土地膏沃ᄒᆞ며 人物繁息ᄒᆞ야 絲穀之富와 魚壜之利와 物産製造之品이 爲全國之最故로 其田賦貢稅之人이 歲當倍過諸路ᄒᆞ나니 由是爲官吏於湖南者ㅣ 流涎染指ᄒᆞ야 貪饕剝割이 十居八九요 所謂 濫捧討索之弊와 無名雜稅之斂이 日加月增ᄒᆞ야 曰御史 曰視察 曰派員 曰監官之類가 侵虐漁獵ᄒᆞ야 果難支保而呼訴無門ᄒᆞ고 矜憮無人이라 於是 彼愚癡可憐之民이 乃敢釀禍倡亂에 自抵罪網ᄒᆞ니 寧不哀哉아 朝廷은 急宜選擇循良ᄒᆞ며 革除弊瘼ᄒᆞ야 撫恤我亦子ᄒᆞ며 安戢我生民이 迺爲調濟之方이어ᄂᆞᆯ 奈何 發

兵遣將ᄒᆞ야 欲動滅我亦子ᄒᆞ니 是豈珥亂之良算乎리요 彼徒手屯聚之徒이 直不過螳釜蚊障而已라 如欲戢捕ᄃᆡᆫ 一地方隊足矣어늘 何故張大之를 如是ᄒᆞ야 有若寇盜之行討也오 今聞電信之續報則該地方官軍이 亂魁四名과 亂徒七名을 業己捉得則殲魁之日에 亟宜查究情形ᄒᆞ야 責罰貪虐之吏ᄒᆞ며 蠲革討索之弊然後에 庶爲安靖之方어니와 如又置之度外ᄃᆡᆫ 恐亂根이 滋萌에 寧靖이 無日일가 ᄒᆞ노라

066

1899년 6월 8일 제66-1호 2면 3단 論說

요약 1899년 6월 6일 고종황제(高宗皇帝)가 묘사전궁(廟社殿宮)에 전알례(展謁禮)를 행한 일과, 배참(陪參)한 세자를 찬(讚)한 글이다.

萬歲萬歲

六日午正三刻大皇帝陛下御法駕詣太廟景慕宮行展謁禮　是日雨新霽天氣晴和薰風恢台羣物欣欣都人士女環道周歡喜蹈舞咸曰我皇上聖孝無窮追報之誠令臣民等觀感而興起況我東宮殿下仁孝天成朝野仰望　是日又行陪叅之禮尤門外不勝欽悅歎服於乎休哉於乎盛哉

067

1899년 6월 8일 제66-2호 2면 3단 論說

요약 중국 당나라 시인 한유가 쓴 시에 있는 우화를 소개하고 있는데, 구체적으로 '늙은 독수리(老鷲)가 거짓으로 선(善)한 도덕군자인 척 하다가 어미 까치(翠鵲)를 속인 뒤 까치 새끼들을 모두 잡아먹었다'는 이야기를 상세히 서술하고 있다. 그리고 이러한 우화를 통해 지금 서구 열강들이 말하는 평화란 늙은 독수리의 위선적인 행동과 같기 때문에 그대로 믿지 말고 경계해야 함을 강조하고 있는 내용이다.

老鷲變態

老鷲의 本態는 飢來攫鳥雀飽則盤天嬉라 **韓昌黎**[1]之詩에 已盡之矣로다 古槐踈林之間에 彼査査之翠鵲이 卵育諸雛ᄒᆞ더니 悶諸雛之飢ᄒᆞ야 欲求食而哺之나 又恐老鷲之乘機暗算ᄒᆞ야 暴加不義ᄒᆞᆯ가 ᄒᆞ야 咨且未行러니 忽見老鷲이 折跪兩膝ᄒᆞ고 雍容閑雅ᄒᆞ야 宛然道學君子貌樣이어ᄂᆞᆯ 鵲이 恠之ᄒᆞ야 往問其故則鷲夷然荅曰 余今悔改前習ᄒᆞ고 願發慈悲善心ᄒᆞ야 業已做了道學的工夫也로라 鵲이 喜曰 然則 先生이 更不作强暴之行而改修前愆否아 鷲曰 是何言也오 今已跪膝收斂ᄒᆞ야 學做苟非其義면 雖一毫不取底工夫ᄒᆞ니 豈有强暴

인 1 한유(韓愈)

국 2 러시아(Russia)

底行爲리요 於是 鵲이 猶未之信ᄒᆞ야 徘徊伺察則老鷲이 愈益安恭ᄒᆞ야 無一點舊日麁氣라 鵲이 以爲信然타ᄒᆞ야 乃進前致禮曰 先生이 能率德改行ᄒᆞ니 誠吾儕之幸也라 請先生은 善護吾雛면 吾將求食還哺何如오 鷲曰 爾須放心去來ᄒᆞ라 吾當如保吾雛ᄒᆞ며 兼捍强暴之禍ᄒᆞ리라 鵲이 大喜飛去로ᄃᆡ 心猶不下ᄒᆞ야 霎去還歸則鷲이 猶前樣커늘 鵲이 迺快信之ᄒᆞ고 遂去之遠이러니 俟其稍間ᄒᆞ야 鷲이 竦身一躍에 直擣鵲巢ᄒᆞ야 攫諸雛一時啖盡ᄒᆞ고 飽快에 輒揚揚飛去ᄒᆞ니 噫라 老鷲之險譎이 至此歟아 近日列强之强倡平和之說者ㅣ 恐未知不作鷲道學手段否아 强做工夫ᄒᆞ야 爲掩護粧撰之態나 實非平和之好胚胎오 畢竟 露[2]出來眞面目則盤天之勢를 其孰能禦之哉리요

068

1899년 6월 10일 제67호 2면 2단 論說

요약 독일 황족인 하인리히 왕자가 중국의 여러 명소를 구경하다가 인천(仁川)을 통해 우리나라로 들어왔는데, 황성에 이르자 우리나라 임금과 동궁 세자께서 환영의 뜻으로 회례(回禮)를 베풀어 양국의 우호를 돈독히 하였음을 서술하는 내용이다.

德國[1]親王歡迎

亨利親王[2]은 **德國皇帝**[3]의 親弟요 **英國**[4]女皇의 外孫이라 此次東洋에 游覽ᄒᆞ야 **膠州**[5]로 經歷ᄒᆞ야 **旅順口**[6]를 閱ᄒᆞ고 昨日은 自**仁川**[7]으로 皇城에 入來ᄒᆞᄂᆞᆫᄃᆡ 我**大皇帝陛下**[8]계셔와 **皇太子殿下**[9]계셔 友國의 貴重ᄒᆞᆫ 皇弟가 來游ᄒᆞᆷ을 愛念ᄒᆞ샤 歡迎ᄒᆞᄂᆞᆫ 禮을 盛擧ᄒᆞ샤 友邦의 交好ᄒᆞᄂᆞᆫ 誼를 表ᄒᆞ시고 今日은 又親히 玉駕를 枉御ᄒᆞ샤 親王게 回禮를 施ᄒᆞ시니 滿都士女의 觀瞻ᄒᆞᄂᆞᆫ 者ㅣ 皆欣感ᄒᆞᄂᆞᆫ 氣色이 洋溢ᄒᆞ니 吾儕ᄂᆞᆫ 友國의 親密ᄒᆞᆫ 誼를 益益敦好ᄒᆞ야 永久欣感케 ᄒᆞᆷ을 希望ᄒᆞ노라

인
2 알베르트 빌헬름 하인리히(Albert Wilhelm Heinrich)
3 프리드리히 빌헬름 빅토어 알베르트(Friedrich Wilhelm Viktor Albert)
8 고종 이재황(李載晃)
9 순종 이척(李坧)

지
5 자오저우(膠州)
6 뤼순커우(旅順口)
7 인천(仁川)

국
1 독일(Germany)
4 영국(United Kingdom)

069

1899년 6월 14일 제69호 2면 2단 論說

요약 중국의 우좡(牛莊) 지역 철도 부설권을 빌미로 러시아와 영국 등 서구 열강들이 청나라 영토를 빼앗으려 하는데, 우리나라는 수수방관하고 있으니 머지않아 우리나라와 일본 역시 국토를 침탈당할 수 있음을 지적하였다. 대한제국 정부에서도 그에 대한 대책을 세울 것을 촉구하는 글이다.

東洋時局

今日東洋之時局이 汲汲然浸浸然分裂之患을 到底不能避홀 急狀이 現已畯著者라 **露國**[1]은 隱然以耽耽虎視之手段으로 張蜘蛛之網ᄒᆞ야 綿亘聯絡乎**西伯利**[2]**滿洲**[3]之間而漸次擴其領分ᄒᆞ야 呑呑乎延及**北京**[4]之外廓ᄒᆞ니 勢力이 益益增大則**長城**[5]以南**黃河**[6]以北에 鐵騎蹂躪을 沛乎其莫之制遏ᄒᆞ리니 今次**牛莊**[7]鐵道敷設權之要求가 意豈徒然이리요 彼**露**[8]之所忌者一**英**[9]而英이 又與之協商訂約ᄒᆞ야 密授方針ᄒᆞ니 牛莊之要亦安知不出於英之暗諾歟아 然而英之老猾手段이 又豈欲讓退一步地於露人也哉아마는 特其計慮尤老熟ᄒᆞ야 自家ᄂᆞᆫ 不欲犯

지 2 시베리아(Siberia)
3 만저우(滿洲)
4 베이징(北京)
5 만리장성(萬里長城)
6 황허(黃河)
7 우좡(牛莊)

국 1 러시아(Russia)
8 러시아(Russia)
9 영국(United Kingdom)

手做去故로 却只袖手傍觀貌樣ᄒᆞ고 假手露人而教唆其先倡ᄒᆞ고 自家ᄂᆞᆫ 却坐在閑地라가 談笑收獲漁人之利矣니 彼露人之得志를 英이 豈肯願也리요 **蘆漢**[10]之鐵路完功則黃河以南**楊子**[11] 以北은 英必將藉露爲口實而快伸一脚矣리니 今其艦隊를 集合於**香港**[12]附近而又頓兵於九龍內地則彼豈無心者哉아 然則 **獨逸**[13]之於**山東**[14]과 **伊太利**[15]之於**三門灣**[16]과 **佛**[17]之於**廣西**[18]에 亦豈淡然而斂手歟아 一片**支那**[19]之土에 瓜分而豆裂者ㅣ 列竪諸國之旗則悲 夫五千年文明古國이 其將止於斯而已乎아 此其勢不容不開戰之端而分裂之患也라 **朝日新聞**[20]所謂山岳青草가 皆其生色을 失ᄒᆞᆷ은 **清國**[21]이니 **波蘭**[22]의 亡ᄒᆞᆷ도 尙其一個英傑이 以碧血로 家國에 濺ᄒᆞ엿거ᄂᆞᆯ 今日은 如斯ᄒᆞᆫ 奇劇悲觀이란 言이 寧不痛哉아 然而清國은 最東洋之重大關係者而到此局面ᄒᆞ니 彼其脣齒相倚之 曰**大韓**[23] 曰**日本**[24]이 寧能獨保其無事也哉아 然則 我政府諸公은 目擊隣家之火焰이 將及延燒之厄而拱手晏視ᄒᆞ고 不思所以應救之策이 其可乎아 良可悲夫로다

지 **11** 창강(長江)
14 산둥(山東)
16 싼먼만(三門灣)
18 광시장족자치구(廣西壯族自治區)

국 **10** 한(漢)
12 홍콩(HongKong)
13 독일(Germany)
15 이탈리아(Italy)
17 프랑스(France)
19 중국(中國)
21 청(淸)
22 폴란드(Poland)
23 대한제국(大韓帝國)
24 일본(日本)

매 **20** 『아사히 신문(朝日新聞)』

070

1899년 6월 16일 제70호 2면 2단 論說

요약 1899년 6월 8일에 소안동(小安洞) 박영효(朴泳孝) 집안에서 발생한 화약 폭발사건에 대한 사건을 소개한 글이다. 사건의 경위와 수색의 과정을 매우 상세히 묘사하고 있다. 그 과정에서 비속(婢屬)의 집문(執問)에 대한 답변 내용과 사건현장의 자세한 묘사 등을 통해 현장감을 극대화 시키고 있다. 또한 기사 말미에 유사한 미결사건(〈진소실화(賑所失火)〉)이나 해당 사건 이후 지속적으로 기찰(譏察)하는 동정(〈윤회순경(輪回巡更)〉) 등을 소개함으로써, 사안의 중요성을 강조하고 세간의 관심을 유도하고 있다.

인 2 박영효(朴泳孝)

지 1 안국동(安國洞)

奇變詳報

自本月八日로 輦轂之下에 何許兇漢이 以何等兇膽으로 何等兇計를 試코져 爆彈을 連投ᄒᆞ야 轟烈ᄒᆞᆫ 聲은 萬戶에 震動ᄒᆞ고 爆發ᄒᆞᆫ 焰은 人物을 觸傷하야 諸大官時宰之家와 其他官署民戶ᄭᆞ지 莫不其害를 被遭ᄒᆞᆫ 바 民心도 騷訛ᄒᆞᆯ ᄲᅮᆫ兀 宸衷에 驚動ᄒᆞ샤 警臣을 責免ᄒᆞ시고 政府를 操飭ᄒᆞ샤 刻期譏捕ᄒᆞ라 ᄒᆞ셧ᄂᆞᆫᄃᆡ 兇彼膽寒이 罔念悛改ᄒᆞ고 轟轟ᄒᆞᆫ 聲이 連夜不絶ᄒᆞᆫ 바 去十三日午後六時量에 忽然一大爆聲이 天地를 震撼ᄒᆞᄂᆞᆫ지라 人人驚恠ᄒᆞ야 急起視察ᄒᆞᆫ 則 一條黑虹的烟氣가 衝天直上ᄒᆞᆫ바 乃小安洞[1]朴泳孝[2]의 第內라 警官과 巡檢과

兵丁이 一齊奔走突進ᄒᆞ야 其門牌를 見ᄒᆞᆫ 則幼學朴太緒[3]家라 其家에 突入ᄒᆞ야 其由를 叩詰ᄒᆞ려 ᄒᆞᆫ 則 男子ᄂᆞᆫ 已逃亡ᄒᆞ고 婦女만 驚惶奔避ᄒᆞᄂᆞᆫ지라 婢屬을 執問ᄒᆞᆫ 則曰 朝前에 在外ᄒᆞᆫ 木臼를 中門內에 運置ᄒᆞ야 中門을 堅閉ᄒᆞ고 藥物을 杵■ᄒᆞ더니 不意에 此 火聲이 發ᄒᆞ나 其詳은 未知라 ᄒᆞᄂᆞᆫ지라 於是 巡檢이 中門內에 直入ᄒᆞ야 木臼을 臨檢ᄒᆞᆫ 則木臼이 倒覆ᄒᆞᆫ지라 該臼을 起立ᄒᆞ고 臼內를 詳察ᄒᆞᆫ 則硫黃藥臭가 觸鼻ᄒᆞᄂᆞᆫ지라 該家婦人閨女를 一併捕縛ᄒᆞ고 其爆發ᄒᆞᆫ 處를 周察한 則數三間量房屋이 傾頹ᄒᆞᆫ바 瓦片이 粉碎ᄒᆞ고 柱椽이 折覆ᄒᆞ고 器皿什物이 細末破裂ᄒᆞᆫ 中에 二個燒黑狗樣子爊漢이 倒伏ᄒᆞ얏ᄂᆞᆫᄃᆡ 一名은 全般焦爛에 氣息이 奄奄ᄒᆞ고 一名은 黑洞洞地四肢亂動에 號呼爺孃ᄒᆞ야 慘楚鼻眼ᄒᆞ더라 盖 該家舍는 制度廣大ᄒᆞ고 房屋稠密ᄒᆞ야 雖百餘家口라도 容住ᄒᆞᆯ 地段이라 西有二大門ᄒᆞ고 南有一大門ᄒᆞ고 東有一夾門ᄒᆞ니 該西邊第一門은 日本[4]人恒屋盛服[5]氏借居니 即舊日山亭好園林이요 西邊第二門은 金主事云者借居所니 即爆發破壞處요 其向南大門內東邊中門內는 即 朴太緒居라 云ᄒᆞᄂᆞᆫᄃᆡ 太緒ᄂᆞᆫ 泳孝兄子라 當日太緒與金主事ᄂᆞᆫ 適出外云而未知兇徒幾命이 彼中에 潛伏ᄒᆞ야 右藥을 搗製ᄒᆞ얏ᄂᆞᆫ지 當日에 該宅裏被縛人은 韓光聖[6]朴民弘[7]李種南[8]李信在[9]等六名과 又李粲永[10]爲名者ᄂᆞᆫ 壁帳裏에 隱避ᄒᆞ얏다 現發被執ᄒᆞ고 其外婦女等九名을 幷押付警廳ᄒᆞᆫ바 一時巡檢與兵丁이 圍包該家ᄒᆞ야 仁川[11]警務官河相驥[12]氏가 奉命ᄒᆞ고 同家內一切書札文蹟等과 其他藥臼等證據物을 倂片片押收ᄒᆞ엿ᄂᆞᆫᄃᆡ 恒屋

인 3 박태서(朴太緒)
5 쓰네야 세이후쿠(恒屋盛服)
6 한광성(韓光聖)
7 박민홍(朴民弘)
8 이종남(李種南)
9 이신재(李信在)
10 이찬영(李粲永)
12 하상기(河相驥)

지 11 인천(仁川)

국 4 일본(日本)

인 13 남명선(南命善)
14 김영진(金永鎭)
16 송원삼(宋元三)

지 15 필동(筆洞)

氏의 所住室內에도 書類를 搜索ᄒᆞ려ᄒᆞᆫ 則是ᄂᆞᆫ 外國人家라 日巡查八名이 該家를 緊緊把守ᄒᆞ야 搜索不得故로 警務使南命善[13]氏가 內部의 報告ᄒᆞ기를 該家에셔 男女幷十五人을 捕捉ᄒᆞ얏ᄂᆞᆫᄃᆡ 其中一人을 爲先訊問ᄒᆞᆫ 則奸狀이 已露無疑ᄒᆞ와 今將審辨이오며 其家의 所在藥物을 勢將搜探乃已이오나 現今日本巡查八名이 方來把守ᄒᆞ기로 搜索이 實難이오니 外部에 照會ᄒᆞ와 日公舘에 轉照ᄒᆞ야 該巡查를 一併撤去ᄒᆞ야 搜探에 便케 ᄒᆞ야달ᄂᆞ ᄒᆞ얏더니 尙今ᄭᆞ지 搜索ᄒᆞᆷ을 不得ᄒᆞ얏다 ᄒᆞ고 傳說에 諸兩漢이 當日에 爆發物을 擣出ᄒᆞ야 於深室內에 製造ᄒᆞ다가 忽然外人이 進入ᄒᆞᆷ을 聞ᄒᆞ고 急欲隱匿ᄒᆞᆯ제에 自然摩擦ᄒᆞ야 自發에 至ᄒᆞ얏다 ᄒᆞ더라 當刻에 爆烟이 突起ᄒᆞ야 該屋脊을 衝上ᄒᆞ야 其鄰居金永鎭[14]氏家에도 餘氣가 射擊ᄒᆞ야 ▣壁이 頹落ᄒᆞ고 窓戶가 破碎ᄒᆞ며 又其氣가 後壁을 穿過ᄒᆞ얏고 其爆發處ᄂᆞᆫ 垣壁이 皆破壞ᄒᆞ고 柱椽이 傾覆ᄒᆞ얏ᄂᆞᆫᄃᆡ 硫黃餘臭가 至今不散ᄒᆞ엿고 該負傷者黑屍二塊은 當夜施病院으로 護送ᄒᆞ얏더니 未幾物故ᄒᆞᆫ지라 該黑骸을 警廳門外에 暴ᄒᆞ얏다가 旋卽收埋ᄒᆞ얏다더라 當夜에 警務使가 街巷에 揭示ᄒᆞ고 巡檢을 團飭ᄒᆞ야 二更以後ᄂᆞᆫ 人民의 來往을 禁止ᄒᆞ라 ᄒᆞ고 兵丁五十名으로 該家近地에 巡檢과 共히 把守巡更케 ᄒᆞ고 負商덜은 各坊曲에 緊緊把守譏察ᄒᆞ야 人民의 來往이 絶少ᄒᆞ고 四聖寂寂한 中에 但終夜토록 轔轔ᄒᆞᆫ 車聲은 外國人이 恒屋氏家에 來往ᄒᆞᄂᆞᆫ 者 ᄲᅮᆫ이라더라 其日夜에 又兩次砲聲이 聞ᄒᆞ니 未知何許砲聲인지 筆洞[15]宋元三[16]家의셔 出ᄒᆞ얏다니 旣兇徒의製藥ᄒᆞ

ᄂᆞᆫ 者 天罰을 遭ᄒᆞ얏거ᄂᆞᆯ 又此何處에 盤據한 窩窟이 尙存ᄒᆞᆫ지 實노 料測치 못ᄒᆞᆯ 事이로다

◯賑所失火 再昨夜西小門[17]內賑民所의셔 失火ᄒᆞ야 數十間이 沒入燒燼ᄒᆞ얏ᄂᆞᆫᄃᆡ 失火根因은 詳探更記ᄒᆞ깃노라

◯輪回巡更 日前의 勅令이 下ᄒᆞ샤 城內各洞居民이 作統例를 依ᄒᆞ야 每夜各其所居坊里의셔 輪回巡更ᄒᆞ야 殊常을 譏察케 ᄒᆞ라 ᄒᆞ셧더라

지 17 소의문(昭義門)

071

1899년 6월 18일 제71호 2면 1단 論說

요약 일찍이 혜민서(惠民署)는 환과고독(鰥寡孤獨)이나 맹아광치(盲啞狂癡) 등 가난하고 어려운 이들을 구제하기 위해 설치한 것이었는데, 흉년으로 인해 빈민들이 많이 생겨났으므로 임금께서 특명을 내려 진민소(賑民所)를 설치하고 아울러 내탕금(內帑金)과 휼전(恤典)을 써서 어려운 이들을 보호한다는 글이다.

지 4 서양(西洋)

국 2 조선(朝鮮)

책 1 『시경(詩經)』

관 3 혜민서(惠民署)

賑民所設置

人之生此世에 不能無貧富窮達之殊ᄒᆞ며 亦未嘗無水旱饑饉之災則彼鰥寡孤獨至窮至貧之民이 雖豊年樂歲라도 亦難聊其保活이어든 而況水旱饑饉之歲乎아 **詩經**[1]所謂可矣富人哀此孤獨者ㅣ 誠是也라 以故古昔仁人之政은 必先及乎蔀屋四窮之民ᄒᆞᄂᆞ니 維我**國朝**[2]ᄂᆞᆫ 置**惠民之署**[3]ᄒᆞ시며 儲常賑之穀ᄒᆞ샤 以濟貧窮之無告者ᄒᆞ시니 可謂仁惠周備而奈何近年以來로 儲置之需ㅣ 蕩然掃盡ᄒᆞ고 官司ㅣ 亦混入於撤罷之中ᄒᆞ야 使有志者로 不得無憾而竊嘗聞**泰西**[4]諸國之事則其賙窮也ㅣ 誠至矣라 悶貧窮之無告者則有貧院焉ᄒᆞ고 憐盲啞之無業

者則有教院焉ᄒᆞ야 其老幼孤獨之居處各異ᄒᆞ며 盲啞狂癡之教導有方ᄒᆞ야 使天下之至窮至貧者로 無不聊賴生活ᄒᆞ며 資濟産業케 ᄒᆞ니 嗚乎라 是亦仁人之爲心而惟我國은 先王之所設置者를 今反革之其可乎리요 寄歟我 **大皇帝陛下**[5]上推 列祖之至意ᄒᆞ시며 下恤窮民之情狀ᄒᆞ샤 歲値饑饉則賑資以內帑하시고 災嬰水火則恤典以國庫ᄒᆞ샤 德惠之究及我生民이 洵廣且大哉而 特命設立賑民之所ᄒᆞ시고 籌劃經費ᄒᆞ샤ᄃᆡ 令各郡所在驛屯正稅之外其若干利剩之算을 使之付屬케 ᄒᆞ샤 俾流離而顚連者로 得以奠保케 ᄒᆞ시니 嗚乎盛哉로다

인 5 고종 이재황(李載晃)

072

1899년 6월 22일 제72호 2면 2단 論說

요약 일찍이 여러 서양 국가들을 비롯하여 일본은 철도(鐵道)가 효용 가치가 높음을 알고서 실제로 철도를 부설하여 막대한 사회적 · 경제적 이익을 거두고 있으니 이에 또한 대한제국 역시 철도를 부설하고자함을 언급한 뒤 철도 부설을 위해 드는 막대한 비용을 외국 자본에 빌리고 있을 뿐만 아니라 약속한 기일 내 공사를 마치기 위해서는 철도 용달회사를 조직하여 원선(原線)과 지선(支線)을 부설할 것을 강조하는 내용이다.

지 1 서양(西洋)

국 2 일본(日本)

鐵道敷設에關ᄒᆞᆫ用達會社

夫 鐵道之用은 所以便行旅之來往ᄒᆞ며 利物貨之運輸ᄒᆞ야 萬里之遠이 近如咫尺ᄒᆞ고 一日之程을 止於片刻ᄒᆞ야 駕輕就坦에 無險阻間關之憂ᄒᆞ고 載重致遠에 無贔屭鈍滯之患故로 農工이 不勸而興ᄒᆞ고 商賈不奬而盛ᄒᆞ야 而全國之蒙利資益이 盖莫善于鐵道ᄒᆞᄂᆞ니 是以 歐米[1]列國은 無國無鐵道ᄒᆞ며 無地無火車ᄒᆞ야 縱橫乎全邦ᄒᆞ며 經緯乎闔境ᄒᆞ야 如蛛網如羅織이로ᄃᆡ 維東洋一局은 除日本[2]一國之外ᄂᆞᆫ 無有能自致勢力ᄒᆞ야 以敷設鐵軌者ᄂᆞᆫ 何也오 盖 其敷設之力이 必費鉅億額算故로 國庫則患於財用之絀ᄒᆞ고 民產則拘於見聞之陋ᄒᆞ야

不能自力於浩大之利益而擧勢力委之於外國殖金之家ᄒᆞ야 以藉其權利케 ᄒᆞ니 豈不爲識者之慨歎歟아 維我大韓[3]이 亦坐是患ᄒᆞ야 西南京仁[4]間鐵道敷設權을 讓與他人ᄒᆞ니 實所慨然이나 鐵道期限에 趁ᄒᆞ야 還渡ᄒᆞᆯ 經營과 各港口 各場市에 原線與支線繼設ᄒᆞᆯ 利益도 將來 許多ᄒᆞ건만 現今貌樣으로만 因循捱過할진ᄃᆡ 人民의 智識과 國家의 財政이 從何滋生ᄒᆞ리요 所以로 有志한 諸公이 鐵道用達會社를 經紀ᄒᆞ야 其目的이 第一은 鐵道工事에 見習ᄒᆞ야 將來各處에 原線과 支線을 敷設ᄒᆞ야 全國의 利益을 希圖ᄒᆞᆷ이요 第二ᄂᆞᆫ 目下에 貧民을 應募食力ᄒᆞᆷ에 保護와 物品을 酬應ᄒᆞ야 兩國間 工事에 便利速成ᄒᆞ기를 爲ᄒᆞᆷ이라 ᄒᆞ니 진실노 會社諸公을 致謝ᄒᆞᆯ만ᄒᆞ거니와 我全國의 利益이 他人의계 讓與ᄒᆞᆷ을 憂歎ᄒᆞ야 將次 趁期還渡ᄒᆞᆷ과 原支線의 敷設ᄒᆞᆷ을 經營ᄒᆞ니 極히 經濟에 有志ᄒᆞᆯ ᄲᅮᆫ더러 ᄯᅩᄒᆞᆫ 目下民丁을 保護ᄒᆞ고 物品을 酬應ᄒᆞᆯ 方針이 더욱 時勢에 關係ᄒᆞᆫ 事인 則 萬若 人人마다 諸公과 如ᄒᆞᆯ진ᄃᆡ 何患乎無財며 何憂乎無成이리요 우리 全國에 同志ᄒᆞᆫ 諸員은 다만 心力을 一同ᄒᆞ야 團結做去ᄒᆞ오면 土壤이 積하야 泰山을 作ᄒᆞ며 細流가 合ᄒᆞ야 巨川을 成ᄒᆞᄂᆞ니 目下에 縀縷利益과 將來의 全國事業을 穩然長就ᄒᆞ야 東西洋 富强ᄒᆞᆫ 國으로 同等權利와 均霑利益을 勿爲讓與케 ᄒᆞ시믈 期望ᄒᆞ노라

지 4 서울(京)·인천(仁川)

국 3 대한제국(大韓帝國)

073

1899년 6월 24일 제73호 2면 1단 論說

요약 옛 중서성(中書省) 기관인 의정부(議政府)는 삼공(三公)과 재상(宰相)이 그 직책을 맡았는데 이들의 전횡을 막기 위해 간의대부(諫議大夫)라는 간관이 있었고, 또한 옛 어사도찰(御史都察)인 사헌부(司憲府)는 갑오경장 이후 사간부(司諫府)와 함께 중추원(中樞院)으로 통합하였으니 간관의 역할을 수행해야 함을 강조하는 내용이다.

국 3 진(秦)
4 한(漢)

관 1 의정부(議政府)
2 중추원(中樞院)

議政府[1]와及中樞院[2]의關係

議政府는 古之中書省이니 卽 三公宰相之職也라 總百官佐一人ᄒᆞ야 以治平天下者則其職權之重이 夫孰有加於此者哉아 然而 宰相이 賢則固善也어니와 脫有不賢ᄒᆞ야 操專擅之柄ᄒᆞ며 行脅制之籠則波其職權之重이 固無有與抗者ᄒᆞ니 豈■■殆矣哉아 該諫官之所以設也라 夫 諫官之職이 位雖卑而任則重ᄒᆞ니 先儒氏所謂立天子之庭ᄒᆞ야 與宰相爭可否者ᄂᆞᆫ 惟諫官이 是也라 ᄒᆞ니 其任이 固不重歟아 然而諫議大夫之官이 刱自秦[3]漢[4]之世 故로 或者以爲非聖王之古制라 廢之亦可라 ᄒᆞ니 噫라 秦漢以前은 雖不設官이라도 自百寮執事로

以及瞽師工藝之賤도 莫不許其諫諍ᄒᆞ야 朝廷이 不能禁其直犯忌諱故로 有諫鼓謗木之設而雖無其官이라도 固無傷也어니와 若後世壓抑之習ᄒᆞ야ᄂᆞᆫ 雖設官立職ᄒᆞ야 專責以諫諍之任이라도 猶患鉗制之威온 況乎廢其官而喑啞一世其可乎아 惟我**國朝**[5]屢百年來로 責言議之任則有**司諫之院**[6]ᄒᆞ고 擧糾彈之職則有**司憲之府**[7]ᄒᆞ니 司諫之任은 古之諫議議郎之官也오 司憲之職은 古之御史都察之官也라 其補拾闕遺ᄒᆞ며 振肅風憲이 制■甚善이로ᄃᆡ 官難其人일ᄉᆡ 更張之初에 懲其無人而幷與其官廢之ᄒᆞ고 只以中樞一院으로 設置議官ᄒᆞ야 行諫議之任케 ᄒᆞ니 名雖不同이나 職實無異라 然則政府之於議官에 宜容其論思獻議와 敢言直諫之權이 固可也오 如有忠讜切要之論인ᄃᆡ 褒賞之採納之도 固可也오 不宜束縛鉗制之ᄒᆞ야 徒使唯唯奉承之不暇也케 ᄒᆞ리니 噫라 堂堂天朝諫議之任을 徒具員寮ᄒᆞ야 爲閑散官人區處之窠라가 每一有事에 使之依決議案ᄒᆞ야 以爲藉口之地則是豈公議也哉아 然則奚爲而費數萬元之金ᄒᆞ야 設置多數之議員也오 嘗見唐宋史書에 云 中書所行事關軍機者ᄂᆞᆫ 必報樞院이라 ᄒᆞ고 又曰 樞院이 可以干預於除授文史와 及參謀三省之事라 ᄒᆞ니 彼但樞密之任이라도 猶尙關重如此況兼諫官議院之責而不敢直行上奏ᄒᆞ고 仰喙息於政府之下而唯唯奉行之而已歟아 抑其所選議官이 皆不足當論議之職故不敢直行言事之責也歟아 甚矣 言路之梗塞也여 彼百官諸執事之獻言은 固無論ᄒᆞ고 五十員議官之人도 不敢陳言於天陛則四聰을 將何以達이며 四目을 將何以明哉리요

국 5 조선(朝鮮)

관 6 사간원(司諫院)
7 사헌부(司憲府)

074

1899년 6월 26일 제74호 2면 1단 論說

요약 얼마 전 일본 가등(加藤) 공사가 본국으로 귀환한 일로 대한제국과 일본 양국간 관계가 소원해졌다는 낭설이 떠도는 가운데 어떤 무뢰배가 폭탄을 투하한 사건 때문에 더욱 사회 분위기가 어수선해졌으니 이를 쇄신하기 위해 일본 정부에서 사건의 배후를 철저히 조사하고, 특별히 외교 명문가 출신의 신임 공사(公使) 임권조(林權助) 씨를 파견하였음을 언급한 뒤 그의 무사 입국을 치하하고 양국간 우호 증진에 큰 역할을 할 것으로 기대한다는 내용이다.

인 2 하야시 곤스케(林權助)
4 가토 마스오(加藤增雄)

국 1 일본(日本)
3 대한제국(大韓帝國)

日本[1]新公使到舘

日本新公使**林權助**[2]氏가 昨日下午九時量에 入京ᄒᆞ야 萬里風帆에 無恙利稅홈이 喜幸ᄒᆞ거니와 我**大韓**[3]紳士가 翹足企想ᄒᆞ기는 一自**加藤**[4]公使歸朝以來로 一月之間에 或浮訛之說이 流播ᄒᆞ야 友國間에 方針이 變卦란 塗聽이 有ᄒᆞ므로 疑惑이 擴定ᄒᆞᄂᆞᆫ 中加之近者에 無賴輩의 爆裂彈投下ᄒᆞᄂᆞᆫ 事件으로 人人마다 鬼胎를 懷ᄒᆞ야 驚訝홈이 益益團結ᄒᆞ더니 頃日來日本諸新聞을 見ᄒᆞᆫ 則 此事件으로 以ᄒᆞ야 日本政府에셔ᄂᆞᆫ 急히 訓電을 發ᄒᆞ야 我地留在ᄒᆞᆫ 日本人中 嫌疑者를 一併還國케 ᄒᆞ라 ᄒᆞ고 又 該國에 在ᄒᆞᆫ 我邦人의 渡海往來를

禁ᄒᆞᆫ다 ᄒᆞ고 且 我人이 該國居留民邸宅內에 隱匿ᄒᆞᆫ 者를 悉行放逐ᄒᆞ야 勿爲止宿케 ᄒᆞ며 **林公使**[5]의 出發期을 引促야 火急히 不日出發케 ᄒᆞ얏다 ᄒᆞ니 其 用意의 周到ᄒᆞᆷ과 友情에 敦摯ᄒᆞᆷ이 如是ᄒᆞ니 진실노 兄弟同盟의 好誼요 急難의 高義라 우리ᄂᆞᆫ 日本을 向ᄒᆞ야 感謝無已ᄒᆞ려니와 今此林公使ᄂᆞᆫ 本是外交家에 注望ᄒᆞᆫ 名譽도 飽欽ᄒᆞ얏거니와 又自國政府의 如此懇厚ᄒᆞᆫ 旨意를 宣佈ᄒᆞ야 兩國의 交誼를 比前보담 百倍나 親密히 ᄒᆞ야 平和秩序에 一層이나 進步케 ᄒᆞ야 誠信을 加彰ᄒᆞᆯ 줄노 極히 期望ᄒᆞ노라

인 5 하야시 곤스케(林權助)

075

1899년 6월 28일 제75호 2면 2단 論說

요약 영남에 사는 태허옹(太虛翁)이라는 사람이 투고한 글로써 국가를 다스리기 위한 올바른 방도를 여러 전고(典故)를 통해 제시하고 있는데, 구체적으로 임금을 잘 보필한 가의나 직간을 서슴지 않은 이강, 주운 등과 같은 충신들과 새로운 왕조를 일으켜 잘 다스린 주공과 성왕 등과 같은 훌륭한 임금들의 예를 들어 설명하고 있다.

지 1 경상도(慶尙道)

책 3 『주역(周易)』

관 2 시사총보사(時事叢報社)

君子憂治世

嶺南[1]居太虛翁이라 ᄒᆞᄂᆞᆫ 高士가 **本社**[2]에 投寄ᄒᆞ얏기 記載如左ᄒᆞ노니 覽者ᄂᆞᆫ 諒之ᄒᆞ소셔 或曰 治世를 果可憂乎아 曰 否라 有治之象ᄒᆞ며 無亂之形이니 治世而可憂라 將亂而何憂리요 然則果憂乎아 曰 否라 危生於安ᄒᆞ고 亂生於治ᄒᆞ니 治世而不憂ᄒᆞ고 得何憂乎오 曰 然則 二者에 將安所折衷乎아 請試論之ᄒᆞ리라 **易**[3]에 曰 危者ᄂᆞᆫ 保其安者也오 亡者ᄂᆞᆫ 保其存者也니 有其治者ᄂᆞᆫ 無其德者也라 ᄒᆞ고 傳에 曰 有治而恃者ᄂᆞᆫ 未必不爲亂이요 亂而懼者ㅣ 終必至於治라 故로 憂天下之治者ᄂᆞᆫ 不憂已形之憂而必憂未形之憂ᄒᆞ며 不憂已亂之

世而必憂已治之時ᄒᆞᄂᆞ니 君子之所憂를 衆人이 固不識也라 何以明其然也오 未治世에 無闕失ᄒᆞ고 疆域은 粗保寧謐ᄒᆞ야 上玩下愒에 恬嬉度日이면 自常人觀之컨ᄃᆡ 固足以可恃而人情이 有狃於治安ᄒᆞ고 君德이 實鮮於有終ᄒᆞ니 狃於治安則牽補架漏而疵政日興ᄒᆞ고 鮮於有終則憂勤이 日懈而治理日替ᄒᆞ야 積小而成大ᄒᆞ며 累微而至著ᄒᆞ야 終至不忍言之患莫可救之境ᄒᆞ야 坐積薪而不悟ᄒᆞ고 當駭機而無避ᄒᆞ리니 此**賈生**[4] 所以哭**漢文帝**[5]治安之日이오 **李沆**[6]所以却**王氏**[7]太平之間也라 夫 肌膚充實ᄒᆞ고 肢體不傷而六脉受病ᄒᆞ고 眞元이 內爍則衆皆以爲無憂而惟和扁이 憂之ᄒᆞ며 枝幹이 茂鬱ᄒᆞ야 上撓雲漢而根柢蠹朽ᄒᆞ고 膏液이 中渴則 衆皆以爲美材而惟匠石이 病之ᄒᆞᄂᆞ니 君子之憂何以異哉리오 大抵 治世之可憂者ㅣ 非一而就言其大則有二焉ᄒᆞ니 治平日久에 綱紀紊解ᄒᆞ야 淸議不行ᄒᆞ며 公論이 無託ᄒᆞ야 朝廷에 有**張武**[8]之受賂ᄒᆞ며 **冉有**[9]之聚斂ᄒᆞ고 具寮에 無**李絳**[10]之格非ᄒᆞ며 **朱雲**[11]之折檻ᄒᆞ면 一可憂也오 持循浸熟에 上卜媮隳ᄒᆞ야 用舍乖方이거ᄂᆞᆯ 欺蔽天日이면 二可憂也니 噫라 之二憂ᄂᆞᆫ 實關國家元氣而治亂興亡之機於玆判矣라 此 君子所以爲憂而大非國家之福也라 不然則 **伯益**[12]이 何敢敬戒於無虞며 **西伯**[13]이 何必憂勤於至治之日也오 是故**周公**[14]이替中宗之治曰 嚴恭寅畏라 ᄒᆞ고 勉**成王**[15] 之政曰 制治于未亂ᄒᆞ며 保邦于未危라 ᄒᆞ니 由是로 上聖은 不恃治ᄒᆞ고 大智ᄂᆞᆫ 不忘危ᄒᆞᄂᆞ니 旣治而不謂治ᄒᆞ고 旣安而不謂安ᄒᆞ야 恒存兢惕에 栗栗危懼ᄒᆞ며 祇愼于德ᄒᆞ야 以保長治而享大安ᄒᆞ며 專國脉而結人心ᄒᆞᄂᆞ니 此ᄂᆞᆫ 治益治之術也

인
4 가의(賈誼)
5 한 문제 유항(劉恒)
6 이항(李沆)
7 왕안석(王安石)
8 장무(張武)
9 염유(冉有)
10 이강(李絳)
11 주운(朱雲)
12 백익(伯益)
13 주 문왕 희창(姬昌)
14 주공 희단(姬旦)
15 주 성왕 희송(姬誦)

라 向使我國으로 稍自奮勵於治安之術이런덜 應無今日之困而旣往은 固無論ᄒᆞ고도 現此岌業之勢에도 猶未故昔ᄒᆞ야 苟且因循에 無奮刷振起之望ᄒᆞ고 排軋紛競에 成偏頗黨伐之習ᄒᆞ야 名之曰 模效開明而如邯鄲學步者ᄒᆞ야 不惟不進一步라 反失其故步ᄒᆞ야 畢意止於匍匐而走矣리니 嗚乎라 彼已治已安之世라도 做此貌樣이면 未有不致危亂之禍온 況如今日危難之際에 只做開局手段ᄒᆞ니 當於蒼生에 何哉오 漆室嫠婦는 不禁倚柱之嘯ᄒᆞ고 白眼嗣宗이 徒發窮道之哭ᄒᆞ니 嗚乎悲夫라

076

1899년 6월 30일 제76-1호 2면 1단 論說

요약 나라를 잘 다스리는데 역대 영웅호걸의 공훈이 있었으며, 지금은 생업에 종사하는 사람들의 민심이 흐트러지지 않도록 양법(良法)을 만들어 시행해야함을 강조하는 내용이다.

治難治而治爲奇

夫 天下之事를 可爲而爲者ᄂᆞᆫ 未足爲奇요 不可爲而能爲라야 乃始稱奇ᄒᆞᄂᆞ니 治癰疽難治之病者ᄂᆞᆫ 兪扁之神手也오 解肯綮髈髆之骨者ᄂᆞᆫ 良屠恢刃也니 治國之術이 亦然이라 治於安閑無事之日은 易ᄒᆞ고 治於危急垂亂之局은 難ᄒᆞ니 若苟當難治之局而不能措手면 是ᄂᆞᆫ 凡庸而已라 奚足稱奇哉아 觀夫**黃河**[1]之水와 **大江**[2]之源이 其安流而順下者未足爲奇로ᄃᆡ 至**呂梁**[3]之洪과 **瞿塘**[4]之峽ᄒᆞ야 觸激倒撞에 擘匡束壁ᄒᆞ야 巨濤噴雪ᄒᆞ고 狂瀾散雨ᄒᆞ야 澎洶噌宏에 天地震盪ᄒᆞ야 使人心悸而膽戰然後에 始稱爲奇ᄒᆞᄂᆞ니 譬如人之英俊이 當安閑無事之

[지] 1 황허(黃河)
2 창강(長江)
3 뤼량(呂梁)
4 구당(瞿塘)

인 5 하 우부(夏禹父)
6 백익(伯益)

際ᄒᆞ야ᄂᆞᆫ 猶江河之順流ᄒᆞ야 人之觀之者ㅣ 但見其汪洋浩渺에 渟滀而淵深而已라가 及夫遭遇難局이거나 或 値變境ᄒᆞᆫ 而後에야 奮激澎洶之勢를 於是乎見이니 是故로 自古英雄豪傑의 卓勳弘業이 多見於危亂之世而鮮有聞於治安之日矣라 彼豢養富貴ᄒᆞ고 貪饕名利之夫야 顧安足道哉아마ᄂᆞᆫ 苟能少有懷抱經濟之志者ᄂᆞᆫ 孰無奮勵發達之思哉리요 現我 國家艱危之狀이 有壘卵之急ᄒᆞ고 憂虞之勢ᄂᆞᆫ 極綴旒之歎ᄒᆞ야 內難이 頻起於蕭墻之內ᄒᆞ고 外嘖이 每切於廳室之間ᄒᆞ야 以言乎皇都則輦轂咫尺에 兇徒竄伏ᄒᆞ야 非常之警과 無前之變이 接踵而起ᄒᆞ고 以言乎外方則萑苻藪澤게 强暴出沒ᄒᆞ야 梗匪之擾와 綠林之患이 項背繹騷ᄒᆞ야 人心이 煽惑ᄒᆞ고 上下疑懼ᄒᆞ니 是豈可歸之細故小憂而任其滋蔓歟아 然而譬如江河潰決에 欲防下流ᄒᆞ야 此防則彼決ᄒᆞ고 彼防則此決ᄒᆞ야 旋防旋決에 潰決百出ᄒᆞ니 其故何哉오 不能防其源而防其下流故로 用力이 雖多而見功이 少ᄒᆞ야 終必不能防而瀰漫潰決ᄒᆞ야 陸沈懷襄之禍를 惡得免乎哉아 昔에 鯀[5]이 堙洪水ᄒᆞ야 欲防之於下流故로 累載而不能成功이어ᄂᆞᆯ 伯益[6]ᄂᆞᆫ 疏其源而導之故로 卒致平成之功ᄒᆞ시니 治國之術이 豈異乎哉아 今에 派兵討壓에 梗匪之患이 已熄矣오 設棱戢捕에 竊發之警이 稍懈矣오 設非常之警ᄒᆞ며 懸購捕賞ᄒᆞ야 投爆之徒도 亦就捉矣라 然則宜若小康矣로ᄃᆡ 若自政府로 又不能確勵奮發ᄒᆞ야 思所以防源之策則又不知何等事變이 復起於蕭墻之內矣리니 又發軍兵ᄒᆞ며 又飭警官ᄒᆞ며 又派民丁ᄒᆞ야 紛紛然設禁戢捕之爲歟면 政府應接이 亦豈不勞勞哉아 不但政府之勞而已라 彼軍兵與

警官與民丁이 亦豈不勞勞哉아 夫軍兵之設과 警官之置ᄂᆞᆫ 亶爲保護警察而設置則彼奔走詗戢은 固其職也라 無敢怨勞之思언마는 噫彼人民之營業者ᄂᆞᆫ 夙夜役役ᄒᆞ야 以求涯生之方而今也에 日落黃昏則絶禁其往來之事ᄒᆞ니 彼其因此而有妨於生業者도 亦豈不少也哉아 由是而人心騷訛ᄒᆞ야 胥動疑懼ᄒᆞ니 是可謂太平之氣象歟아 噫라 我政府諸公은 亟宜擴張良法ᄒᆞ야 以圖端本澄源之術則彼魑魅魍魎이 自然消滅於大明中天之下矣리요 亦可以見著功於難局之良手矣리니 豈不流芳於萬世也哉아

077

1899년 6월 30일 제76-2호 2면 3단 論說

요약 궁내부(宮內府) 특진으로 승급한 윤용선 씨는 문장과 재주가 특출한 인물이니 대광보국숭록대부로 삼고, 아울러 의정부(議政府)의 정무를 맡기니 민생을 구제함으로써 국은에 보답하라는 황제의 조칙을 상세히 언급하는 내용이다.

인 3 윤용선(尹容善)

관 1 의정부(議政府)
2 궁내부(宮內府)

議政府[1]議政再入

宮內府[2]特進官尹容善[3]氏ᄂᆞᆫ 閥閱世族이요 華國文章이라 時年에 寵擢ᄒᆞ시믈 被ᄒᆞ야 大匡輔國崇祿大夫議政府議政을 任命ᄒᆞ엿다가 經綸材略을 展施치 못ᄒᆞ고 旋卽罷相ᄒᆞᄆᆡ 朝野가 皆愛惜히 넉이더니 今次에 又 聖恩이 隆重ᄒᆞᄉᆞ 更히 首相을 命任ᄒᆞ셧ᄂᆞᆫᄃᆡ 詔勅을 特下ᄒᆞ셔 曰 卿之釋頁就閑今幾時矣朕於往年枚卜於卿者實欲倚卿老成而傾否濟屯也何意卿之崇讓過當鼎席未煖遽爾聽去亦朕禮遇之至意也顧今時事之艱棘國勢之岌業較前日不啻倍蓰以卿憂愛想亦仰屋而繞壁朕安得不更欲求助於卿乎玆復授卿是任望卿必以公國爲心愼

勿具文巽讓慨然自任蹶然造朝以副朕臨軒企待之心事遣秘書丞傳諭于議政仍與偕來聖勅이 如是懇摯ᄒᆞ시고 恩眷이 如是崇重ᄒᆞ시니 議政之感激이 宜如何며 且其聖勅中에 有曰 顧今時事之艱棘과 國勢之岌業이 較前日不啻倍蓰라 ᄒᆞ셧스니 議政之責任이 又如何오 議政이 自其祖先以來로 世荷國恩하야 功烈之赫赫이 亦有光於青史하니 當此艱虞之日하야 盡誠皇室에 大施經綸하야 措國勢於泰山磐石之安하고 拯民生於水火屠炭之中하야 功光宗社하고 名無垂窮하야 以無忝乃祖之烈然後에야 庶幾不負我皇上倚毘之重矣리니 凡我蒼生은 翹足拭目하야 以俟何等施措也어다

078

1899년 7월 2일 제77호 2면 1단 論說

요약 맹자가 말한 '무항산(無恒産) 무항심(無恒心)'을 들어 온 국민이 일정한 생업을 가져야함을 말한 뒤 이를 위해 상업(商業)이든 공업(工業)이든 농업(農業)이든 구체적인 생업에 종사할 것을 강조하며 특히 무의도식하는 경우를 경계하는 내용이다.

인 1 맹가(孟軻)

無恒産無恒心

夫 治國之術이 莫急於制民之産ᄒᆞ니 使民有恒産恒心然後에 富强을 可致요 文明을 可期어니와 苟無恒産則必無恒心矣리니 孟子[1]之言이 豈徒然而發者哉아 試看世界列國之致富强之術者컨ᄃᆡ 無他道也라 亶由於制民之産而已니 制之如何오 一曰 商業이니 開鐵路之利ᄒᆞ며 駕輪船之駛ᄒᆞ야 山海水陸之産과 物貨運輸之方을 先自政府로 制其便利之術ᄒᆞ야 以誘導營業之方ᄒᆞ고 二曰 工技니 器械製造之妙와 鑛林採鑄之利를 勸奬發達ᄒᆞ야 使之鍊究神妙ᄒᆞ야 以資生業케 ᄒᆞ고 三曰 農業이니 凡於耕耘取獲과 培養備禦之術에 無不硏究方便

ᄒᆞ야 能盡地力而倍歲功케 ᄒᆞᄂᆞᆫ 故로 野無曠土ᄒᆞ며 民樂務本ᄒᆞ야 擧全國之民이 不歸商則歸工歸農ᄒᆞ야 鮮有游衣游食之民故로 民物이 繁息ᄒᆞ고 國家安樂ᄒᆞ야 以資富强之業ᄒᆞ며 又其健兒壯丁之材堪編伍者ᄂᆞᆫ 一切收入於卒伍艦隊之中ᄒᆞ야 以保護我營業之民케 ᄒᆞ니 其民이 雖欲游衣而游食이나 豈可得乎아 試就我國而論之컨ᄃᆡ 統計全國男女人民之數하면 動稱二千萬口나 以今年編籍之數로 攷之ᄒᆞ면 不過二千萬三分之一ᄒᆞ니 其實數ᄂᆞᆫ 俱未得的也로ᄃᆡ 只就一千萬言之라도 其農工商營業之民은 不過三分之一이요 其游食之民은 居三分之二矣리니 大抵彼浮浪無賴之徒가 或 蓬頭突鬢으로 逐逐於場市店幕之間ᄒᆞ며 或 油髻華飾으로 雜雜於酒肆花坊之中ᄒᆞ야 呼之 曰乾達 曰難路 曰場道任 (쟝돌님덜) 曰誤入場이 等類가 江牌馬吊으로 騙奪人財하거나 王八胡郎으로 欺取人財하거나 不然이면 蕩盡親戚之産하며 乾沒他人之財하거나 하다가 畢竟至於末如之境則或 投入匪徒하야 惹起騷亂하며 或 江湖落草하야 剽掠剪徑之弊比比皆然하니 是ᄂᆞᆫ 無他라 無恒産之故로 無恒心而致此ᄒᆞ야 不知自陷於罪戾하니 寧不哀哉아 往歲東匪之擾와 近日 英匪之擾에 頃刻而嘯聚數千之衆하니 是皆游食無賴之徒爾라 若其恒産保有之民은 雖脅之而驅入이라도 豈肯捨妻子棄生業而故犯死科也哉아 噫라 彼小民愚氓은 固無論ᄒᆞ고 稱之曰 士族兩班之人도 平時 或 粗涉書史者나 或 目昧魚魯者ᄂᆞᆫ 均是儒衣而儒冠者가 謂之曰 求仕라 ᄒᆞ고 朝朝暮暮히 奔走伺候於宰相之門ᄒᆞ야 或 附耳而語者와 或 脅肩而諂者가 南北逐逐에 背冷向熱ᄒᆞ야 冀獲一官

ᄒᆞ며 冀得一利ᄒᆞ야 滔滔皆是에 瀰漫一國ᄒᆞ니 悲夫라 彼得則固幸也어니와 如其不得이면 豈不辱身而亡軀歟아 是ᄂᆞᆫ 雖有恒產이라도 其無恒心則一也니 是 所謂 國之蟊賊也오 民之蟲蠹也라 如論其弊ᄃᆡᆫ 由政府之無良法以制馭之故也라 使全國之民으로 悉歸農工商之業而制其產ᄒᆞ고 極施教育之方ᄒᆞ야 使儒衣儒冠者로 由教育而學成然後에 始許選用ᄒᆞ고 其無學無能之人은 雖貴戚世族이라도 不許宦道則非但僞國家富强文明之基本이라 彼士族子弟之不學無術ᄒᆞ고 但游衣游食ᄒᆞ야 以希望淸要之職者도 亦必用力於學問之業矣리니 其家之幸이 亦當何如哉며 其人自身之福이 亦豈淺淺也哉아

079

1899년 7월 4일 제78호 2면 1단 論說

요약 먼저 야행(夜行)을 금지하는 법령의 취지를 설명하고, 그 적용 범위가 내국인만 적용될 뿐 아니라 법령 시행을 잘 알지 못하는 향촌 부녀자들이 실수로 죄에 빠질 수 있는 문제점을 지적하고 있다. 그러나 야행 금지 법령이 시행되어도 명확한 물증이 있어야만 체포되며, 이러한 경찰관의 단속이 있어야만 더욱 치안이 잘 유지될 수 있다고 함으로써 궁극적으로 야행 금지 법령 시행의 당위성을 강조하고 있는 내용이다.

夜禁之弊

夜禁者ᄂᆞᆫ 何오 欲禁其夜行也라 何以禁之오 欲禁其兇徒暴客之乘夜潛行也라 然則 何以知兇徒暴客之潛行而禁之也오 是故로 不得不並與平民之往來者而一切禁之也라 然則 兇徒暴客이 果然 不得乘夜而潛行歟아 自夜禁之後로 又或有兇徒之投爆者ᄂᆞᆫ 何也며 抑又有種種偸竊之賊이 或 匿影而刃人者ᄒᆞ며 或 踰墻而掠財者ᄒᆞ니 惡在其夜禁之效也오 且又所禁者ᄂᆞᆫ 只禁我國民人之夜行而已오 彼洋衣而日服者와 辮髮而異語者ᄂᆞᆫ 任其終夜揭來於衢方里之間ᄒᆞ고 莫敢禁遏ᄒᆞ니 假使兇徒暴客之陰譎莫測者로 假裝換服於黑夜之中而恣行無忌라

도 其孰能禁之哉오 甞於洞民行巡之際에 坊曲彌望之間이 無非伍伍把守之網而獨聞轔轔車馬之聲이 徹夜不息故로 問之則皆外國人之來往也라 ᄒᆞ니 嗚乎 法令이 不行於異服之人則奚益於禁哉아 彼人民之居此世者ㅣ 不能無關係於夜行而今一切禁止夜行則其營業之損害와 事務之妨缺이 爲何如哉아 又有甚焉者ᄂᆞᆫ 名之曰令飾ᄒᆞ고 日落西山에 天色이 微昏則把持往來之人ᄒᆞ고 難詰恐喝에 扶坐抵明ᄒᆞ고 了不採其平民與否ᄒᆞ니 是何等惡習也오 設無禁夜之令이라도 苟其行止殊常則譏察而禁戢은 固其職也어니와 藉託禁令ᄒᆞ고 夜未深更에 便把平民而拘執之ᄒᆞ니 是豈禁令之本意歟아 且況婦女童稚ᄂᆞᆫ 尤宜有衾酌之權而今於婦女之行에도 故知其無端而一味拘詰者도 往往有之則是豈爲禁而禁之者歟아 今夫夜禁之本意ᄂᆞᆫ 不過爲兇徒之禁戢而發也오 非欲禁止人民之來往則設有所犯之人이라도 詳採其行止ᄒᆞ야 苟有明確無疑之證則縱之可也어ᄂᆞᆯ 彼則不然ᄒᆞ야 不問平民與婦女童稚ᄒᆞ며 不叩其殊常的確與否ᄒᆞ고 一切拘執ᄒᆞ야 致使民情으로 益懷疑懼에 騷訛萬端ᄒᆞ니 是豈曰 得策也哉아 噫라 夜禁以後에 未必兇徒之熄跡滅形而空然滋鼠狗偸竊之患ᄒᆞ고 工商之營業者ᄂᆞᆫ 因此而失其利ᄒᆞ고 學校之夜課者ᄂᆞᆫ 因此而廢其學ᄒᆞ며 又有最大可悶者ᄂᆞᆫ 彼廣厦涼簟之人이 安知蔀屋圭竇之窮民乎아 當此潦雨暑熱之際에 彼矮屋斗室而爲生者ㅣ 一蒲薦一藁席으로 隨便遷徙ᄒᆞ야 或 占高燥之衢ᄒᆞ며 或 尋淸涼之樹ᄒᆞ야 隨分飮啄에 恣意偃仰ᄒᆞ야 以做過活而今焉牢拘於蚤蝸蚊蚋之窟中ᄒᆞ야 無一點爽快的空氣ᄒᆞ고 溽暑濕熱이 鬱蒸其身心ᄒᆞ니 其於養生之

有損이 亦豈不可悶也哉아 古之仁人之政온 當盛暑之際면 悶憐獄囚之無告ᄒᆞ야 疏決而寬暢之者도 有之커던 奈何反使無辜之氓으로 自拘於無名之獄歟아 夫兇徒暴客之不能到底詗戢은 是警察官吏之責也라 雖無紛紛然禁夜之令이라도 苟當職者ㅣ 善於詗察則彼兇徒之潛伏於皇城之內者가 直非鬼蜮魑魅之遁形滅影則焉有不得戢捕之理哉며 雖設彌天之網이라도 苟警察者之不能於眼明手快則對面咫尺에 矇然이 不省矣리니 惡能盡警察之責也哉아 是故로 夜禁之嚴이 莫如警察之密이요 戢兇之術이 莫如防源之善也라 ᄒᆞ노라

080

1899년 7월 6일 第79호 2면 1단 論說

요약 예법(禮法)이란 존귀와 빈천을 구분하기 위한 것인데, 예로부터 조정의 기강을 바로 세우기 위해 성왕이 관직을 만들고, 등급과 법률로써 존귀와 빈천의 제한을 두었음을 언급한 뒤 근래에는 조정의 기강이 많이 해이해져 예법이 무너지고 있음을 경계하는 내용이다.

朝綱懈弛

朝廷之體는 有尊卑之別ᄒᆞ며 有貴賤之殊ᄒᆞ니 尊尊而貴貴ᄒᆞ며 卑卑而賤賤은 禮之常也니 若卑凌尊ᄒᆞ며 賤蔑貴ᄒᆞ야 綱紀紊亂ᄒᆞ며 上下濫越ᄒᆞ면 不可以發號而施令ᄒᆞ야 維持政治故로 古之聖王이 維是之懼ᄒᆞ샤 體國經野ᄒᆞ며 建官設職호ᄃᆡ 立分級而界限之ᄒᆞ며 定法律而維制之ᄒᆞ야 上下相守에 無相踰越케 ᄒᆞᄂᆞ니 所謂 正朝廷以正百官ᄒᆞ며 正百官以正萬民者也라 未有朝廷이 不正而能正百官者也며 未有百官이 不正而能正萬民者也ᄒᆞᄂᆞ니 嗚乎 朝綱之紊이 孰有如今日之甚者歟아 君上이 有過어든 人臣이 諫諍은 可也어니와 未聞有怨

愬者也며 大臣이 有過어든 廷寮ㅣ 彈覈은 可也어니와 未聞有詬罵者也ᄒᆞ니 噫라 君無諫諍之臣則不得聞其過ᄒᆞ고 廷無彈覈之寮則不得補其失ᄒᆞ야 諂諛成風에 欺蔽聰明ᄒᆞ야 國事日非ᄒᆞ고 政綱日壞ᄒᆞ야 以至於覆敗末如之境而不之知焉ᄒᆞ나니 然則以臣諫君ᄒᆞ며 以下彈上은 有國之所不能無者而亦威勢之所不能禁者也라 是故로 古之爲臣者ᄂᆞᆫ 有折檻而請鈒者ᄒᆞ며 有牽裾而裂袞者ᄒᆞ며 有廷叱大臣者ᄒᆞ며 有面斥羣僚者ᄒᆞ야 其粗暴輕率이 似碍朝廷之體나 然이나 是其心則亶出於憂愛忠悃之忱故로 世主容而旌之ᄒᆞ고 青史褒而讚之어니와 今時則不然ᄒᆞ야 讜論諤舌이 寥寥於滿朝之間ᄒᆞ고 其所爭所詰은 直不過權勢爵禄之慾而已則其於私室燕居之中이라도 聒然爭閧이 有損寅恭之體온 而況於禁闥深嚴天陛咫尺之地에셔 肆憑喙舌에 妄加麁氣ᄒᆞ야 怨懟詈罵를 無所顧忌ᄒᆞ니 彼其肚裏眼孔에 知有君上之尊嚴則焉敢爲是也리오 噫라 朝綱之弛紊이 至此ᄒᆞ니 可勝寒心哉아

081

1899년 7월 8일 제80호 2면 1단 論說

요약 국내 자본가들을 대상으로 하여 자신의 명예를 세우고 아울러 국가에 이익이 될 수 있는 사업 분야의 예로써 은행, 철도, 대학, 박물관 등을 추천하고 이와는 달리 자신의 이익만을 좇는 도박성 사업을 경계하는 내용이다.

資本家力量

現我國中에 頗有名흔 資本家도 不少흔지라 是家가 大力量을 發흐야 世局에 經濟者의 手柄을 一眷코져 홀진딕 國家에 補益흐고 自己에 名譽잇는 許多흔 事業이 無窮흔지라 若 完全眞實흔 營業上에 利益을 希望홀진딕 誠枚擧흐기 不遑흐거니와 大概를 略論흐면 如商業者며 如工業者며 如農業者類가 何患其術之無方이리요 或 股金을 收聚흐야 銀行을 設立흐고 貨幣를 釐整흐거나 或 鐵道를 敷設흐야 運輪를 便利케 흐거느 或 鑛産을 採鑄흐야 我國 自然흔 富源을 擴張흐거나 或 商社를 設立흐야 全國貿易에 術業을 與旺케

ᄒᆞ거ᄂᆞ 或 外國에 便利ᄒᆞᆫ 器械工匠을 購取ᄒᆞ야 生民에 營業을 多方으로 進就케 ᄒᆞ거ᄂᆞ 或 溝渠를 成築ᄒᆞ며 洑隄를 疏鑿ᄒᆞ야 灌漑耕作之利를 資濟케 ᄒᆞ거나 又 不然이면 其他一層地步를 更進ᄒᆞ야 區區ᄒᆞᆫ 目前에 利益을 不較ᄒᆞ고 永遠ᄒᆞᆫ 名譽를 天下萬世에 流傳코져 ᄒᆞᆯ진ᄃᆡ 此等事業도 限量이 無ᄒᆞ거니와 假使資本을 鳩聚ᄒᆞ야 國中에 一大學校를 建立ᄒᆞ고 師徒를 雇集ᄒᆞ야 貧窮之無資者와 英才之有用者를 一切學術에 專力ᄒᆞ야 文明의 敎育을 振起ᄒᆞ거ᄂᆞ 或 東西洋世界萬國애 古今以來로 書籍圖畵를 廣購ᄒᆞ야 博文之館을 刱設ᄒᆞ고 活版之所를 建置ᄒᆞ야 **東亞大界**[1]에 第一等書籍庫의 名譽를 擅占ᄒᆞ면 足히 **英京倫墩**[2]과 **佛京巴里**[3]와 **俄京聖彼得堡**[4]의 誇矜ᄒᆞᄂᆞᆫ 書庫를 壓倒ᄒᆞᆯ지니 엇지 文明國의 莫大한 事業이 否也며 或 施病濟貧之院을 設立ᄒᆞ야 無量功德을 浩刦에 垂在케 ᄒᆞ거나 凡此種種事業이 信資本家의 大力量이라 謂ᄒᆞᆯ지ᄂᆞ 今也엔 不然ᄒᆞ야 所謂萬喜社이니 彩會局이니ᄒᆞᄂᆞᆫ 名義가 是何等力量인지 直不過利慾의 發作으로 累鉅萬利息을 不勞而得ᄒᆞᆯ 注意ᄂᆞ 利未得而害先及ᄒᆞ니 眞愚哉로다 未 萬人契者ᄂᆞᆫ 卽江牌 (諺云骨牌) 馬弔 (諺云鬪錢) 等賭博的手段也라 噫 彼無恒産恒心者덜이 一等은 幾千元이요 二等은 幾千元이라 ᄒᆞᄂᆞᆫ 好一堆銅山金穴이 如紙鳶之浮空ᄒᆞ야 人皆可捉일ᄉᆡ 於是 銅綠이 蔽眼ᄒᆞ고 慾火熬心ᄒᆞ야 若將十萬財産을 一睡可得이라 ᄒᆞ야 鬻賣什物ᄒᆞ며 典執衣裝ᄒᆞ야 股金을 纔入에 籤期를 固俟타가 如其不出이면 甕筭이 墮虛라 於是 更加倍入ᄒᆞ야 期賭鉅利라가 畢竟은 蕩敗其家貲而後已리니

지 1 동아시아(East Asia)
2 런던(the Capital London)
3 파리(the Capital Paris)
4 상트 페테르부르크(the Capital Saint Petersburg)

彼旣蕩敗之後에 無所聊活則犯法濫分之事를 顧安所不爲乎아 諺所謂雜技漢이 作賊이라 ᄒᆞ니 以是之謂也오 假使彼로 一入而出鑱ᄒᆞ야 以略于之股金으로 得十萬之財産이라도 非國之福也라 適足以使一國之人民으로 廢其勤苦營業之務而擧皆奔趨於是中ᄒᆞ야 希覬其僥倖之福也리니 安能人人而得望哉아 由是而懈怠其肢體ᄒᆞ며 妨廢其生業ᄒᆞ야 人心이 頹波에 莫可防遏則其爲國之禍將不測矣리니 鳴乎라 是豈資本家之力量歟아 使其社主로 善始而善終이라도 猶且謂之禍國之根本이온 而況萬人視瞻之場에 致有滋惑騷訛之端ᄒᆞ야 卒乃自陷於亡身之坑而受無窮之辱ᄒᆞ니 鳴乎라 資本家之力量事業이 良可慨嘆이로다

082

1899년 7월 10일 제81호 2면 1단 論說

요약 흉년과 전쟁으로 인해 고통 받는 호남 지역 사람들을 구제하는 일을 환자의 병을 고치는 것에 비유하여 호남 사람들의 위급한 상황에 처해 있음을 강조하고 서둘러 조치할 것을 촉구하는 내용이다.

大病後調治

凡人이 經大病之後면 其 氣血이 耗敗ᄒᆞ고 傷胃虛弱ᄒᆞ야 若不善加調治攝養之方이면 飮食이 痞結하고 氣血이 凝滯하야 百病이 實根據於此하나니 是故로 良醫之治病은 不於旣病之後라 必於未病之先에 診察其血脉하며 參酌虛實하야 投下良劑ᄒᆞ야 使之無病케 하며 如偶然失察於未病之先하고 直其旣病之後에 對症而試劑하야 設使病已救瘳라도 猶詳察其人氣血筋脉之何虛何實하야 益加調治攝養之方하야 使其病者로 除根血拔本ᄒᆞ야 更不得由此而受病케 ᄒᆞ나니 是眞良醫之手也라 若任其調攝之無方而隨病隨治而已焉則豈不太勞哉

지 1 전라도(全羅道)

며 彼病人도 技葉纔祛에 根本未拔則寧不至膏盲之難醫歟아 現我湖南[1]一省은 其受病之源이 實非一朝一夕之故而經丙戌之慘凶하야 太半瀕死之民이 勞瘁羸瘠에 蘇完이 無期어늘 貪虐之毒이 深入骨髓ᄒᆞ고 剝割之慘이 幾浚膏血하야 於是焉發甲午之病ᄒᆞ야 恠氣癘疫이 殆將傳染一國矣러니 幸而投之以大黃芒硝之毒ᄒᆞ고 補之以人蔘甘草之劑ᄒᆞ야 稍稍有起色矣라가 一目數年以來로 其瘡痍未穌ᄒᆞ야 圉圉然僅扶生脉ᄒᆞ야 氣虛腸弱之氓을 調治之方이 恐或 乖當而失宜ᄒᆞ야 凡貪虐剝割之毒이 比之於全國에 爲最라 由是로 其 潛滋暗萌之病根이 又稍稍闖發ᄒᆞ야 如昨冬七郡之優와 今春英匪之煽과 近日康津之鬧가 乍伏旋起하며 此呼彼應하야 幾乎如癰疽潰決之症하야 刮之以刃하며 刺之以鍼하며 炙之以火하며 傳之以毒藥然後에 始見其瘡痂完合之漸이나 然猶腐肉爛血이 未盡消祛하야 如其任之而不治焉則畢竟潰爛而又成腫矣리니 奚可以痛痒之稍息으로 爲萬全之術歟아 假如患大病者ㅣ 旣瘳之後에 若不善加調攝之方而居處飮食을 縱其無節則彼其氣血耗敗之餘와 腸胃虛弱之除에 易致痞結凝滯之患이온 而況勝理筋骸之間에 腐肉死血之猶未盡祛者乎아 況又不禁其貪毒之物而加之如前失攝則豈不至膏肓難醫之病歟아 且湖南一路은 我國之咽喉攸關也라 爲今日良醫者ᄂᆞᆫ 盖汲汲然以試調養之方而不使病根으로 復發也오

083

1899년 7월 12일 제82호 2면 1단 論說

요약 먼저 저수지의 유용성을 설명한 뒤 구체적으로 밭 10분의 1은 저수지로 만들어서 가뭄과 홍수에 대비해야 함을 말하고 있다. 그리고 이어서 해안지방 역시 저수지를 만들어야만 물 증발량이 많은 여름과 가을철에 대비할 수 있음을 주장하는 내용이다.

徐獻忠[1]山鄕水利議

元[2]儒梁寅[3]이 有鑿池漑田之議其略曰畎畝之間에 若十畝而廢一畝以爲池則九畝는 可以無災患이요 百畝而廢十畝以爲池則九十畝는 可以無災患이라 ᄒᆞ니 余嘗至上虞之下漑湖觀之ᄒᆞ고 方知梁子之議可行而永久利民矣라 有志經國者는 當相視一鄕之中에 擇其最高仰者割爲陂湖ᄒᆞ야 先均其稅額於衆利之民ᄒᆞ고 次營別業ᄒᆞ야 以補失田之戶ᄒᆞ고 大展陂岸애 使廣而多受ᄒᆞ야 雖亢旱之年이라도 不至耗涸케 ᄒᆞ고 從高瀉下에 均滋廣皮ᄒᆞ며 沾潤一番에 可以經月이니 雖有災變이나 不能及矣리라 況陂湖之利는 魚▣雜産과 菱葦叢生에 貧者資

인 1 서헌충(徐獻忠)
3 양인(梁寅)

국 2 원(元)

인 4 반봉오(潘鳳梧)

以養生이오 富者因以使利며 大雨一注에 衆流復積ᄒᆞ야 前者旣瀉ᄒᆞ고 後者復畜ᄒᆞ나니 山鄕水利無淪此者오 至於下鄕之山도 亦有高亢不通資灌者ᄂᆞᆫ 若照依此方ᄒᆞ야 掘鑿大井ᄒᆞ고 上置轆轤引汲之利면 亦足自辦이라 兪汝爲註曰 海邊斥鹵地方은 恃護塘隔絶絶潮ᄒᆞ야 雨水洗鹵性ᄒᆞ고 有圍築成田者築隄鑿河에 引內湖之水以資灌漑而水遠難致ᄒᆞ고 雨澤이 稍稀면 使乏車救ᄒᆞ야 十年三熟ᄒᆞ니 此與山鄕地로 形勢相類라 近年民間이 告明官府ᄒᆞ고 豁除■損田畝之根ᄒᆞ고 於田中心에 開積水溝ᄒᆞ야 爲夏秋車戽計ᄒᆞ니 凡溝渠多處ᄂᆞᆫ 其田多熟이라 或於遶宅開池則近宅之地에 必有取成이니 此蘇松沿海地方試之有成効者라 但細訪老農云每十畝之中에 用二畝爲積水溝면 纔可救五十日不雨오 若十分全旱年分은 尙不免于枯竭이온 況一畝乎아 大抵水田稻苗ᄂᆞᆫ 全賴水養이니 炎日消水甚易ᄒᆞ야 以十日에 消水二寸으로 計之ᄒᆞ면 五十日에 該消去田間水一尺이니 卽二畝溝中에도 亦不免於消水라 總計其潤이면 溝中에 當有五六尺之積이라야 斯足用耳라 豈可望於夏秋亢旱之日이며 且稻苗生長秀實이 該用水浸漑一百二十日이니 十畝에 取二畝作積水溝라도 僅救半旱이라 ᄒᆞ니 斯言非謬라 必於山原上에 相視窪下可蓄水處築圍大澤호ᄃᆡ 或 環數里ᄒᆞ며 或 環數十里ᄅᆞ야 上流之水涓涓不息이라야 庶足救濟全旱矣라 **潘鳳梧**[4]云 若計開田인ᄃᆡ 先計豬水라 ᄒᆞ니 眞確見也로다 按 我國舊所設陂堰溝瀆外에 祇今可以穿渠引水者尙多其處나 然域內多山少野ᄒᆞ야 行水甚艱이요 或川源淺涸에 全野無潤者十之六七이니 大抵徐氏之議ᄂᆞᆫ 眞我國之所當講行者也

084

1899년 7월 14일 제83호 2면 3단 論說

요약 국내 각 지역에서 강도, 절도 사건이 늘어 지방 기관들의 요청에 따라 순교(巡校) 인력을 추가 배치하였음에도 불구하고 전혀 해결되지 않으니, 그 실상을 들여다보면 문제의 원인이 지방 관리들의 가혹한 수탈 때문이니 오히려 부정한 관리를 색출하여 이들을 파직시키는 것이 중요하다는 내용이다.

巡校加設

近日 各地方에 竊發之患이 滋蔓ᄒᆞ야 **內部**[1]로 賊報가 鱗續히 飛來ᄒᆞᆫ바 內部大臣이 戢捕ᄒᆞᆯ 方略을 講究ᄒᆞᄂᆞᆫ 中各郡守덜이 巡校加設ᄒᆞ므로 盜賊禁戢ᄒᆞᆯ 第一策이라 ᄒᆞ고 絡繹히 懇請ᄒᆞᆫ지라 日前에 內相**李乾夏**[2]氏가 該郡請報를 據ᄒᆞ야 地圖를 攷閱ᄒᆞ고 **忠清**[3]**全羅**[4]**慶尙**[5]**平安**[6]**咸鏡**[7] 南北道와 **江原**[8]**黃海**[9]等道中 最險阻要害二十三郡을 抄出ᄒᆞ야 別巡校十二人과 廳使五人式 加設ᄒᆞᆯ 事件으로 **議政府**[10]에 請議ᄒᆞ얏단 事를 **本報**[11]에 揭載ᄒᆞ엿더니 何許鄕客一人이 厖眉皓髮로 自稱金剛山人이라 ᄒᆞ고 **本社**[12]에 來言ᄒᆞ기에 大槪를 摘記ᄒᆞ노니 大抵 各地方에 竊

인 2 이건하(李乾夏)

지 3 충청도(忠淸道)
4 전라도(全羅道)
5 경상도(慶尙道)
6 평안도(平安道)
7 함경도(咸鏡道)
8 강원도(江原道)
9 황해도(黃海道)

매 11 『시사총보(時事叢報)』

관 1 내부(內部)
10 의정부(議政府)
12 시사총보사(時事叢報社)

發이 肆橫ᄒᆞ야 剽掠이 狼藉홈은 盜賊의 罪가 아니요 地方官吏의 罪라 哀此民生이 匪擾와 飢饉을 層經ᄒᆞ고 窮蔀陋巷之中에셔 十生九死ᄒᆞ야 溝壑의 餓鬼를 倖免ᄒᆞ야 僅僅히 生活을 冀望ᄒᆞ고 櫛風沐雨ᄒᆞ야 辛苦營業ᄒᆞᄂᆞᆫ 거슬 貪官汚吏와 奸鄉猾胥輩가 秋毫라도 矜恤拯濟홀 心은 無ᄒᆞ고 但肥己之慾을 充ᄒᆞ랴고 剝割之毒을 恣ᄒᆞ니 哀此無告之氓이 鬻賣家産ᄒᆞ다가 家産이 蕩盡則鬻賣子女ᄒᆞ며 畢竟鬻賣無資則無所於歸ᄒᆞ야 流離四方타가 爲盜爲賊이 良亦無恠어늘 噫 彼官吏는 鞭撻如此之民ᄒᆞ고 貪虐如此之民ᄒᆞ야 督捧公錢에 上納이나 無頉ᄒᆞ고 公行賄賂에 勢道ㄴ 善事ᄒᆞ면 自可得善治之名ᄒᆞ야 加瓜도 任意요 遷轉도 如願홀거시니 此爲得策이오 餘不足恤也라 ᄒᆞ니 夫守令之責이 豈但以捧上納으로 爲良吏歟아 農桑盛戶口增田賦均學校興이 無非職責而其要ᄂᆞᆫ 不過使民樂業安堵而已니 焉有民散而官治者乎一自更張以來로 各郡吏校輩每怨額數之減少ᄒᆞ야 恒懷乘機售奸之計라가 今焉藉託竊盜之警ᄒᆞ고 誘說其官ᄒᆞ야 以爲加設巡校則盜賊을 可戢이라 ᄒᆞ면 官不深察ᄒᆞ고 唯唯承諾ᄒᆞ야 輒報上部ᄒᆞ야 謂之良策이라 ᄒᆞ거ᄂᆞᆯ 內相은 又何不之察ᄒᆞ야 罔念其弊ᄒᆞ고 只欲爲奸吏輩討索地耶오 夫巡校之弊反有甚於竊發之害ᄒᆞ야 所經閭里店幕에 鷄犬이 蕩盡故로 民間相戒曰 寧逢盜賊이언정 莫逢捕校라 ᄒᆞ니 是ᄂᆞᆫ 樹禍於生民也오 且目下易見者ᄂᆞᆫ 現今畿近幾郡에 加設巡校而竊發이 如常은 何也며 巡檢이 如蛛網之 皇城咫尺에도 此患을 未戢ᄒᆞ니 何況略于巡校之加設이 寧有益乎아 不如無設而自內部로 另議擇守令之良法則盜賊이 自戢이라 ᄒᆞ니 其言有理故로 譯載ᄒᆞ노라

085

1899년 7월 16일 제84호 2면 2단 論說

요약 이 글은 박지원(朴趾源) 〈수리(水利)〉(「과농소초(課農小抄)」『연암집(燕巖集)』卷17)의 내용을 요약한 것이다. 서광계(徐光啓)의 「한전용수소(旱田用水疏)」를 비롯한 옛 학자들의 주장을 열거하면서 수리(水利)의 중요성과 용수(用水) 방법론에 대해 설명하고 있다.

徐光啓[1]旱田用水說[2]

力土不盡者는 水利不修也라 能用水不獨救旱이라 亦可弭旱이니 灌漑有法滇潤無方은 此救旱也오 均水田間에 水土相得ᄒᆞ야 興雲敲霧에 致雨甚易는 此弭旱也오 能用水不獨救潦라 亦可弭潦니 疏理節宣에 可蓄可泄은 此救潦也오 地氣發越에 不致鬱積ᄒᆞ며 旣有時雨에 必有時暘이니 此弭潦也며 不獨此也라 三夏之月에 大雨時行이면 正農田用水之候라 若徧地耕墾ᄒᆞ야 溝洫이 縱橫커든 播水于中에 資其灌漑면 必減大川之水라 先臣周用[3]曰 使天下人人治田則人人治河也니 是可損決溢之患也故로 用水一利能違數害ᄒᆞ나니 調燮陰陽

인 1 서광계(徐光啓)
3 주용(周用)

책 2 『농정전서』「수리(水利)」

인 4 하 우왕(夏禹王)

이 此其大者라 不然이면 神禹[4]之功이 僅抑洪水而已라 抑洪水之事則決九川距海ᄒᆞ며 濬畎澮距川而已라 何以遽曰 水火金木土穀을 惟修ᄒᆞ며 正德利用厚生을 惟和라 ᄒᆞ야 一舉而萬事畢乎아 用水之法이 不越五法ᄒᆞ니 盡此五法ᄒᆞ야 加以智者가 神以明之며 變而通之면 田之不得水者寡矣오 水之不爲田用者寡矣라 一用水之源源者水之本也泉也泉之別爲山下出泉用法有六一源來處高于田則溝引之溝引者於上源開溝引水平行令自入于田二溪澗傍田而卑于田隱則激之緩則車升之激者因水流之湍急用龍骨翻車龍尾車筒車之屬以水力轉器以器轉水升入于田也車升者水流旣緩不能轉器則以人力畜力風力運轉其器以器轉水入于田三源之來甚高于田則爲梯田以遞受之梯田者泉在山腰之間有土尋丈以上卽治爲田節級受水自上以下入四澗溪遠田而卑於田緩則開河導水而車升之急者或激水而導引之開河者從溪澗開河引水至其田側用車升之法入于田激水者用前激起法起水于岸開溝入田也五泉在此田在彼中有溪澗隔焉則跨間爲槽而引之自此岸達彼岸也六平地仰泉盛則疏引而用之微則爲池塘于側積而用之爲池塘而復易涸者築土椎泥而實之甚則爲水庫而畜之築土者杵築其底椎泥者以椎椎底作孔膠泥實之令勿漏也水庫者以石砂瓦屑如石灰爲劑塗池塘之底及四方而築之平之如是者三令涓滴不漏此畜水之第一法也 (未完)

086

1899년 7월 18일 第85호 2면 1단 論說

요약 1899년 7월 16일 자(제84호)에 이어 박지원 〈수리〉(「과농소초」, 『연암집』 卷17)의 내용을 간추려 소개했다. 서광계의 「한전용수소」를 비롯한 옛 학자들의 주장을 열거하면서 수리의 중요성과 용수 방법론에 대해 설명하고 있다.

徐光啓[1]早田用水說[2]續

一用水之流流者水之枝也川也川之別大者爲江河小者爲塘浦涇瀆港义沽瀝之屬也用法有七一江河傍田則車升之遠則疏導而車升之疏導者江南之法十里一縱浦五里一横塘縱橫泒散勤勤疏濬無地無水此井田之遺意二江河之流自非盈涸無當者爲之閘與灞釃而分之爲渠疏而引之以入于田田高則測車升之其下流復爲之閘壩以合於江河欲盈則上開下閉而受之欲減則上閉下開而洩之寧夏之南靈州之北因黃河之水鑿爲諸渠依此法用之數百里灌漑之利纖濶無方城中之人家臨流水前賢之遺可驗三塘浦之屬近則車升遠則疏導而車升之四江河之水溢入

인 1 서광계(徐光啓)

책 2 『농정전서』 「수리(水利)」

于田則堤岸而衛之堤岸之田積水其中則車升出之堤岸者禦水使不入也車升出之者去水而藝稻或已藝而去水使不沒也五江河塘浦源高而流卑易涸則于下流之處多爲閘而節宣之旱則閉而留之潦則開以洩之斟酌開渰之爲水則以準之水則者爲水平之碑置之水中刻識其上知田間深淺之數因知閘門啓閉之宜也浙之寧波紹興此法爲詳六江河之中洲渚而可田者堤以固之渠而引之閘壩以節宣之七流水之入海而迎得潮汐者得溪水迎而用之得鹹水閘壩遏之以留上源之淡水一用水之瀦瀦者水之積也其名爲湖爲蕩爲澤爲甸爲陂爲泊其法有六一湖蕩傍田者田高則車升之田低則堤岸以固之有水車升而出之欲得水決堤引之遠于田者疏導而車升之二湖蕩有源而易盈涸可爲害爲利者疏導以洩之閘壩以節宣之三湖蕩之上不能來者疏而來之下不能去者疏而去之來之者免上流之害去之者免下流之害吳之震澤受宣歙之水又從三江百瀆注之于海四湖蕩之洲渚可田者堤以固之五湖蕩之瀦太廣而害于下流者從其上源分之江南五壩分震澤以入江六湖蕩之易盈涸者當其涸時除水而藝之麥藝麥以秋秋必涸也不涸秋而涸冬則藝春麥春旱則引水灌之所以然者麥秋以前無大水 (未完)

087

1899년 7월 20일 제86호 2면 1단 論說

요약 1899년 7월 18일(제85호)에 이어 박지원 〈수리〉(「과농소초」, 『연암집』 卷17)의 내용을 간추려 소개했다. 서광계의 「한전용수소」를 비롯한 옛 학자들의 주장을 열거하면서 수리의 중요성과 용수 방법론에 대해 설명하고 있다.

徐光啓[1]旱田用水說[2]續

一用水之委委者水之末也海也海之用爲潮汐爲島嶼爲沙洲也用法有四一海潮之淡可灌者迎而車升之易涸則池塘以蓄之閘壩堤堰以留之海潮不淡也入海之水迎而反之則淡二海潮入而泥沙淤墊屢煩濬治者則爲閘壩以遏運潮而節宣之此江南舊法宋元人治水所用三島嶼而可田有泉者疏引之無泉者爲池塘井庫之屬以灌之四海中之洲渚多可田又多近于江河而迎得淡水也則渠以引之一作原瀦以用水作原者井也作瀦池塘之水庫也高山平原與水違行澤所不至開濬無施其力故以人力作之鑿井及泉猶夫泉也爲池塘水庫受雨雪之水而瀦焉猶夫瀦也高山

인 1 서광계(徐光啓)

책 2 『농정전서』「수리(水利)」

인 3 박지원(朴趾源)

平原水利之所窮也惟井可以救之池塘水庫皆井之屬故易井之象稱井養而不窮作之之法有五一地高無水掘深數尺而得水者爲池塘以蓄雨雪之水而車升之此山原所通用江南海沿數十畝一環池二池塘無水泒而易乾者椎泥實之三掘土深丈以上而得水者爲井而汲之此法北土甚多特以灌畦種菜河南及眞定諸府大作井以灌田有石井甎井木井柳井葦井竹井土井則視土脉之虛實及地産所有也其起法有桔槔轆轤有龍骨木斗有恒升筒用人用畜四井深數丈以上難汲易渴者爲水庫以畜雨雪之水他方之井不過一二丈秦晉之井厥土上上則有深數十丈者亦有掘深而得鹹水者其爲池塘爲淺井亦築土椎泥而水留不久不若水庫之涓滴不漏也五實地曠者與其力不能多爲井爲水庫者望幸于雨則歉多而稔少宜令其人多種木種木者用水不多灌漑爲易水旱蝗不能全傷之 (完) 按 徐氏說이 可謂究窮水土之性情矣라 其曰 用水不獨救旱亦可弭旱弭潦者ㅣ 莫不皆有至理而凡其用水之法이 其綱有五ᄒᆞ고 其目有二十八而至於地曠與力不能爲井爲水庫者ᄂᆞᆫ 令其人多種樹以爲生ᄒᆞ니 其用水食土之術이 可謂至盡無遺矣로다 **燕巖**[3]先生曰 凡水를 用之則爲利오 不用則其害有難言者ᄒᆞᄂᆞ니 今一鉢水를 置之堂室之間이면 可以盥濯ᄒᆞ며 可以沾硯黑ᄒᆞ여 可以灑塵埃언마는 若 誤致飜覆則淋漓漬汚에 莫可收拾ᄒᆞ니 彼行潦下泉之在於地何以異此리오 請擧陂塘之所以爲利者ᄒᆞᄂᆞ니 夫 水田所收常倍旱田ᄒᆞ니 蓄水廣漑 其利 一也오 鋤陰阻濕之地에 非但 不爲水田이라 欲爲旱田而不得ᄒᆞ니 漉彼潴此에 令燥潤得所則雖不被灌漑者도 亦可以食粟麥이니 其利 二也오 窮陸之民이 終歲不能腥其

口라가 未下塩豆에 池羹이 常沸則老病者得有所養이니 其利三也오 海人이 不知食牛者는 以其有魚也라 陂澤介鱗으로 以贖耕牛之宰殺이면 其利 四也오 蒸藕剝芡에 織蒲編葦면 可以補穀이며 可以資貧이니 其利 亦五六也오 至於盛暑에 原陸이 焦烘ᄒᆞ야 上無陰樾下絶清渠ᄒᆞᆫ데 於是 乎民病夏畦矣라 此焉有長隄偃月에 樹木陰翳어든 相與撤耕朋休에 渺然有江湖之想ᄒᆞ니 非但瀉其煩毒이라 亦令人濡泳心志ᄒᆞ야 樂其業而忘其倦ᄒᆞ리니 此之爲利는 又其無迹而不可數計者也라 然則其不爲陂澤之害를 從可以反隅歟ᆫ져

088

1899년 7월 22일 제87호 2면 1단 論說

요약 앞서 연재한 제84·85·86호의 「서광계조전용수설(徐光啓旱田用水說)」(1899.7.16~20)에 이어, 제87·88호의 「개수리(開水利)」(1899.7.22~24) 또한 박지원 〈수리〉(「과농소초」, 『연암집』 卷17)의 내용을 요약한 글이다. 수리를 경홀히 여기는 국내 지식인들의 태도를 비판한 뒤 고금역사 가운데 수리에 관심을 둔 정치가와 학자들의 사례를 열거하였다.

인 1 웅승(熊勝)
2 정방(鄭邦)
4 공구(孔丘)

책 3 『주례(周禮)』

開水利

近世士大夫덜리 不肯留心經濟ᄒᆞ야 其言水利者는 每出於一種鄙賤之未胃利濫分之計ᄒᆞ야 猥以白公[1]鄭國[2]으로 自命이나 術旣膚淺ᄒᆞ고 言或誇誕ᄒᆞ야 井不及泉而壞人田産者往往而是ᄒᆞ니 於是 世之有力者厭聞水利ᄒᆞᄂᆞᆫ 故로 世益無講之者有ᄒᆞ니 噫라 民國之利在於水則豈可任其奔放乾涸而不之講乎아 按周禮[3]匠人이 爲溝洫호ᄃᆡ 耦之不伐을 謂之甾이오 田首倍之를 謂之遂요 井間謂之溝오 成間를 謂之洫이오 同間謂之澮니 孔氏[4]以謂甾縱遂橫溝縱洫橫澮縱而自然川橫이라 自甾而遂ᄒᆞ야 遂注溝溝注洫洫注澮澮注川ᄒᆞ니 此惟遞受傳瀉

ᄒᆞ야 以備雨潦而不見其爲渟畜侵灌之意오 及稼人이 掌稼下地에 以豬畜水以防止水以溝蕩水以遂均水以列舍水以澮瀉水라 ᄒᆞ니 **鄭司農**[5]이 以爲舍는 舍去之舍而康成은 以爲止舍之舍ᄒᆞ니 若然則豬與列은 若今之陂塘이오 溝與遂는 若今之渠洑오 澮則專於瀉而防은 所而內備疏洩外衝溢ᄒᆞ야 以節其暵潦者니 若 今之堤堰閘壩之類也라 於是 灌漑水種之法이 始見於經而**周**[6]時近古에 其法이 猶未廣矣라가 自先秦以來로 **史記**[7]之引漳灌**鄴**[8]鄭國之開涇注洛**李氷**[9]**文翁**[10]之至於**蜀**[11]과 白公信臣之於谷口鋗盧에 功利之在民이 宏且遠矣요 繼此而言水利者史不勝書而如**徐伯**[12]**莊熊罷**[13]之屬이 發卒數萬ᄒᆞ야 閱歲十餘에 未得其利而止者有之ᄒᆞ며 **翟方進**[14]은 奏罷鴻隙之池ᄒᆞ고 **杜預**[15]는 請決瀝宣瀉者有之ᄒᆞ니 此 其或 喜事要功에 不免窮瀆之歸오 或 高下異勢에 各有廢修之宜而終古以來生民之事盖未嘗一日而忘水也라 天作吾邦에 幅員이 既長ᄒᆞ고 墮山喬嶽이 允惟翕河라 憎其式廓에 乃康ᄒᆞ야 東不盡滄海ᄒᆞ고 西不盡馬訾ᄒᆞ고 南不盡耽羅ᄒᆞ고 北不盡長白ᄒᆞ야 爲方千里者三之ᄒᆞ니 以井地之法오로 開方積實이면 無慮三萬萬井而名山이 碁布ᄒᆞ고 川源이 條達ᄒᆞ야 紆餘瀕汪에 衍沃侵灌이 不煩疏鑿ᄒᆞ야 注注渟滙를 如**金堤**[16]之碧骨과 **尙州**[17]之恭撿과 **延安**[18]之南大와 **太白**[19]之黃池等澤이 宛是**具區**[20]**雲夢**[21]之於**荊**[22]**吳**[23]와 **弦蒲**[24]**楊紆**[25]之於**雍**[26]**冀**[27]오 其中固不無風氣之不同과 土惟之異宜而諸周之職方이 可謂具體者矣오 其外海堰江堤山渠野塘이 良吏之所營築과 先民之所引鑿이 殆不知爲幾于百所라 沛澤潛周에 功利侵廣ᄒᆞ야 宜其野有終身之

인 5 정중(鄭衆)
9 이빙(李氷)
10 문옹(文翁)
12 서백표(徐伯表)
13 장웅파(莊熊罷)
14 적방진(翟方進)
15 두예(杜預)

지 8 업(鄴)
11 촉(蜀)
16 김제(金堤)
17 상주(尙州)
18 연안(延安)
19 태백(太白)
20 구구택(具區澤)
21 운몽택(雲夢澤)
22 형주(荊州)
23 오(吳)
24 현포택(弦蒲澤)
25 양우택(楊紆澤)
26 옹주(雍州)
27 기주(冀州)

국 6 주(周)

책 7 『사기(史記)』

飽ᄒᆞ고 國有登泰之盛而奈何比年以來로 歲數不登ᄒᆞ야 一有枯旱에 公私遑汲ᄒᆞ니 意者兼幷惰游之害固居五六而大抵與利未廣ᄒᆞ고 漑沃之功이 未盡修也라 (未完)

089

1899년 7월 24일 제88호 2면 1단 論說

요약 1899년 7월 22일 자(제87호)에 이어 박지원 〈수리〉(「과농소초」, 『연암집』 卷17)의 내용을 간추려 소개했다. 고금역사 가운데 수리에 관심을 둔 정치가와 학자들의 사례를 열거하였는데, 특히 농업에 있어 수리를 통해 얻을 수 있는 이점이 많음을 강조하였다.

開水利(前號續)

維我列聖朝重農務本ᄒᆞ샤 必以溝洫爲急ᄒᆞ샤 旣爲設置堤堰之司ᄒᆞ샤 領之以宰執之重ᄒᆞ시고 承之以幹能之士ᄒᆞ야 外至方伯守宰히 咸思與修ᄒᆞ야 罔或怠廢ᄒᆞ니 所以董飭修擧ᄒᆞ며 饒利民國者ㅣ 誠至矣어늘 挽近有司之臣이 恬於枯當ᄒᆞ야 識隳不擧에 官亦仍廢矣라 舊策之塡淤日積ᄒᆞ고 新堤之成毁無常ᄒᆞ야 親民之史ᄂᆞᆫ 學術이 未周於明農ᄒᆞ고 食土之氓은 智力이 俱短於任土ᄒᆞ야 由是而平地之蒿萊未除ᄒᆞ고 百年之湫洳終怠ᄒᆞ니 嗚乎라 比皆士大夫不講民事之過也아 愚ᄂᆞᆫ 講堤堰司之識을 不可不申明이니 先從諸路所在舊會所設ᄒᆞᆫ 公

인 1 효종 이호(李淏)
3 왕안석(王安石)
4 소식(蘇軾)

국 2 송(宋)

私陂池清渠之塡淤壞決者를 令觀察郡守로 巡審看詳에 次第開濬修築ᄒᆞ야 如是而澤有未究ᄒᆞ며 利有未廣然後에 始可以益求增設ᄒᆞ야 相其流泉ᄒᆞ며 驗其土脉ᄒᆞ야 懸之以水準ᄒᆞ며 測之以句股면 雖有畚揷之費와 木石之勞라도 其利十百에 可期經遠則尙可爲之요 至於車戽之術ᄒᆞ야는 外國은 數百年來로 所已茶飯用之者而我國은 尙未開刱ᄒᆞ니 藉謂工費浩鉅ᄒᆞ며 匠手鈍拙ᄒᆞ야 不能使盡其妙나 試能效法製造ᄒᆞ야 務盡其精하며 公私合力ᄒᆞ야 期濟其用則利民之術이 豈有加此者哉아 粤我**孝廟**[1]朝에 賞內下水車之制於朝堂ᄒᆞ샤 令審其使否而傳布諸路ᄒᆞ야 而爲務農之一助ᄒᆞ시니 猗歟盛哉라 聖朝牖民利用之墓主深切而當時政府之臣이 竟無能對埸而承行之者ᄒᆞ니 千載不勝慨恨이나 然이나 法不徒行이라 必待其人이니 利之所在에 弊亦隨之라 如 **宋**[2]之**王安石**[3]이 淤田之舉와 涸泊之計가 徒貽胎擾ᄒᆞ고 竟無成效ᄒᆞ니 此**蘇軾**[4]所謂 天下久平에 四方之遺利畧盡而今欲鑿空尋訪水利者也라 今我大皇帝陛下特軫灌漑之利ᄒᆞ시고 斟酌時措之宜ᄒᆞ샤 設置水輪課ᄒᆞ샤 俾盡勸農興利之方而奈何建設有日에 未聞有一畝一頃之昭著實効者ᄒᆞ고 徒 紛紛然惹起騷擾之端ᄒᆞ야 反使農民으로 妨農而害業케 ᄒᆞ니 嗚呼 聖上愛民勸農之本意가 固安在哉아 竊謂近日國家에 經用이 不敷ᄒᆞ니 今欲發諸公帑而從事於原野之間이면 使不知計者視之면 誠斯不急이나 然捐數万金之費于春而取數万石之獲于秋리니 費干帑而償干田은 比庸人橾十一之利者도 尙甘心焉이온 而况善于理賦而顧憚其費乎아 繼是有興인딘 又以所獲者로 爲資ᄒᆞ면 所興이 漸廣而不再費矣요

且士民中亦有曉解水利ᄒᆞ야 欲鳩財出力에 漑人之田而獲其稅者此乃公私之所使而典憲之所許也라 近世民俗이 不淳ᄒᆞ야 住住有渠成水到에 蒙其利而孤其約者ᄒᆞ매 以此多不樂行ᄒᆞ니 此宜申設條法ᄒᆞ야 益加勸導者也라 (完)

090

1899년 7월 26일 제89호 2면 2단 論說

요약 영남 안동 지방에 사는 옹고집(癰固執)이라는 사람의 농사일을 비유하여 시의(時宜)에 맞지 않는 농사일을 경계한 글이다. 곧 옹고집은 홀로 이른 때에 맞지 않는 작물을 심고서 농사가 잘 안 되자 오히려 종자(種子) 탓을 하고, 또 김 맬 때를 놓치고도 농사가 잘 안 되자 토지 탓을 한다는 것이다.

지 1 경상도(慶尙道)
2 안동(安東)
3 태백산(太白山)

嶺南[1]**安東**[2]之郡에 **太白山**[3]이 有ᄒᆞ니 其下峽村에 泉甘水潤ᄒᆞ고 土沃田肥ᄒᆞ야 五穀이 均穰ᄒᆞ고 草木이 茂盛ᄒᆞ야 居民이 夫耕婦織ᄒᆞ며 春稼秋穡ᄒᆞ야 窮蔀資生之方을 以做ᄒᆞ더니 數百年前에 有一奇詭者生長其中ᄒᆞ야 其爲性이 固滯偏曲ᄒᆞ야 勿論善否利害ᄒᆞ고 他人之言을 不聽ᄒᆞ며 他人行爲을 不效ᄒᆞ기로 爲主ᄒᆞ며 又有癰瘻之疾故로 時人이 指目ᄒᆞ기를 癰固執이라 ᄒᆞ야 遂爲別號故로 無論男女老少ᄒᆞ고 一體以此稱號ᄒᆞ나니 所謂 癰固執의 行爲를 略論ᄒᆞ건ᄃᆡ 方春耕作之時를 當ᄒᆞ야 人人마다 春田을 耕ᄒᆞ야 春牟를 種ᄒᆞ거늘 彼惟獨黍粟을 種ᄒᆞ며 耘耔之節을 當ᄒᆞ야는 人人마다 用力鋤治ᄒᆞ야 芟草培根ᄒᆞ거늘 彼는 不鋤不治ᄒᆞ고 反培草根ᄒᆞ

니 噫라 黍粟이 非不好矣언마는 早春에 非宜요 不鋤則已矣어늘 反培惡草ᄒᆞ니 黍粟의 成實홈을 엇지 可望ᄒᆞ리요 及其不成ᄒᆞ야는 乃反歸罪於黍粟曰 黍種이 不善하도다 ᄒᆞ고 及時晩ᄒᆞ야는 人皆種豆어늘 彼는 惟獨稻粱을 種ᄒᆞ고 鋤治栽培之法을 又一切反之ᄒᆞ니 稻粱은 穀之至美者언마는 種不其宜ᄒᆞ고 鋤又失時ᄒᆞ니 如何得成이리요 於是 鄰人이 彼를 爲ᄒᆞ야 迺勸種菉豆蕎麥之屬ᄒᆞᆫ디 彼舊然不聽ᄒᆞ고 乃始種麥ᄒᆞ니 麥雖欲實이나 失節에 奈何오 及麥不實而萎枯則時已秋矣라 鄰人이 又勸使種蕪菁之類ᄒᆞᆫ디 彼又不聽이거늘 强之使聽則彼乃發怒曰 此ᄂᆞᆫ 土性之不好也라 種之何益가ᄒᆞ고 遂爲廢棄之荒田ᄒᆞ니 噫라 黍粟稻粱牟麥之屬이 非穀之不善也어늘 種之를 不以其時ᄒᆞ며 耘之를 不以其道ᄒᆞ고 乃反歸罪於穀曰 是ᄂᆞᆫ 種之不善也라 ᄒᆞ며 及其屢失而屢無成則又歸罪於田曰 是ᄂᆞᆫ 土性之不好也라 ᄒᆞ고 卒爲廢田而止ᄒᆞ니 (未完)

091

1899년 7월 28일 제90호 2면 2단 論說

요약 1899년 7월 26일 자(제89호) 글에 이어 시의(時宜)에 맞지 않는 농사일을 경계한 글이다. 이 글에서는 아무리 선왕(先王)이 남긴 훌륭한 제도라 하더라도 시대적 상황을 고려하여 적용하지 않으면 안 되며, 나라의 정사(政事)는 더욱 그렇지 않으면 안 됨을 강조하고 있다. 아울러 나라를 다스리는 법률이 좋지 않다 하여 이를 따르지 않고 반드시 양법으로 고친 뒤에야 정사를 시행할 수 있다는 태도 역시 옹고집이 김을 매는 농사일의 법도를 따르지 않고서 농사일을 망친 뒤에 토지 탓을 하는 것과 다르지 않음을 말하고 있다.

(前號續)

嗚乎라 世之固滯偏曲於爲國之術者ㅣ 亦何以異是리오 夫先王之典章法度와 前聖之禮樂文物이 非不盡善而盡美언마는 時有古今之殊ᄒᆞ고 事有緩急之異ᄒᆞ야 宜於古者ㅣ 有不宜於今ᄒᆞ며 行於前者ㅣ 有難行於後ᄒᆞ니 必須隨時而裁量之然後에 國可爲矣오 政乃行矣어늘 若不知緩急古今之殊ᄒᆞ고 執一而膠固之ᄒᆞ야 使先後倒錯ᄒᆞ고 增損失宜則何可以望治哉아 反其無成於治則乃反歸罪於法度之不善而紛紛然更改是事ᄒᆞ면 是猶癰固執之治農也라 畢竟再變三變而無成焉則歸罪於田曰 是는 土性之不好也라 ᄒᆞ고 終爲廢棄之田而甘心焉而已

乎아 今夫國을 譬之ᄒᆞ면 猶田也오 法度는 猶穀種也니 法度가 果有使否緩急殊나 隨世變改ᄒᆞ며 因時制定은 固不得不爾之事어니와 若使是法으로 徒歸文具ᄒᆞ고 無一實着則雖千百變改라도 終底於無成矣리니 如何其可哉리요 噫라 今之所謂倡言者ㅣ 有二焉ᄒᆞ니 其一은 曰호ᄃᆡ 先王之舊章이 昭垂ᄒᆞ고 **國朝**[1]之成憲이 詳備ᄒᆞ야 列聖之以是以治平者를 今何必變改리오 法律也와 制度也를 必須復古然後에 國可爲矣라 ᄒᆞ니 是는 癰固執之種豆於春而種麥於夏者也라 穀非不善也언마는 種之不以其時故로 終至無成ᄒᆞᄂᆞ니 先王至典章이 非日不善也로ᄃᆡ 如欲行之於今則不無古今使否之殊ᄒᆞ니 此前聖所謂斟酌損益之宜者也오 其一은 曰호ᄃᆡ 國之不治는 由於法律之不善也라 必須改良善法ᄒᆞ야 一新變定然後에야 國可爲矣라 ᄒᆞ니 是又何異於癰固執之爲田ᄒᆞ야 鋤治를 不以其道ᄒᆞ고 歸罪於穀種之不善也오 噫라 法規가 雖善이나 不能於遵而行之則法自法而國自國矣리니 奚益於法之善不善也리오 故로 聖人이 有言호ᄃᆡ 法不徒行이라 必須待人이 後에 行之라 ᄒᆞ니 嗚乎라 唯願當路諸公은 此一定之後에 實着而力行之ᄒᆞ야 不歸文具而此焉則安危之機가 其惟在此乎리니 如其不信커던 請視鄉人之田ᄒᆞ라 彼春麥이 穰穰ᄒᆞ고 秋豆離離는 由其播種之不失其時而鋤治之又▣其道也니 證之在彼라 盍往觀之오

㉠ 1 조선(朝鮮)

092

1899년 8월 1일 제92호 2면 2단 論說

요약 조선왕조 통치 기간 동안 각 임금 재위 시절마다 붕당 정치로 인해 당파가 분열되어 사화(士禍)는 물론 여러 차례 민란(民亂)이 일어나는 폐단이 있었음을 경계하는 내용이다.

인 3 중종 이역(李懌)
4 남곤(南袞)
5 심정(沈貞)
6 명종 이환(李峘)
7 이기(李芑)
8 정순봉(鄭順朋)

국 2 조선(朝鮮)

책 1 『서경』「주서(周書)」

黨派分裂之弊

自古로 國家의 權利勢力으로 由ᄒᆞ야 政局에 黨派가 分裂ᄒᆞ야 無窮한 禍를 釀出ᄒᆞ야써 其家國을 覆敗ᄒᆞ고 身命을 殄滅ᄒᆞᆷ에 至ᄒᆞ나니 噫라 何國이던지 朋黨의 禍가 生ᄒᆞᄂᆞᆫ 日은 곳 亂亡之階라 엇지 可惟치아니ᄒᆞ리요 洪範[1]에 曰 無偏無黨이라야 王道蕩蕩이라 ᄒᆞ니 偏黨의 禍ᄂᆞᆫ 自古로 戒愼ᄒᆞᆫ 바이라 誠以我國朝[2]歷史로 概論ᄒᆞ건데 粤在中宗[3]朝ᄒᆞ야 南袞[4]沈貞[5]等諸奸이 黨援을 樹ᄒᆞ매 已卯北門之禍를 釀出ᄒᆞ야 一時賢士를 戕殺迨盡ᄒᆞ야 禍及家國에 毒流生靈케 ᄒᆞ고 至明宗[6]朝ᄒᆞ야 李芑[7]林順鵬[1)8]等이 權勢를 爭ᄒᆞ야 乙巳忠順

堂密對之變을 做ᄒᆞ야 一時忠良을 殺害靡遺ᄒᆞ고 至宣祖[9]朝ᄒᆞ야 東西之黨이 始分ᄒᆞ야 勳戚老成之人은 西黨의 領袖를 作하고 新進名士之流는 東黨의 標題를 立ᄒᆞ야 各竪赤幟ᄒᆞ고 互排門戶ᄒᆞ야 軋激擠陷之習과 詆斥紛競之風이 於時乎成ᄒᆞ야 骨肉이 化爲仇敵ᄒᆞ고 親朋이 變成戈戟ᄒᆞ야 國家無窮之禍를 釀成ᄒᆞ난지라 自是以來로 是非가 顚倒하고 忠邪가 混淆ᄒᆞ야 非其黨則英賢이라도 屈抑而莫達하고 同其類則愚不肖라도 升揚而引薦ᄒᆞ니 其獘患을 可勝言哉아 其後에 東黨之中에 又白分裂ᄒᆞ야 有南人北人之派라가 至光海[10]廢朝ᄒᆞ야 北人之中에 又分大中小三派하야 互相傾軋ᄒᆞ며 互相慘毒이러니 至仁祖反正ᄒᆞ야 廢朝兇逆이 多出於大北之黨故로 残盡無幾ᄒᆞ고 至肅宗[11]朝ᄒᆞ야 西黨之中에 又自分裂ᄒᆞ야 有老論少論之派ᄒᆞ야 互相排擊타가 至于景宗[12]辛丑ᄒᆞ야 又加一層乖激ᄒᆞ야 慘毒之禍極矣오 至英祖[13]朝ᄒᆞ야 戊申之變과 壬午之逆由於朋黨之禍矣라 自三百餘年來로 其獘可勝論哉아 至正宗[14]純祖[15]之際하야 又有時癖二派하야 排擊이 層生이러니 我大皇帝陛下[16]以蕩蕩平平之道로 深軫其獘ᄒᆞ샤 期欲使諸黨으로 混做平和之局而黨禍亦漸緌矣러니 奈之何罔軆我至于近日ᄒᆞ야 聖上之至意ᄒᆞ고 權勢利名으로 吹噓排擠ᄒᆞ야 朋黨之漸이 又稍稍開矣라 其 曰守舊黨 曰開化黨 曰甲黨 曰乙黨 曰負商派 曰民會派 等이 分門列戶에 互相仇敵ᄒᆞ야 對面則笑刀而腹釼ᄒᆞ고 分背則荷戈而操矛ᄒᆞ니 噫라 頽波潰瀾之漸이 殆將不可防遏矣리니 禍毒家國者ㅣ 豈不在此乎아

1) 정순붕(鄭順朋)의 오기.

인 9 선조 이연(李昖)
10 광해군 이혼(李琿)
11 숙종 이순(李焞)
12 경종 이윤(李昀)
13 영조 이금(李昑)
14 정조 이산(李祘)
15 순조 이공(李玜)
16 고종 이재황(李載晃)

093

1899년 8월 3일 제93호 2면 1단 論說

요약 대한제국 황제가 감옥에 간힌 죄수들의 사정을 살펴 법부에 조서를 내려 사면령을 시행하니 그 은혜에 감사해야 할 것을 강조하는 내용이다.

관 1 법부(法部)

詔勅法部[1]

八月一日에 皇上陛下계셔 法部로 詔勅을 下ᄒᆞ셧ᄂᆞᆫᄃᆡ 恭錄如左ᄒᆞ노라 詔曰 刑法者聖王所以不得已而設者也 書曰 刑期乎無刑 又曰 罪疑惟輕觀於此可知其本意攸在也 挽近法律懈弛爲法官者不思所以恤民而反以刑法作爲陷民之穽刑事被繫之人至有閱序經年未決者豈不大可哀哉 苟如是也 何貴乎周之囹圄空虛唐之囚徒放歸哉 其令法部申飭平理院及各裁判所凡久繫之囚成册知照于政府限於十五箇日內罔夜決放毋或留案延拖再將擧行事由次弟登聞 臣이 伏讀聖勅하오ᄆᆡ 不勝舞蹈欣誦하오니 盖 近日執法官史덜리 瘝厥職懈法律之獘未甞不

有如聖勅中所諭不思恤民하고　反作陷民之穽者也로소이다 現今 被繫之人이 閱序經年토록 末經審決하와 三水囊頭가 充溢犴狴하고 簿書案牒이 積滯歲月하야 當此炎熱熏蒸之時에 居處焉堙鬱하고 飮食焉不適하야 以致疾病沈痛하야 往往壞損性命하니 怨讟慘號之氣足以干和則其在欽恤疏決之義에 ■何如也리오 此 其責이 咎在執法之官吏어늘 如何不能審理判決而任其愆滯ᄒᆞ야 因徒之多가 至於二百四十餘人而不之恤也오 欽惟我皇上陛下以日月之明으로 洞祭獄情ᄒᆞ시고 有此決放之命ᄒᆞ오니 雖其罪囚之至愚無狀이라도 聞此詔勅ᄒᆞ오면 孰不感泣而欣抃也哉아 臣은 以爲刑措之治를 自此其庶幾乎인져

094

1899년 8월 5일 제94호 2면 1단 論說

요약 두 시골 객인(客人)과 주인이 서로 대화를 나누는 우언을 제시한 것으로써 그 내용은 구체적으로 두 객인 중 어느 한 명은 자신이 왕래가 많은 권세가에 다녀왔음을 말하고, 다른 한 명은 왕래가 적은 한적한 사대부가에 다녀온 것을 말하였는데 이들의 대화를 듣고 있던 주인이 권세가에게 몰려드는 자들을 냄새 나는 음식에 날라드는 파리에 비유함으로써 권세에 아부하는 세태를 경계하는 내용이다.

鄕客問對

人皆苦炎熱ᄒᆞ나 我愛夏日長이라 祝融은 肆威ᄒᆞ고 蜚廉은 遜權이라 赫赫炎官은 火傘을 高張ᄒᆞ고 熇熇烈日은 洪爐를 焦爆ᄒᆞᄂᆞᆫ 中北窓淸風下에 一枕을 高支ᄒᆞ고 一拳書를 手飜ᄒᆞ다가 厭厭然一場午眠을 醒罷ᄒᆞᆫ 則 門外剝啄聲이 至ᄒᆞᄂᆞᆫ지라 驚起拓窓視之ᄒᆞᆫ 則 有兩鄕客이 來到ᄒᆞᄂᆞᆫᄃᆡ 其一人은 氣喘足忙에 汗流被軆ᄒᆞ야 不父一言ᄒᆞ고 急呼茶椀ᄒᆞ며 其一人은 不汗不喘에 倦步徐踏ᄒᆞ야 少無苦熱之態어ᄂᆞᆯ 主人이 怪之曰 二君이 俱來於熱日而君은 何如彼其喘汗이며 君은 何如比其安閒고 一人曰 余ᄂᆞᆫ 往某台家러니 諸客이 紛集

ᄒᆞ야 金玉이 滿堂ᄒᆞ고 車馬盈門ᄒᆞ야 磨肩促膝에 塡咽雜遝ᄒᆞ야 主台顔面을 爭先承候ᄒᆞ야 覘伺座席에 稠疊圍立故汗透衣帶나 不知其熱타가 纔見其鼻ᄒᆞ고ᄂᆞᆫ 又將往某台家故忙步到此ᄒᆞ니 熱極氣喘ᄒᆞ야 欲暫休汗而行故로 如此甚熱이로다 其一人曰 我ᄂᆞᆫ 素與某台로 頗有契分이러니 每日出入者ᄂᆞᆫ 惟某台家而已라 某台ᄂᆞᆫ 一自休官無勢之後로 前日之場市가 盡撤ᄒᆞ고 寂寂門庭에 惟有二三個殘傔冷客이 或 圍碁ᄒᆞ거나 或 午睡ᄒᆞ거나 具此而已故로 我ᄂᆞᆫ 日常一次造謁而歸則無所之向ᄒᆞ니 所以緩步徐行에 別無熠熱的意思也로라 ᄒᆞ거ᄂᆞᆯ 於是에 主人이 硯床上糊筒中蒼蠅이 羣集ᄒᆞᆫ거ᄉᆞᆯ 指示ᄒᆞ야 曰 與他一般이로다 彼營營之蠅이 搖唇皷吻ᄒᆞ야 羣飛雜亂에 紛集干此者ᄂᆞᆫ 不過以其有麵糊之可食也라 雖揮之不去ᄒᆞ고 逐之又來라가 若夫 糊盡而筒空則搖頭鼓翼에 紛紛然飛去ᄒᆞ야 又求腥羶瀝澤之微而往聚焉ᄒᆞᄂᆞ니 人之趨附勢利者도 亦何異於■蛹之慕羶而逐臭也哉아 於是에 彼熱者大怒曰 然則 子以我로 此之於蠅蚋之類乎아 主人이 笑曰 無傷也라 是ᄂᆞᆫ 勢固然也니 盖蠅雖至可憎之物이나 爲自計則得也라 若不如是而恬於取食則豈有所得哉아 必如是而後에야 充其腹故로 不得不爾也니 子何傷乎아 於是 其一人曰 我ᄂᆞᆫ 屑屑於糊盡筒空之後而無腥羶之可求ᄒᆞ니 何以充吾腹乎오 主人曰 此亦無傷也라 今君이 巧於辯舌ᄒᆞ며 工於諂笑ᄒᆞ며 善於承順ᄒᆞ며 勤於出入ᄒᆞ야 不避寒暑ᄒᆞ며 不廢風雨ᄒᆞ고 六其臟七其肘ᄒᆞ야 早夜趍附於勢權之熱門則不出幾年에 必將充君之腹而飽君之量矣리니 君이 果能之乎아 其人이 大笑曰 不能不能也로라

主人曰 然則 君은 無望也ᄒᆞ라 雖十年出入이라도 於何益乎아 君이 髮種種而無成者ᄂᆞᆫ 此也니 何不早歸山田ᄒᆞ야 以友溪之鹿而侶野之鶴乎아 客이 唯唯曰 子言이 是也나 但所可惑者ᄂᆞᆫ 子도 辯舌承順이 不能加於我而子腹도 亦飢矣라 子ᄂᆞᆫ 何不早歸山田ᄒᆞ고 乃反勸我之歸乎아 主人이 於是에 嘿無言이러러

095

1899년 8월 7일 제95호 2면 1단 論說

요약 옛날과 지금의 포폄(褒貶) 제도를 비교한 뒤 관찰사의 공정한 포폄이 이루어지지 못하는 까닭을 밝힌 글이다. 먼저 과거에는 공정한 논평을 하기 위해 사관의 사사로움까지 걱정하였으며, 지금은 권세, 이해, 사사로운 관계, 이념 등에 치우쳐 공정한 포폄이 이루어지기 어려움을 말하고 있다. 그리고 과거에는 안으로는 이부(吏部)에서 모든 관리의 공적과 과실을 따지고 밖으로는 관찰사가 각 고을의 실적을 조사하여 포폄이 공정하게 이루어졌으나, 지금은 이부가 사라지고 관찰사의 감사 제도만 있어 제대로 포폄이 이루어지지 못함을 지적하고 있다.

殿最不公

殿最者는 褒貶之謂也라 最는 優也오 殿은 劣也니 優훈 者는 褒而揚之ᄒᆞ고 劣훈 者는 貶而抑之ᄒᆞᄂᆞᆫ 거슬 謂之褒貶이라 ᄒᆞᄂᆞ니 其道有二ᄒᆞ니 有過去之褒貶하며 有現在之褒貶이라 過去者는 史筆之謂也오 現在者之는 考績之謂也니 秉史筆而論古人之是非ᄒᆞ더라도 猶患挾憾阿私之獘ᄒᆞ거든 而況居今世而論評 今世人之現行優劣則豈不誠難矣乎아 然則操其論評之權者가 非有大眼目大識量於胸中ᄒᆞ야 至公至正ᄒᆞ며 至明至察ᄒᆞ야 其論評之際에 不爲勢力의 撓奪ᄒᆞ며 不爲利害의 計較ᄒᆞ며 不爲偏私의 拘係ᄒᆞ며 不爲左右의 欺惑

국 2 한(漢)

관 1 이부(吏部)

ᄒᆞᆫ 人이 아니면 엇지 藻鑑을 不蔽ᄒᆞ며 權衡을 必稱ᄒᆞ야 一褒一貶을 其公에 必當케 ᄒᆞ리요 此故로 難之又難이 無如褒貶而每患其不公也로다. 古者에 **吏部**[1]之識은 內而百司之官을 考功黜陟ᄒᆞ고 觀察刺史之職은 外而郡縣之官을 考績褒貶ᄒᆞ나니 今에 吏部의 考功黜陟法은 廢而不講ᄒᆞ거니와 惟外郡考績之法은 今尙僅存而褒貶之難이 如是 故로 每當冬夏等考績之際에 爲觀察者ㅣ 撓於勢力ᄒᆞ며 動於利害ᄒᆞ며 拘於偏私ᄒᆞ며 惑於左右ᄒᆞ야 是非優劣을 不能於公眼公心일ᄉᆡ 或은 一言蔽之曰 盡善而盡美라 ᄒᆞ야 於是乎有褒而無貶則人人龔黃이오 郡郡召杜라 可稱**漢**[2]世良吏於斯爲盛이오 或은 不可不稍可塞責이라 ᄒᆞ야 就其中最殘劣無勢力者一二郡ᄒᆞ야 強置於下等ᄒᆞ니 諺所謂 軟地揷杙이 寧不衰哉아 由是로 每殿最一上에 巷議喧騰ᄒᆞ고 物論沸鬱ᄒᆞ야 以爲褒貶이 不公을 如是ᄃᆞᆫ 寧不如無之라 ᄒᆞ니 嗚乎時事여

096

1899년 8월 11일 제97호 2면 2단·3면 1단 論說

요약 농상공부 협판 민경식(閔景植)이 투옥된 아버지 민영주(閔泳柱)를 변호하기 위해 올린 상소문을 시작으로, 본 사건에 대한 의정(議政) 윤용선(尹容善)의 상주(上奏), 그리고 농상공부 대신(農商工部 大臣) 민영기(閔泳綺)의 자열소(自列疏)를 올린 과정과 상소의 내용 등을 상세히 묘사하고 있다. 해당 글의 말미에도 앞서 1899년 6월 16일 논설인 「기변상보(奇變詳報)」(제70호)처럼 관련 내용의 전후 사건들을 연이어 게재함으로써, 관련 사건의 전말을 상세히 알도록 기획하고 있다. 또한 민경식이 부친을 핵주(劾奏)한 윤의정을 찾아가 억울함을 호소하는 장면까지 네 단에 걸쳐 상술하고 있다.

政局觀瀾

○農協上疏 **農商工部**[1]協辦**閔景植**[2]氏가 其父親**泳柱**[3]氏免官拘拿ᄒᆞᆫ 事件에 對ᄒᆞ야 議政**尹容善**[4]氏와 請辦ᄒᆞᆯ 辭意로 一封疏를 上ᄒᆞ얏ᄂᆞᆫᄃᆡ 其大概如左ᄒᆞ니 伏以臣於丐免之章何敢贅他而竊有至切至寃之情私不得不仰陳伏願 皇上細細垂察焉苐伏見政府 奏本則謂以恣意傳 勅招入內部大臣云云當日處分寔出 聖意則臣父何敢恣意於其間至若矯誣幻弄誤達 天聽云者則所謂矯誣幻弄者必有印章之塗抹文字之改換然後可以指斥而臣父初無罪犯則所謂矯誣幻弄者何事也誤達 天聽亦何人也

인 2 민경식(閔景植)
3 민영주(閔泳柱)
4 윤용선(尹容善)

관 1 농상공부(農商工部)

관 5 법부(法部)

肆然彈駁小不顧忌且況　奏本文字何等審愼而初無自己之親見乃敢以伏聞二字勒成罪目有此搆捏則臣未敢知何等人員傳告於議政大臣而致此擧措必有的確之執據分明之證左則臣父雖萬被汚衊固所甘心臣父初無一分所犯而只以伏聞二字搆虛捏無陷人於不測之境則爲人子之心其所胷塡臆塞者果何如哉伏願自法庭招致傳告議政大臣之人亟令審理裁判所謂恣意傳　勅矯誣幻弄之情一一昭晰特免蠅點之汚俾雪鴻罹之科臣謹當刳肺銘肝沒身頌　恩且況大官之奏本法意必也親入政府然後始乃擧行而乃敢偃臥私第肆然投入違越章程若無畏憚此可曰國有法乎且以其孫尹德榮言之渠以獨立血黨其祖入府之初內部局長之窠勒免他人塡代其孫旋卽改免超陞　勅任之秩執此一端則此果非恣意幻弄任情矯誣尤甚且著者乎至情所激言不知裁伏願聖明快遊反律昭雪臣父之罪尤不勝血願之至

◯疏入還下 閔景植氏가 議政과 請辨홀 次疏를 上ᄒᆞ엿더니 自上으로 閱覽ᄒᆞ신 後特命還出給ᄒᆞ라 ᄒᆞ셧다더라

◯上奏免官 議政尹容善氏가 閔景植氏上疏彈劾한 事件에 對ᄒᆞ야 上奏ᄒᆞ얏시되 臣在董百僚規庶官之地自府部大臣以下有可以警飭則警飭論奏則論奏日昨閔泳柱之恣意傳勅矯誣幻弄誠古今所未有之一大變恠也　有口皆說有耳咸聽滿廷該瞠孰不痛惋臣旣據實上奏奉旨有曰今日國綱胡至此極令法部[5]照律懲辦可也　今此農商工部協辦閔景植稱以伸父之冤肆然投章橫竪說去至有欲與臣對質者然此亦一變恠也　臣所奏設或謂有無據皇旨嚴正之下渠欲卞明迨無畏憚焉敢乃爾此不徒朝體之蔑如國綱尤爲掃地無餘原疏雖已自秘院承命還出給此不可置

而勿論農商工部協辨閔景植姑先施以重譴責以肅朝綱何如라 ᄒᆞ얏ᄂᆞᆫᄃᆡ 奉旨依奏免官이 되얏다더라

◯事必還寢 閔泳柱氏ᄂᆞᆫ 平理院[6]에 被囚ᄒᆞ엿더니 直時立保蒙放ᄒᆞ얏ᄂᆞᆫᄃᆡ 尹議政과 期欲裁判홈을 請ᄒᆞᄂᆞᆫ지라 風說에 傳ᄒᆞ기를 朝家에셔ᄂᆞᆫ 其調劑홈을 爲ᄒᆞ야 懲辦ᄒᆞᆯ 事件이 平和局面으로 妥帖케 되리라 ᄒᆞ더라

◯農法相持 農商工部大臣閔泳綺[7]氏가 嚮日平理院抱拿ᄒᆞᆫ 事件에 對ᄒᆞ야 自列疏를 上한바 勅任官을 先拿後奏홈은 法律에 有違홈으로 法部大臣署理趙秉式[8]氏와 質辨홈을 請ᄒᆞ얏ᄂᆞᆫᄃᆡ 批旨가 尙今未下ᄒᆞᆫ지라 農相은 閉戶謝客ᄒᆞᆫ다더라

◯劾奏事由 漢城報[9]所載ᄒᆞᆫ 劾奏事由란 件을 據한 則本月四日上奏한 各郡守任免한 二十窠勿施事ᄂᆞᆫ 閔泳柱氏가 當日에 內部[10]大臣 李乾夏[11]氏家에 往ᄒᆞ야 謂言曰 今日 郡守奏本이 될 거시니 大監은 卽時入闕ᄒᆞ시오 한ᄃᆡ 李大臣이 荅曰 然ᄒᆞ다 ᄒᆞ고 卽 起仕進之路에 尹議政家에 往ᄒᆞ야 言曰 今日 各郡守任免奏本을 將上이라 한ᄃᆡ 尹氏曰 現闕이 姑無한데 何以奏本乎아 ᄒᆞᄂᆞᆫ지라 李乾夏氏가 內部로 進한 則 大闕內에셔 電話機로 內大를 急招ᄒᆞ거ᄂᆞᆯ 內大가 直時入闕한 則 閔泳柱氏가 奏本紙一束을 內大에게 出示曰 此卽各郡守信任ᄒᆞᆯ 草件이라 大監이 從精寫上奏ᄒᆞ시오 若他人이 入闕則事不▣▣이라 ᄒᆞ거ᄂᆞᆯ 內大曰 地方局長이ᄂᆞ 招入ᄒᆞ야 出示ᄒᆞ고 ᄒᆞ여야 日後雜談이 無ᄒᆞ리라 ᄒᆞ고 地方局長尹德榮[12]氏를 又電話機로 急招ᄒᆞ야 其奏本草를 暫示ᄒᆞ고 仍爲奏上ᄒᆞ엿더니 尹議政이 劾奏ᄒᆞ엿ᄂᆞᆫ지라 閔景植氏가 其父親의 被劾免官

인 7 민영기(閔泳綺)
8 조병식(趙秉式)
11 이건하(李乾夏)
12 윤덕영(尹德榮)

매 9 『한성신보(漢城新報)』

관 6 평리원(平理院)
10 내부(內部)

을 憤恨히 넉여 七日에 尹議政家에 往ᄒᆞ야 言ᄒᆞ여 曰 小人은 現今에 被拿抱囚된 閔泳柱의 子息이오 大監은 臥病ᄒᆞ야 在家한 則入闕도 아니ᄒᆞ얏는ᄃᆡ 虛傳勅令이라는 句語가 大監上奏中에 有ᄒᆞ야 小人의 父가 免官되고 被拿ᄒᆞ얏시니 此說을 何人의계 得聞ᄒᆞ엿소 ᄒᆞ엿다더라

097

1899년 8월 13일 제98호 2면 1단 論說

요약 재상 직책의 유래를 설명하고 이어서 목수 장인의 건물 짓는 일의 비유를 들어 의정(議政) 정책 활동의 중요성을 언급한 뒤 의정 활동에 해당하는 일이 무엇인지 구체적으로 설명하는 내용이다.

議政之責

議政之責이 果不重歟아 佐天子總百官ᄒᆞ야 以平治邦國ᄒᆞ니 百官이 有失其職者면 必曰議政이 不職이라 ᄒᆞ고 一夫有不獲所者면 必曰 議政이 無能이라 ᄒᆞ리니 議政之責이 固不重歟아 國家當升平無事之日ᄒᆞ야 四方이 又安ᄒᆞ고 百姓이 繁殖이라도 居具瞻之位ᄒᆞ야 任補相之職則其責이 固難矣은 而況以今之艱危孔棘으로 隣嘖이 日至에 若將朝夕之有警ᄒᆞ고 內訌이 未靖에 衆咻交煽ᄒᆞ야 分派裂黨에 互相猜疑ᄒᆞ니 當此之際ᄒᆞ야 爲議政者ㅣ 不亦難且難乎哉아 昔에 **柳子厚**[1] 作 **梓人傳**[2]에 以都料匠으로 譬之宰相之職ᄒᆞ니 盖宰相이 如欲

인 1 유종원(柳宗元)

책 2 『유종원집』〈재인전(梓人傳)〉

平治邦國인든 不能如**諸葛孔明**[3]之躬親庶務요 必須得人而共濟之然後에 國可爲矣리니 所以譬之都料匠之指揮衆工ᄒᆞ야 梁棟柱榱를 各施其宜然後에 以成大厦者也라 假有一屋이 其揀柱榱桷이 長短不齊ᄒᆞ며 巨細不稱ᄒᆞ야 傾仄頹壓之患이 朝夕將至어늘 而治其屋者는 紛紛然徒事丹艧塗飾之末則雖其華麗奪目이나 其於全體之傾覆에 何益哉아 或曰 議政이 亦奈何哉아 忠賢之進退를 議政이 能瞭晰而自任哉며 官防之淆濫을 議政이 能激昂而澄源哉며 苞苴之多門을 議政이 能禁遏而杜塞哉며 帑藏之困絀을 議政이 能節減而贍裕哉며 人紀民彝之斁敗와 才智術業之顚蒙을 亦能維新而振起哉아 恐於斯數者에 有所不能일가 ᄒᆞ노라 噫라 是誠難矣라 然而 是는 在議政之行之如何耳니 夫議政者는 元輔冢宰之職也라 彼卑官微職은 諫不聽則有可去之義어니와 身爲大臣者는 國家의 体戚安危를 與共之ᄒᆞ야 雖以死爭諫이라도 無可去之義어던 況我聖主之於議政에 任之以專ᄒᆞ시며 聽之以信ᄒᆞ샤 有言必從ᄒᆞ시며 請不允ᄒᆞ시니 寵眷之重이 可謂摯矣라 當此之時ᄒᆞ야 朝野之所倚望於議政者果何如也리오 議政이 自首入政府로 如召還視察이며 如革能賓曾며 如罷黜**閔泳柱**[4]**韓在益**[5]之奏와 如今番**李乾夏**[6]閔泳柱**閔景植**[7]之免黜이 皆驚人耳目ᄒᆞ며 刷新政綱之一大消息이라 使環睨而傍觀者로 知有我政府風力之尙不死ᄒᆞ니 豈不壯哉아 又其不免無願之官一事도 亦可以稍防淆雜之徑而皆錯錯可稱也라 然이나 是는 槪議政所行之職爾오 非行其難行之事者也니 議政以忠貞世閥로 荷國崇恩ᄒᆞ야 白首丹忱이 矢死靡他而當玆之日ᄒᆞ야 以如于持大體肅朝綱等事

인 3 제갈량(諸葛亮)
4 민영주(閔泳柱)
5 한재익(韓在益)
6 이건하(李乾夏)
7 민경식(閔景植)

로 爲草草塞責之計則 豈聖主所以委毗之意歟며 豈朝野所以倚望之重歟아 必須勵精振力ᄒᆞ며 奮氣作勇ᄒᆞ야 行人所難能之行而確然不拔然後에 國事를 可做矣리니 其難能者는 非他라 即上所陳曉晰澄源杜塞贍裕之方而維新振起之如何耳라 ᄒᆞ노니 嗚手議政之責이여 議政은 人言을 遭ᄒᆞ거나 讒謗을 被ᄒᆞ여도 惟當勇往直前ᄒᆞ야 區區ᄒᆞᆫ 小節을 勿拘ᄒᆞ고 惟以聖恩으로 爲重ᄒᆞ며 國愛로 爲急ᄒᆞ야 先王의 宗社로 ᄒᆞ야곰 磐泰에 奠安ᄒᆞ며 聖上의 赤子로 ᄒᆞ야곰 屠炭에 拯濟ᄒᆞ야 暴鼎에 銘ᄒᆞ며 竹簡에 垂ᄒᆞᆯ 功名事業을 期圖ᄒᆞᆫ지어다 嗟夫라 人生百年이 倏如隙駒ᄒᆞ야 彼繁華富貴가 一世之樂을 極ᄒᆞᆯ지라도 死去之後면 溘然히 草際腐虫과 雪泥鴻瓜와 如ᄒᆞ야 形消影滅에 水逝雲空ᄒᆞ나니 不亦悲手아 惟垂功名於百代ᄒᆞ고 愤千載而尚仰者는 非萬世不死之人乎아 嗟夫로다

098

1899년 8월 17일 제100-1호 2면 1단 論說

요약 여름철의 하늘 풍경과 각종 곤충들의 울음소리를 묘사하고 아울러 다가올 가을철에 한가롭게 시를 읊는 계절적 정취를 드러내는 내용이다.

時令

數日來로 荳花雨가 乍霽ᄒᆞᄆᆡ 忽然 一陣金颸가 林末에 叟留響을 曳起ᄒᆞ야 熇熇赫赫的炎霄火雲을 一箒了捲掣驅去ᄒᆞ니 祝融이 威焰을 頓滅ᄒᆞ야 積鬱ᄒᆞᆫ 溽暑를 鏖除ᄒᆞ니 前日之蚊也蠅也蝎也를 漸將第次掃祛了也ᄒᆞ고 高樹斜暉에 蟬聲이 益淸ᄒᆞ니 耳根이 頓覺爽然이로다 從今來로 秋風意思가 令人心骨淸快也라 試汲石泉ᄒᆞ야 煎一椀新茗ᄒᆞ야 滌除了塵肚子ᄒᆞ고 拓窓閒坐ᄒᆞ야 朗誦潘安仁秋興賦一篇ᄒᆞ니 豈不快哉아

099

1899년 8월 17일 제100-2호 2면 1단 論說

요약 현재 협판이 군부와 학부, 법부, 농상공부 등 모든 부서의 일에 관여할 정도로 그 역할과 위상이 지나치게 한 쪽으로 편중되어 있으니 이는 마치 한 사람에게 두 사람 이상의 일을 맡기는 것이나 말 5마리가 10마리 분량 짐을 지는 상황과 크게 다르지 않으므로 마땅히 조정에서는 이러한 문제를 해결해야함을 강조하는 내용이다.

政局兆候

近日 政局兆候를 試觀ᄒᆞ건ᄃᆡ 又一風浪이 激起ᄒᆞ야 蕩漾無際ᄒᆞ니 未知此坐在漏船中一般局勢가 又遭頻頻風浪ᄒᆞ야 檣傾揖摧ᄒᆞ니 何處副手梢工이 汲汲試■瀾轉波之術而使傾摧者로 復得整頓而維繫之ᄒᆞ며 滲漏者로 更爲補絮而完全之하야 局勢로 一正也오 巷議者ㅣ 謂今日之政局은 卽協辦之政府也라 如**內府**[1]는 雖云大臣이 已有之나 如**軍部**[2]機務之重이며 如**學部**[3]教育之任을 皆以協辦으로 署理而已호며 如**法部**[4]之任이며 如**農商工部**[5]之任을 只以署理而兼掌之ᄒᆞ니 是曷故也오 甚矣라 我政府之無人也여 政府에 若有人焉則豈可使一人

관 1 내부(內府)
2 군부(軍部)
3 학부(學部)
4 법부(法部)
5 농상공부(農商工部)

而兼兩人之職乎리오 夫 政府大臣之署理事務는 由於不獲已事也어늘 今此 國家多事艱虞之際ᄒᆞ야 寧可一日而不備其官哉아 大抵人之才智有限ᄒᆞ고 聰明이 有拘하야 不可以一人而兼治庶務故로 朝廷之所以設官分職은 爲其協治而共濟也 然後에 無瘵曠之獘故也라 今有物於是ᄒᆞ니 計其分數ᄒᆞ며 稱其輕重則合用十馬하야 共駄而運輸者를 乃以五馬而運輸之則非但物之不能於運輸라 馬亦蹶矣리니 何殊於此哉아 然而官不必備라 惟其人이라 ᄒᆞ니 苟欲備其官而不擇其人則是는 反誤其官也니 豈以此之故로 今日 議政之所泯默而徘徊者歟 近於閭巷之說에 謂某也는 必爲某部大臣ᄒᆞ고 某也는 必任某部大臣이라 ᄒᆞ야 紛紛然喧藉塗聽이ᄂᆞ 是는 未知的也로ᄃᆡ 輿情之所顒望於政府者는 勿論何人ᄒᆞ고 苟能善於其職이면 豈有愛憎偏私於其間哉아 假使前日之所負望而愛好者라도 今日行某部之政에 絲毫라도 有不美違衆之事면 必羣謗이 共怨之ᄒᆞᆯ 거시오 全日之所排擊이 不悅者라도 今日行某部之政에 果能公平而善美之則必欣仰而咸頌之리니 其何之人이던지 速即組織ᄒᆞ야 奮勵振起ᄒᆞ야 使政府之局面으로 刷新ᄒᆞ고 天下之耳目으로 觀感則豈非國家之幸也哉아

『시사총보』 논설 제목 목록(1899.1.22~8.17)

연번	호수	날짜	면단	표제	제목	비고
1	1	1899.1.22	1면 2단	미표기	本報發刊之趣旨	표제어 없음
2	2	1899.1.26	1면 2단	論說	없음	
3	3	1899.1.28	1면 2단	論說	없음	
4	4	1899.1.30	1면 2단	論說	없음	
5	5	1899.2.1	1면 2단	論說	金翁傳	3호 연속
6	6	1899.2.3	1면 2단	論說	金翁傳 (前號續)	
7	7	1899.2.5	1면 2단	論說	金翁傳 (前號續)	
8	8	1899.2.7	1면 2단	論說	없음	
9	9	1899.2.14	1면 2단	論說	없음	
10	10	1899.2.16	2면 1단	論說	古之善哭者解	
11	11	1899.2.18	2면 1단	論說	없음	
12	12	1899.2.20	2면 1단	論說	없음	
13	13	1899.2.22	2면 1단	論說	없음	
14	14	1899.2.24	2면 1단	論說	없음	
15	15	1899.2.26	2면 1단	論說	없음	
16	16	1899.2.28	2면 1단	論說	學校設立制度	
17	17	1899.3.2	2면 1단	論說	없음	
18	18	1899.3.4	2면 1단	論說	裕財利民	
19	19	1899.3.6	2면 1단	論說	田稅戶斂之弊	
20	20	1899.3.8	2면 1단	論說	財政	2호 연속
21	21	1899.3.10	2면 1단	論說	財政(前號續)	
22	22	1899.3.12	2면 1단	論說	貨幣	2호 연속
23	23	1899.3.14	2면 1단	論說	貨幣(前號續)	
24	24	1899.3.16	2면 1단	論說	政府不宜分裂而宜保合	
25	25	1899.3.18	2면 1단	論說	議官之設要在實施	
26	26	1899.3.20	2면 1단	論說	千秋慶節頌 幷序	
27	27	1899.3.22	2면 2단	論說	守令之任尤當愼簡	2호 연속
28	28	1899.3.24	2면 1단	論說	守令之任尤宜愼簡(前號續)	
29	29	1899.3.26	2면 1단	論說	玄齡善謀如晦能斷論	
30	30	1899.3.28	2면 1단	論說	上天之造化	

연번	호수	날짜	면단	표제	제목	비고
31	31	1899.3.30	2면 1단	論說	申白衣之禁	2호 연속
32	32	1899.4.1	2면 1단	論說	申白衣之禁(前號續)	
33	33	1899.4.3	2면 1단	論說	列郡逋吏之弊	
34	34	1899.4.5	2면 1단	論說	歎商業之能振起	
35	35	1899.4.7	2면 1단	論說	商賈之業爲國之大關係	
36	36	1899.4.9	2면 1단	論說	商賈之業爲國之大關係(前號續)	
37	37	1899.4.11	2면 1단	論說	皇城內外及畿輔列郡各地方 盜賊之弊戢捕歸順之方	
38	38	1899.4.13	2면 1단	論說	錢幣問對	
39	39	1899.4.15	2면 1단	論說	痛哭中華	
40	40	1899.4.17	2면 1단	論說	田制區田之利	3호 연속
41	41	1899.4.19	2면 1단	論說	田制二區田之利(前號續) 田制三	
42	42	1899.4.21	2면 1단	論說	田制四箕子井田之制(前號續)	
43	43	1899.4.23	2면 1단	論說	港市開設利害關係	
44	44	1899.4.25	2면 1단	論說	宗教	
45	45	1899.4.27	2면 2단	論說	限民名田	
46	46	1899.4.29	2면 2단	論說	兩班傳 燕巖 朴趾源	2호 연속
47	47	1899.5.1	2면 1단	論說	兩班傳(前續號)	
48	48	1899.5.3	2면 1단	論說	邦禮第一(具序文)	8호 연속
49	49	1899.5.5	2면 1단	論說	邦禮第一(前號續)	
50	50	1899.5.7	2면 1단	論說	邦禮第二(前號續)	
51	51	1899.5.9	2면 1단	論說	邦禮第二(前號續)	
52	52	1899.5.11	2면 1단	論說	邦禮第三(前號續)	
53	53	1899.5.13	2면 1단	論說	邦禮第三(前號續) 邦禮第四	
54	54	1899.5.15	2면 1단	論說	邦禮第五(前號續)	
55	55	1899.5.17	2면 1단	論說	名	2호 연속
56	56	1899.5.19	2면 1단	論說	名 (前號續)	
57	57	1899.5.21	2면 1단	論說	法律	2호 연속
58	58	1899.5.23	2면 1단	論說	法律(前號續)	
59	59	1899.5.25	2면 2단	論說	不特鴉烟有蚓	
60	60	1899.5.27	2면 3단	論說	似是而非	
61	61	1899.5.29	2면 1단	論說	嶽靈問對	

연번	호수	날짜	면 단	표제	제목	비고
62	62	1899.5.31	2면 1단	論說	讀漢城新報	
63	63	1899.6.2	2면 2단	論說	喜雨 幷序說	
64	64	1899.6.4	2면 1단	論說	辯漢城新報	
65	65	1899.6.6	2면 2단	論說	湖南土匪	
66	66	1899.6.8	2면 3단	論說	萬歲萬歲	같은 호 2편 게재
67	66	1899.6.8	2면 4단	論說	老鷲變態	
68	67	1899.6.10	2면 2단	論說	德國親王歡迎	
-	68	1899.6.12			미게재	
69	69	1899.6.14	2면 2단	論說	東洋時局	
70	70	1899.6.16	2면 2단	미표기	奇變詳報	표제어 없음
71	71	1899.6.18	2면 1단	論說	賑民所設置	
72	72	1899.6.22	2면 2단	論說	鐵道敷設에關ᄒᆞᆫ用達會社	
73	73	1899.6.24	2면 1단	論說	議政府와及中樞院의關係	
74	74	1899.6.26	2면 1단	論說	日本新公使到舘	
75	75	1899.6.28	2면 2단	論說	君子憂治世	
76	76	1899.6.30	2면 1단	論說	治難治而治爲奇	같은 호 2편 게재
77	76	1899.6.30	2면 3단	論說	議政府議政再入	
78	77	1899.7.2	2면 1단	論說	無恒産無恒心	
79	78	1899.7.4	2면 1단	論說	夜禁之獘	
80	79	1899.7.6	2면 1단	論說	朝綱懈弛	
81	80	1899.7.8	2면 2단	論說	資本家力量	
82	81	1899.7.10	2면 1단	論說	大病後調治	
83	82	1899.7.12	2면 1단	論說	徐獻忠山鄕水利議	
84	83	1899.7.14	2면 3단	論說	巡校加設	
85	84	1899.7.16	2면 2단	論說	徐光啓旱田用水說	3호 연속 (제86호 후반부부터 「開水利」로 내용이 이어짐)
86	85	1899.7.18	2면 1단	論說	徐光啟旱田用水說續	
87	86	1899.7.20	2면 1단	論說	徐光啟旱田用水說續	
88	87	1899.7.22	2면 1단	論說	開水利	2호 연속
89	88	1899.7.24	2면 1단	論說	開水利(前號續)	
90	89	1899.7.26	2면 2단	論說	없음	2호 연속
91	90	1899.7.28	2면 2단	論說	없음(前號續)	
-	91	1899.7.30			미게재	
92	92	1899.8.1	2면 2단	論說	黨派分裂之獘	

<table>
<tr><th>연번</th><th>호수</th><th>날짜</th><th>면단</th><th>표제</th><th>제목</th><th>비고</th></tr>
<tr><td>93</td><td>93</td><td>1899.8.3</td><td>2면 1단</td><td>論說</td><td>詔勅法部</td><td></td></tr>
<tr><td>94</td><td>94</td><td>1899.8.5</td><td>2면 1단</td><td>論說</td><td>鄕客問對</td><td></td></tr>
<tr><td>95</td><td>95</td><td>1899.8.7</td><td>2면 1단</td><td>論說</td><td>殿最不公</td><td></td></tr>
<tr><td>-</td><td>96</td><td>1899.8.9</td><td></td><td colspan="3">미게재</td></tr>
<tr><td>96</td><td>97</td><td>1899.8.11</td><td>2면 2단</td><td>미표기</td><td>政局觀瀾</td><td>표제어 없음</td></tr>
<tr><td>97</td><td>98</td><td>1899.8.13</td><td>2면 1단</td><td>論說</td><td>議政之責</td><td></td></tr>
<tr><td>-</td><td>99</td><td>1899.8.15</td><td></td><td colspan="3">미게재</td></tr>
<tr><td>98</td><td>100</td><td>1899.8.17</td><td>2면 1단</td><td>論說</td><td>時令</td><td rowspan="2">같은 호 2편 게재</td></tr>
<tr><td>99</td><td>100</td><td>1899.8.17</td><td>2면 1단</td><td>論說</td><td>政局兆候</td></tr>
</table>

색인

1. 인명

2. 지명

3. 국명

4. 책 · 매체명

5. 기관 · 단체명

간행사_연세근대한국학 HK+ 학술총서를 내면서

우리 연구소는 '근대 한국학의 지적 기반 성찰과 21세기 한국학의 전망'이라는 아젠다로 HK+ 사업을 수행하고 있습니다. '한국학이 무엇인가' 하는 점은 물론 관점에 따라 달라질 수 있을 것입니다. 하지만 개항과 외세의 유입, 그리고 식민지 강점과 해방, 분단과 전쟁이라는 정치사회적 격변을 겪어 온 우리가 스스로를 어떤 존재로 규정해 왔는가의 문제, 즉 '자기 인식'을 둘러싼 지식의 네트워크와 계보를 정리하는 일은 반드시 필요한 작업이라고 생각합니다. '자기 인식'에 대한 탐구가 그동안 없었던 것은 아니지만, 현재 제도화되어 있는 개별 분과학문들의 관심사나 몇몇 지식인들을 대상으로 한 제한적인 논의였음을 부인하기는 어려울 것 같습니다. 이러한 현실에서 '한국학'이라고 불리는 인식 체계에 접속된 다양한 주체와 지식의 흐름, 사상적 자원들을 전면적으로 복원하고자 하는 것이 바로 저희 사업단의 목표입니다.

'한국학'이라는 담론/제도는 출발부터 시대・사회적 영향을 강하게 받아왔습니다. '한국학'이라는 술어가 우리의 입에 오르내리기 시작한 것도 해외에서 진행되던 지역학으로서의 '한국학'이 반향을 불러일으키면서부터였습니다. 그러나 '한국학'이란 것이 과연 하나의 학문으로서 성립할 수 있느냐 하는 질문에 답을 얻기도 전에 '한국학'은 관주도의 '육성' 대상이 되었습니다. 이에 대응하여 실천적이고 주체적인 민족의식을 강조하는 '한국학'은 1930년대의 '조선학'을 호출하였으며 실학과의 관련성과 동아시아적 지평을 강조하기도 하였습니다. 그 가운데 근대화, 혹은 근대성은 서로 다른 맥락에서 '한국학'을 검증하였고, 이른바 '탈근대'의 논의는 의심 없이 받아들여지던 핵심 개념이나 방법론에 문제를 제기하기도 하였습니다.

'한국학'이 이와 같이 다양한 맥락에서 논의되어 온 것은 그것이 우리의 '자기인식', 즉 정체성 문제와 관련되어 있기 때문일 것입니다. 대한제국기의 신구학 논쟁이나 국수보존론, 그리고 식민지 시기의 '조선학 운동'은 물론이고 해방 이후의 '국학'이나 '한국학' 논의 역시 '자기인식'에 대한 시대적 요구에 응답하려는 노력이었을 것입니다. 우리가 '한국학'의 지적 계보를 정리하는 것에 만족하지 않고 21세기의 전망을 제시하고자 하는 이유도, '한국학'이 단순히 학문적 대상에 대한 기술이나 분석에 그치지 않고 우리의 현재를 성찰하며 더 나아가 미래를 구상하고 전망하려는 노력에 직간접적으로 연결된다고 보기 때문입니다. 주지하듯 근대가 이룬 성취 이면에는 깊고 어두운 부면이 있습니다. 그리고 이 명과 암은 어느 것 하나만 따로 떼어서 취할 수 없는 한 덩어리일 가능성이 있습니다. 21세기 한국학은 근대에 대한 성찰을 통해 이 질곡을 해결해야 하는 시대적 요구에 응답해야만 하는 과제를 안고 있습니다.

연세근대한국학 HK+ 학술총서는 이러한 과제를 수행하는 과정에서 나오는 성과물을 학계와 소통하기 위한 시도입니다. 학술총서는 연구총서와, 번역총서, 자료총서로 구성됩니다. 연구총서를 통해 우리 사업단의 학술적인 연구 성과를 학계의 여러 연구자들에게 소개하고 함께 논의를 진정시키고자 합니다. 번역총서는 주로 외국인들에 의해 이루어진 조선/한국 연구를 국내에 소개하려는 목적에서 기획되었습니다. 특히 동아시아적 학술장에서 '조선학/한국학'이 어떻게 구성되고 작동하여 왔는지를 살펴보려고 합니다. 또한 자료총서를 통해서는 그동안 소개되지 않았거나 불완전하게 알려진 자료들을 발굴하여 학계에 제공하려고 합니다. 새롭게 시작된 연세근대한국학 HK+ 학술총서가 소기의 목적을 달성할 수 있도록 여러 연구자들의 관심과 격려를 부탁드립니다.

2019년 10월

연세대 근대한국학연구소 인문한국플러스(HK+) 사업단